U0945303

信息技术应用与组织文化变迁

The Application of Information Technology and the Transformation of Organizational Culture

任敏　著

中国人民大学出版社
·北京·

国家社科基金后期资助项目
出版说明

后期资助项目是国家社科基金设立的一类重要项目，旨在鼓励广大社科研究者潜心治学，支持基础研究多出优秀成果。它是经过严格评审，从接近完成的科研成果中遴选立项的。为扩大后期资助项目的影响，更好地推动学术发展，促进成果转化，全国哲学社会科学工作办公室按照“统一设计、统一标识、统一版式、形成系列”的总体要求，组织出版国家社科基金后期资助项目成果。

全国哲学社会科学工作办公室

目　录

上篇　信息技术与组织文化变迁

下篇　技术应用的组织条件及制度环境的影响

附录

第一章　问题与综述

信息技术带来什么样的（新）文化？……这好比说火，火是一种工具，它让人能够吃熟食，好了，它使得人和动物区分开了。发明了蒸汽机，好了，原来好多人不能做的事情现在可以靠机器做出来了。这个计算机呢，它实际上就是个网络和存储，使得地球上很远的地方能够很快地统计啊、排序啊，它能够很快完成，是个业务流程固化。业务流程固化有什么好处呢？它使得不守规矩的人办不成事。你就必须按照规矩去办事。而且可以把大量日常的事情交给计算机来做，而少量例外的事情由人去处理。……你说它会对我们企业的文化、对人产生什么影响？那影响就大了！

——DJH[①]，大鹏公司第一任信息化负责人

第一节　现象与问题

人类历史上每一次重大的技术革命都会带来人类社会组织方式的巨大变迁。丹尼尔·贝尔（Daniel Bell）以技术变迁的阶段为主线，将技术变迁影响下的社会划分为前工业社会、工业社会和后工业社会三种形态，也就是说，革命性的技术标识了特征分明的人类社会阶段。[②] 尽管这种以未来学家为代表的人所持的带有技术决定论性质的观点颇受争议，但是它至少说明了技术与人类社会变迁之间不容忽视的相关性。

贝尔在《后工业社会的来临》一书中指出，20 世纪中叶以来的第三

① DJH代表本书访谈人员的编码，书末附录二中给出了各位被访者的更多信息。书中其他引用访谈原始语料处，皆做同样处理。

② Bell，D.（1976）. The coming of the post-industrial society. *The Educational Forum*，40（4），574－579.

次科技革命，是人类文明史上继蒸汽技术革命和电力技术革命之后科技领域里的又一次重大飞跃；它是以原子能、电子计算机和空间技术的广泛应用为主要标志，涉及信息技术、新能源技术、新材料技术、生物技术、空间技术和海洋技术等诸多领域的一场信息控制技术革命。这场革命影响深广，被称为“迄今为止人类历史上规模最大、影响最为深远的一次科技革命”①。

我们仍然处在这次技术革命中，感受到生活被飞速发展的技术迅速改变，比如网络技术使我们社会里的互通方式发生革命性的变迁，人们的社会生活空间轻易跨越地理界限，向外无限延伸，使得我们在世界范围内建立连接，物资、信息全球流通，各国各民族间的文化大规模地交融，前所未有地改变了人类的生活方式。又比如，信息技术改变了组织方式，使得现代组织方式突破界限与实体空间，呈现网络模式，促进了全球范围内生产要素的重新组合，各国的经济、资源相互依赖性被极大地加强。再比如，信息技术在组织内部的应用使得组织成员的沟通方式、工作方式及精神面貌、心理状态都受到影响，发生改变。

一方面是信息技术对人们的社会生活、社会组织方式的全面改变，另一方面却是相关研究尤其是社会学的实证研究介入不足。比如，国内研究技术进步的文献很多，但与组织变迁关联起来的文献却极少。② 并且，对国际信息技术系统（information system，简称 IS）应用研究文献数据的综合分析表明，一直以来在信息技术-组织③研究领域里，对组织与技术研究关注的依然是技术对组织绩效的影响。④ 在技术尤其是信息技术与社会变迁的关系日益密切的今天，**关于技术应用的组织后果和社会后果的社会学解释的缺失**，存在不容忽视的隐患。首先，**它任由人们对技术进步的注意力局限在生产效率方面，而忽视技术进步所具有的广泛的社会意义**。而这种忽视，会导致人们在进一步的技术进步面前缺乏组织准备，在因技术进步与组织变迁引发的诸种社会问题面前手足无措。其次，它使人们漠视

---

① 贝尔．(1997)．后工业社会的来临（高铦等译）．北京：新华出版社．

② 邱泽奇．(2004)．教育部人文社会科学重点研究基地重大项目“信息技术应用与组织变迁研究”项目申请书．

③ 信息技术，information technology，简称 IT。本书出于表达简便且含义明确的考量，在表述信息技术与组织文化、信息技术与组织、信息技术与文化等变量间关系的研究时，多用 IT-组织文化、IT-组织、IT-文化来表示。其余表述中，皆用信息技术的表达法。

④ 邱泽奇．(2017)．技术与组织：多学科研究格局与社会学关注．社会学研究，(4)，171-196，249-250.

技术进步的社会基础和社会承载能力。最后，缺乏对技术进步的社会理解，也很难理解在信息技术与社会的互动中人类社会的发展方向。① 相比多学科研究以服务绩效为中心，社会学关注技术对人群之影响，在这个绩效为王的时代，无疑有助于保持对技术应用的清醒。②

信息技术，尤其是复杂信息技术，在现代社会中的应用主要是以组织为单位。在当前经济发展阶段，信息技术一直被称为信息时代经济发展的催化剂。一些行业和特定组织成功采纳了大量信息技术，因此获得了极大的竞争优势。而没有成功采纳信息技术的行业和企业被认为会在竞争中落败。③ 一直以来，学界对技术应用后果的研究也主要集中于组织领域，**每个学科都有自己特别的关注点和视角，相比多学科研究更关注组织因素，社会学则更关注组织中人（行动者）的因素，更关注基础议题，如工作感受、文化等**。④ 其中，技术应用的绩效结果可能还有比较明确的组织边界，但是技术应用的非绩效性组织后果比如组织文化的变迁（人们的行为方式变迁、思想观念变迁），其影响却明显超越了组织的边界。实际上，组织中人也是社会中人，人们在社会中总是在交替进行着“组织化”和“社会化”的过程，我们将在社会生活中获得的认知带入组织，也将组织环境对我们的影响带出组织，使“组织烙印”（特定组织给予我们的思维方式和行为特征）进入我们的社会生活。所以社会学对信息技术在组织中应用的影响的研究总是映射了更为基础性的、广泛社会范围内的议题或关注，即信息技术对于人们生活和社会的影响。**社会学对此议题的研究主要以组织为单位，这与组织作为技术采用主体边界明确、在研究对象上易于确定有关，组织提供了一个很好的考察技术应用对人之影响的容器。**

在既有的信息技术-人（行动者）研究中，最显著的是利益/绩效视角和意义视角的区分，这暗含了把组织成员视作利益驱动行动者还是意义/价值驱动行动者的划分。其中，绝大部分研究都把组织成员视作利益驱动的行动主体，极少的研究将组织成员视作意义或价值的实践主体。利益/绩效视角主要来自经济学和管理学的研究，它们关注信息技术对组织成员

---

① 邱泽奇．(2004)．教育部人文社会科学重点研究基地重大项目“信息技术应用与组织变迁研究”项目申请书．

② 邱泽奇．(2017)．技术与组织：多学科研究格局与社会学关注．社会学研究，(4)，171-196，249-250.

③ Harper, G. R. & Utley, D. R. (2001). Organizational culture and successful information technology implementation. *Engineering Management Journal*, *13* (2), 11-15.

④ 同②.

工作效率、绩效的提高和组织竞争力的提升等产生的影响。而从理论上讲，意义视角多来自人类学和社会学的研究。人类学把人视作文化行动者，而韦伯说“人是生活在意义之网中”，这为社会学关怀行动者行动的意义立下了传统。[①]

本研究承袭将组织成员视作意义/价值行动者的社会学研究传统，立足技术应用的组织环境，试图探讨以下问题：(1) 信息技术在组织中的深入应用究竟可能引发行动者（组织成员）什么样的观念、价值和行为方式的变迁，即组织文化的变迁，以及引发变迁的机制是什么。当然，现实世界里的技术与组织文化的关系显然并非技术“决定”组织文化变迁那样简单，组织文化也可能反作用于技术的应用，对其发挥或者阻碍或者促进的作用，所以二者是“互构”的关系。[②] 那么 (2) 组织文化是如何对技术的应用发挥作用的呢？而且，信息技术与组织文化变迁之间并非单一因素决定的充要条件关系，(3) 同时期存在的组织内外的其他因素与技术应用的交互作用，共同促进了组织文化的变迁，那么其中的重要因素又有哪些？

本研究以深度访谈法、参与观察法为主要研究方法调查了国内某大型国有家电制造企业大鹏公司应用 ERP（enterprise resourse planning，企业资源计划）的历程（1999—2008 年）。基于调查资料和数据的分析，研究主体分上、下篇论述信息技术应用与组织文化变迁之关系的相关议题。在书中，笔者试图揭示信息技术在组织中深入/成功应用的合法性条件机制，也即通过合法性视角探讨技术-组织互构的条件，以及信息技术的应用对组织文化的可能影响。

全书由导论、上篇和下篇三个部分构成。在进入研究主体之前，我们需要先回答几个问题：(1) 相关研究已进展到哪一步，本研究将推进之处何在；(2) 关键概念信息技术和组织文化如何定义，组织文化的研究策略

---

① 将行动者视作意义/价值驱动的行动者是人类学的传统和独特视角所在，一个相关的例子是达斯古普塔（Dasgupta，1997）关于手机使用和短信息通信方式的流行对印度传统道德文化（尤其是关于青年男女的交往形式的文化道德规定）的瓦解的研究。而社会学的关注也未必没有利益视角，比如张茂元、邱泽奇（2008）以中国近代史上的长三角、珠三角引进缫丝技术为例，探讨了技术应用的社会基础问题。其结论就是新技术的应用必须以技术应用的各资源提供方参与利益分红为基础，各资源提供方若都参与技术应用所带来的利益分红，则技术应用成功；反之技术应用丧失社会基础，技术应用失败。但这个利益视角归入社会学视角是因为它关注的是技术应用的社会基础，而且其中也涉及文化（比如传统道德）阻碍技术红利分配机制应用的探讨。

② 邱泽奇．(2015)．技术与组织的互构——以信息技术在制造企业的应用为例．社会学研究，(2)，32－54.

选择如何；（3）在此基础上阐明本研究的理论框架或说理论视角选择。以上构成本书的导论部分。

本书上篇集中论述两个问题：（1）信息技术的应用引发了大鹏公司怎样的组织文化变迁，包括个体面向工作任务的工作行为变迁，以及个体面向他人的同事关系和上下级关系变迁，即从传统的“人情文化”转变到信息技术条件下的“职业文化”。（2）变迁发生的机制，即技术强制、管理层设计和员工调适如何交织发挥作用，促进公司的组织文化变迁。

本书下篇试图回答的问题是：（1）技术得以改变组织文化而不是被组织文化建构以致应用失败的组织条件是什么？本部分从组织合法性的角度分析指出，技术能够得到足够的组织合法性支撑，从而在组织内部得以按照技术的逻辑深入应用，狭义一点定义就是技术应用成功。（2）技术的组织内部合法性与外部合法性有何关联，或说外部因素如何作用于技术在组织内部的应用，且作用于技术应用中组织文化改变的链条？

第二节　IT-文化的既有研究

对信息技术-组织关系的研究，很大一部分来自管理学和工程学的积累。同时，相比于来自组织社会学较为宏观的分析层次和视野的研究（组织社会学往往关注超组织层面的制度与环境因素，或者虽然分析层次在组织，理论目标却在更高的社会层面），来自管理学和工程学的研究更具象，倾向于以信息技术在组织中应用所遭遇的具体问题为导向，大部分研究的分析层次集中于组织层面或亚组织层面。这些以实践为导向的研究格外关注组织文化与信息技术应用的关系。因为学界和工业界对组织文化的关注自20世纪80年代以来长盛不衰，所以关注组织文化对信息技术管理实践之影响的议题也总是热门。①

从研究主题上看，**之前的IT-文化关系研究主要集中于文化对信息技术应用的影响，分析逻辑是以国家/组织文化为自变量的因果分析，技术应用的成败为因变量**。相关研究文献大量集中于管理学领域，这个研究思

① Xiao, L. & Dasgupta, S.（2005）. The impact of information and communication technology on relation-based governance systems. *Information Technology for Development*, 11（2）, 105-122.

路跟信息技术在全球范围内的应用阶段有关（信息技术引入组织引发一系列需要管理的问题），也跟管理学的研究在于促进组织绩效提升的学科宗旨有关。另外，也有以技术变迁引发的组织文化为研究对象的，其思路在本质上与前面的相同，即试图管理技术引发的变迁，减少技术应用过程中的文化冲突，或者以信息技术为工具，服务于组织（文化）转型。下面我们分三个主题来展示已有的新技术-文化研究成果。[①]

第一，信息技术与文化的关系。[②] 它回答一个问题。为什么信息技术具有文化内涵？这分两部分：一是信息技术的开发和文化的关系。技术的开发过程表明，技术是文化的载体，不同国家/组织生产的技术不同，因此相似的技术却表征了不同的文化内涵。二是信息技术本身作为一种文化现象，在与使用者相遇时表征特定的技术文化。

第二，信息技术在组织中的扩散与文化的关系。主要是展示既有的组织文化对组织采纳技术的影响（包括技术采用决策、对技术的满意度等）；当组织决定采用信息技术后，信息技术在组织内部扩散的过程中遭遇的与原有组织文化的冲突，以及通过引入信息技术的文化内涵与组织既有文化之间的匹配度来预测技术扩散的成败等。[③]

第三，信息技术在组织中的应用与文化的关系。其中两个变量之间的关系也分两面：一面是文化对技术在功能和方式上的建构（比如，技术功能的选择性使用、功能实现方式的创新性应用）；另一面是信息技术对组织文化的影响，即信息技术在组织中应用的一个后果是技术导致或引发了组织文化变迁。技术“导致”组织文化变迁是指文化变迁中因为技术的建构而发生的那部分，其中技术应用作为自变量；而技术“引发”组织文化变迁是指技术被当作促成组织文化变迁的工具之一，或技术应用过程中也有其他因素，比如领导风格改变（包括领导更换）与技术的应用一起作用

---

① 因为这个领域的文化操作化思路是将文化价值维度化，即将文化操作化为一个或多个价值维度，如 Hofstede（1990），Denision et al.（1991），Quinn（1984）等。可见，在管理学和工程学的信息技术-文化议题范围内，许多研究将“文化”等同于“价值”。而本研究从社会学学科视角出发，采用与人类学相近的文化概念，对相关文献的综述主要是考察文中的关键变量内涵是否属于文化范畴，不仅限于关键词是“文化”还是“价值”。

② 从文献看，这既包括国家层面的文化，也包括组织层面的文化。

③ 通常组织应用外源性技术被称为采用技术（technology adoption），而组织的技术应用（technology application）既包括对外源性技术的应用，也包括对组织内生性技术的应用。在本书中，当强调技术作为外来物“入侵”组织可能引发文化冲突，或说外来技术与组织文化之间的“匹配性”成为技术应用的关键时，我们用“技术采用”来表达，其他地方则使用“技术应用”，比如技术在组织内部历经几个应用阶段。

于组织文化变迁。这是技术应用过程中组织文化变迁的两条逻辑。

一、信息系统开发与文化

（一）信息系统开发与文化

研究表明，不同组织对文化的不同认知会导致在信息系统开发中使用不同的方法。比如，达格韦尔和韦伯（Dagwell & Weber）研究了系统设计者对四个国家（美国、英国、澳大利亚和瑞典）的终端用户的不同认知：澳大利亚和瑞典的设计者在系统开发中更多采用Y理论（关注人）取向，而美国和英国设计者则偏好X理论（关注过程和效率）取向。[①] 同样，库马尔（Kumar）等人研究了丹麦和加拿大的系统设计者价值有何不同。他发现丹麦设计者的价值更倾向于社会主义取向（more socialist values），在系统开发中十分强调与人相关的问题（people-related issues）。[②] 而他们加拿大的同行们所持的价值更倾向于资本主义取向（more capitalist values），更关注技术问题（technical issues）。

在信息技术的再开发过程中亦如此。当技术输入组织/国家的文化不同于技术输出组织/国家的文化时，技术引入组织往往会引发冲突，进而出现技术的再造过程。比如在组织层次，有三项研究是关于组织文化对软件再开发的影响的。一个研究总结说，一个新程序的应用会在组织的参与者中引发广泛的文化解释。[③] 研究者因此推断说，项目的成功有赖于各个组成单位的文化价值与嵌入新的软件程序中的特定的文化相符。杜贝（Dubé）的研究就呈现了一种内嵌在软件开发过程中的价值和整个组织价值之间很好地匹配是如何促进技术的成功运用的。[④] 恩格温亚马和尼尔森（Ngwenyama & Nielsen）对来自三个软件程序升级过程的纵贯数据进行内容分析的结果表明，嵌入程序方法论中的文化假定可能与开发者的文化

① Dagwell, R. & Weber, R. (1983). System designers' user models: A comparitive study and methodological critique. *Communications of the ACM*, *26* (11), 987-997.

② Kumar, K. & Bjorn-Andersen, N. (1990). A cross-cultural comparison of IS designer values. *Communications of the ACM*, *33* (5), 528-538.

③ Dubé, L. & Robey, D. (1999). Software stories: Three cultural perspectives on the organizational practices of software development. *Accounting, Management and Information Technologies*, *9* (4), 223-259.

④ Dubé, L. (1998). Teams in packaged software development: The software corp. experience. *Information Technology & People*, *11* (1), 36-61.

假定相冲突，从而导致技术升级应用中的困难。[①]

文化对系统设计的影响还表现在系统开发的跨国合作团队内部的冲突上。沃尔沙姆（Walsham）对一个由牙买加和印度软件开发者共同组成的信息系统开发项目团队进行了田野调查。他用吉登斯的结构化理论揭示了思维结构（文化价值是其中一部分）之间往复建构的关系及其导致的行动者的后续行为。他总结说，牙买加和印度开发者之间思维结构的不同导致了软件开发过程中强烈的冲突和矛盾。但是随着时间的推移，实际的开发过程开始改变两国开发者各自的思维结构。最后的结果是，牙买加和印度软件开发者达成共识，采用了一种折中的文化。[②]

（二）信息技术文化

莱德纳和凯沃斯（Leidner & Kayworth）提出，**信息技术本身作为一组文化要素的组合对组织文化产生影响**，并指出，**信息技术文化是一个被忽略的概念。**[③] **所谓信息技术文化，简单说就是一个群体归结于信息技术的文化价值，即该群体认为信息技术代表什么价值（意义）。**所有的讨论都表明：信息技术不是价值中立的；信息技术具有象征性，总是负载着特定的文化价值。

信息技术代表一种文化、一组价值组合。它来自设计者的文化价值，更主要是与技术的使用者合作完成的。**这里有意义的不是技术被设计者和生产者植入了什么样的文化价值，而是它们在被组织采用的过程中被使用者赋予了什么样的文化价值**。有的学者认为信息技术文化包括两部分，一部分是关于信息的文化，即使用者是如何看待信息的，它们是可靠的还是不可靠的，是代表权力还是只是信息等等。另一部分**是关于信息技术的文化，在新的生产、管理的组织方式下，信息技术会对组织内部的价值导向、合作方式、人际关系等等作出新的规定**。比如说，费尔德曼和马奇（Feldman & March）认为，在官僚化的组织中，信息是高象征性的，代

① Ngwenyama, O. & Nielsen, P. A. (2003). Competing values in software process improvement: An assumption analysis of CMM from an organizational culture perspective. *IEEE Transactions on Engineering Management*, *50* (1), 100-112.

② Walsham, G. (2002). Cross-cultural software production and use: A structurational analysis. *MIS Quarterly*, *26* (4), 359-380.

③ Leidner, D. E. & Kayworth, T. (2006). A review of culture in information systems research: Toward a theory of information technology culture conflict. *MIS Quarterly*, *30* (2), 357-399.

表能力和权威。[①] 这些特别的意义可能被用于解释为什么有些组织会寻求超出了它们实际所需的信息量，喜欢过度搜索信息，这是行动者关于信息代表什么的理解造成的结果。[②] 不同的是，**肖尔茨（Scholz）认为，公司的信息系统具有象征性，代表了诸如平等而非屈从、进取而非保守、融合而非隔离、理解而非对抗、情感参与而非漠不关心等等价值观念。[③] 这些价值观念随着时间推移在个体使用技术的过程中逐渐形成，并且催生了**组**织数据收集、处理、交流以及信息和知识分配的标准化方式。理解这些信息技术所代表的文化内涵可能会提供一个更清晰的图景，可以用于预测社会群体如何认知，以及如何回应信息技术带来的改变。**有人则认为信息技术被嵌入了诸如理性、秩序、系统和控制等文化价值。罗比和马库斯（Robey & Markus）认为信息系统的开放性特征和使用者参与活动是表征组织理性的仪式，而这种理性正是人们归结于信息技术的价值，也就是说，**人们认为组织中所发生的使用者参与决策等组织实践，以及由此表征的组织的理性化转向是由信息系统带来的。**[④]

以上文献综述表明，文化与信息系统开发的研究主要阐述了信息技术是富有文化内涵的。信息技术负载的文化内涵主要有两个来源：一是在信息技术的设计过程中被设计者植入的关于技术的功能、技术使用者的使用习惯的想象等等；二是信息技术在应用中被使用者赋予的对于技术带有地域性的、组织化、群体化乃至个体化的理解。

二、文化与信息技术采用/扩散

（一）文化-信息技术匹配

研究者们通常的做法是，选择霍夫斯塔德（Hofstede）的价值维度体

---

① Feldman, M. S. & March, J. G. (1981). Information in organization as signal and symbol. *Administrative Science Quarterly*, 26 (2), 171-186.

② 笔者基于文化作为“集体潜意识”的假定对此中机制有不同的假设，认为这种过度追求信息的行为与其说是为了有意识地展示“信息即权力”的价值，不如说是“权力即信息”这种文化内涵驱策人无意识地对信息产生饥渴，总是追求掌握更多的信息，否则感觉不安全。这就是文化规定的一种工作方式。它不是以规章制度的方式存在的外在存在，而是在对组织成员的规训过程中被组织成员内化的、自觉自愿的、非此不可的思维与决策方式。

③ Scholz, C. (1990). The symbolic value of computerized information systems. In P. Gagliardi (Eds.). *Symbols and Artifacts: Views of the Corporate Landscape*, 233-254. NY: Aldine de Gruyter. Schutz, A. (1967). *Collected Papers I: The Problem of Social Reality* (2nd ed.). The Netherlands: Martinus Nijhoff.

④ Robey, D. & Markus, M. L. (1984). Rituals in information system design. *MIS Quarterly*, *8* (1), 5-15.

系中的一个或几个维度，讨论它/它们与信息技术采用/扩散相关问题的关系。比如，弗里德（Vreede）等人发现权力距（power distance）特征与组织对 GSS（Group Support Systems，群体支持系统）的接受程度正相关。他们指出，随着权力距增加，GSS 的接受程度也提高了，因为在高权力距文化中，下属更少质疑上级的决策。① 与此相反，哈桑和迪萨（Hasan & Ditsa）认为信息技术更可能在低权力距的环境中应用成功，因为在该文化环境中，技术使用者更可能向经理进言，由此可能产生更好的技术应用效果。②

更多的研究指出，不确定回避（uncertainty avoidance）文化价值维度在决定群体将如何采用信息技术中扮演重要角色。这些研究的逻辑是，既然信息技术内在就是有风险的，那么那些不喜欢风险的人会不愿意采用和使用新技术。比如，在对 23 个国家 153 个公司的调查研究的分析中，彭、谭和韦（Png，Tan &Wee）等人判断高风险回避的国家会拒绝采用帧中继技术（frame relay technology）。③哈桑和迪萨解释了对中东、非洲和澳大利亚的 10 个组织研究的数据发现，相对来说，信息技术在反感风险的国家中的应用基础较弱。④ 高风险回避对应信息技术的低采用率，这几乎成了学者们的一个共识，仅有一个研究得出了相反的结论。在巴基斯坦政府采用信息技术的案例研究中，加利斯（Galliers）等人发现该组织的文化具有低不确定性回避（忍受不确定性）特征，但是信息技术的扩散速度也慢。⑤ 他们的解释是，巴基斯坦公共部门的低不确定回避文化导致了管理层对（能带来确定性的）信息并不感兴趣的态度，管理者缺乏强烈的动机支持采用信息系统的计划和决策。

通过以上综述，一个重要的主题浮现出来，那就是如果组织的价值观

---

① Vreede, G. J. D. & Mgaya, R. J. (1998). Exploring the application and acceptance of group support systems in Africa. *Journal of Management Information Systems*, *15* (3), 197-234.

② Hasan, H. & Ditsa, G. (1999). The impact of culture on the adoption of IT: An interpretive study. *Journal of Global Information Management* (*JGIM*), *7* (1), 5-15.

③ Png, I. P., Tan, B. C. & Wee, K. L. (2001). Dimensions of national culture and corporate adoption of IT infrastructure. *IEEE Transactions on Engineering Management*, *48* (1), 36-45.

④ 同②.

⑤ Galliers, R. D., Madon, S. & Rashid, R. (1998). Information systems and culture: Applying "stages of growth" concepts to development administration. *Information Technology for Development*, *8* (2), 89-100.

念与技术内含的价值相匹配——不管技术内含的价值是技术设计者植入的，还是使用者在技术应用中赋予的——那么组织更可能采用该技术。而且，匹配程度越高，信息技术在组织内部的扩散越可能成功。

当然，组织文化中与组织成员行为相关但与技术并不相关的一些价值观念也可能影响到技术采用。比如，谭（Tan）等人指出文化中对坏消息是否应该上报的理解，也会对技术应用成败产生影响。[①] 当信息技术项目出现问题时，个体主义文化中的人更倾向于向上汇报，而集体主义文化里的人则倾向于隐瞒坏消息，而这很可能为技术引入项目的失败埋下隐患，因为下级向上级隐瞒问题就意味着问题得不到及时解决。

此外，很多学者试图研究究竟什么样的组织文化更易在采用信息技术上成功。比如，霍夫曼和克莱珀（Hoffman & Klepper）发现具有图利型文化（高整合度、低社交性）的组织，相比于具有小团体文化（高社交性、低整合度）的组织，会在技术吸收中有更好的效果。[②] 基切尔（Kitchell）的研究发现，内部文化灵活、开放，并且有长期取向的组织被证明有更大的倾向采用先进制造技术。[③]拉佩尔和哈林顿（Ruppel & Harrington）认为，内部局域网的采用在发展性文化（组织文化中强调灵活性和创新性）中更可能成功。[④] 哈珀和厄特利（Harper & Utley）的研究表明，人际取向的文化（people-oriented cultures）比那些生产取向的文化（production-oriented cultures）更能促进技术扩散成功。[⑤] 卡农戈（Kanungo）发现，他人取向（people-orientation）文化中的人相对于任务取

---

① Tan, B. C., Smith, H. J. & Keil, M. (2003). Reporting bad news about software projects: Impact of organizational climate and information asymmetry in an individualistic and a collectivistic culture. *IEEE Transactions on Engineering Management*, *50* (1), 64-77.

② Hoffman, N. & Klepper, R. (2000). Assimilating new technologies: The role of organizational culture. *Information Systems Management*, *17* (3), 36-42.

③ Kitchell, S. (1995). Corporate culture, environmental adaptation, and innovation adoption: A qualitative/quantitative approach. *Journal of the Academy of Marketing Science*, *23* (3), 195-205. Kluckhohn, C. & Leighton, H. D. (1946). *The Navaj*. MA: Harvard University Press.

④ Ruppel, C. P. & Harrington, S. J. (2001). Sharing knowledge through intranets: A study of organizational culture and intranet implementation. *IEEE Transactions on Professional Communication*, *44* (1), 37-52.

⑤ Harper, G. R. & Utley, D. R. (2001). Organizational culture and successful information technology implementation. *Engineering Management Journal*, *13* (2), 11-15.

向（task-orientation）文化中的人在计算机网络使用上满意度更高。①

这些研究共同强调，文化价值取向（包括国家、组织和组织内亚文化）可能预先安排了某个社会群体支持或者不支持信息技术采用/扩散行为。社会群体的文化价值观念和嵌入信息技术中的文化因素之间的匹配程度，成为研究文化和信息技术扩散之间关系的重要建构。

（二）信息技术-文化冲突

当信息技术所内含的文化因素与组织文化不匹配时，组织引入信息技术就可能引发内部文化冲突。比如，莱德纳（Leidner）等人在理论上建构了信息技术在组织内扩散时可能出现的三种文化冲突模式。②

首先要区分出来什么样的文化会影响到技术的应用。一是一般与信息技术不相关的价值观念，比如对风险的回避；二是与信息技术相关的那些认知与理解。

莱德纳和凯沃斯指出了与信息技术应用相关的价值观念：（1）群体成员价值，它表明群体成员明显支持什么，什么对该群体来说是重要的。主要表现为一般的组织价值观，如工作应该怎么做、同事间应该如何交往、上下级之间的关系该是怎样的之类的组织认知。（2）嵌入特定信息技术内的价值，这是指组织成员对特定的信息技术被设计来如何发挥作用、发挥何种作用的认知和理解。比如 ERP 一般被理解为是用来提升组织管理基础水平、弄清楚数据的。（3）一般信息技术价值，指一个群体对信息技术的一般看法，比如当前民众对信息技术的一般理解是在简单工作岗位上替代人力技术。

因此，组织采纳信息技术中的文化冲突可能出现在三个层次上。第一层冲突是系统冲突（system conflict），这是指特定信息技术的文化特征与用户或潜在用户群体成员的文化价值观之间的冲突。例如，ERP 系统如果是在一个低权力距文化的组织中设计出来的，其技术设计就会自然假定 ERP 在操作中是有利于培养民主氛围的，但如果该系统被引入一个高权力距的组织中去，就可能引发系统冲突。第二层冲突是贡献冲突（contribution conflict），这是指相关性/非相关性，即特定信息技术是否可以体现

---

① Kanungo, S.（1998）. An empirical study of organizational culture and network-based computer use. *Computers in Human Behavior*, *14*（1）, 79 - 91.

② Leidner, D. E. & Kayworth, T.（2006）. A review of culture in information systems research: Toward a theory of information technology culture conflict. *MIS Quarterly*, *30*（2）, 357 - 399.

或提升组织文化。比如在一个关系取向的群体中，如果信息技术被当作造成人际隔离的工具，那么冲突就会出现。又或者，如果信息技术被当作成本控制的工具，而技术引入群体却把工作质量当作头等大事，那么也会造成冲突。第三层冲突是愿景冲突（vision conflict），是指嵌入系统中的文化价值和用户群体对一般信息技术的想象之间的冲突。例如，一个内嵌了增进权威与控制之文化内涵的 ERP 系统在一个认为信息技术不过意味着自动化的群体中使用时，或者一个被定位于提高效率的信息系统在一个群体中应用却被认为耗时而成为负担时，都可能引发冲突。

此节文献综述表明，文化-信息系统采用/扩散的研究主题中有一个核心观点，即信息技术的应用与组织文化之间有关系，二者的匹配程度可以预测组织应用信息技术的成功概率，二者的不匹配则可能引发技术应用中的多重文化冲突。学者们对信息技术-文化的冲突的讨论，主要是为了增进对那些可能阻碍信息技术成功引入组织的因素的了解，从而为实践者提出应对之策，提升组织对技术应用项目的管理能力。

三、文化与信息技术的应用

（一）文化对信息技术应用的影响

这包括对组织是否采用信息技术这一决策的影响，以及对信息技术进入组织之后实质性扩散的影响。前者研究组织文化对组织是否引入特定信息技术的影响；后者研究“满意度”和“成功概率”，是针对信息技术应用是否产出组织满意度及提升组织绩效而言，即信息技术应用之后是否实现了预期目标。它们关注信息技术进入组织的不同阶段，**采用/扩散阶段是信息技术在组织中的植入阶段，而应用阶段则是信息技术被植入之后的正式运行阶段。**

刘、柯等人（Liu，Ke，et al.）基于 131 个公司的调查数据分析指出，制度压力（比如规范压力、模仿压力和强制压力）对各个公司 eSCM（e Supply Chain Management，供应链电子管理）的采用决策有不同影响，但是在其中组织文化会起到重要的调节作用。模仿压力与公司是否采用 eSCM 的决策不相关，但规范压力和强制压力与其采用呈正相关。而且组织文化，比如灵活导向还是控制导向，在这三个维度的制度压力与信息技术的采用之间的关系中扮演了不同的角色。灵活导向的文化减弱了强制压力的作用，而增强了模仿压力的影响；控制导向的文化加大了强制压力和规范压力的作用，但降低了模仿压力的影响。①

信息技术进入组织后的具体应用阶段关注两个核心问题：（1）不同的文化会以同样的方式采用同样的信息技术，产生同样的结果吗？还是不同的文化会以不同的方式采用信息技术，产出不同的结果？（2）哪些文化维度最能够预测使用者对信息技术应用的满意度，以及信息技术应用的成功概率如何？

学者们对第一个问题的回答主要集中于国家层面的文化研究，而第二个问题主要引导的是组织层面的研究。对第一个问题，各个研究所给出的回答总结起来就是，不同的文化导致不同的信息技术应用方式和应用后果。比如，周等人（Chau et al.）发现，消费者对互联网的态度在不同文化间存在巨大差别。② 中国香港的文化偏好共享、忠诚和关系，而美国的文化则强调个人发展和忠于自我。相应地，两种文化在互联网使用上产出不同的结果：中国香港居民把互联网主要用于社会联系，而美国人则主要用于信息搜索。

该主题研究包括一系列的信息技术（比如互联网、集体支持系统、E-mail等）、一系列的产出（比如决策、沟通），以及一系列的文化价值维度（比如霍夫斯塔德的维度，霍尔的维度）。大部分在国家层面上的文化研究采用霍夫斯塔德的维度，也有一些研究采用霍尔（Hall）的文化维度。比如，卡尔霍恩（Calhoun）等人发现，高情境依赖（high-context dependence）文化（韩国）比低情境依赖（low-context dependence）文化（美国）在使用信息技术时信息负担的水平更高。③ 相比之下，来自高情境依赖文化的信息系统使用者更不愿意使用信息技术，尤其是在该系统为个人提供的信息超出了其信息处理能力的情况下。

其实这个结论同样适用于组织层次：差异化的组织文化导致同一信息技术在不同组织中产生不同的使用方式和后果。但实际上，在既有的有关组织层面的文献中，研究较少关注文化差异是否能够解释信息技术使用及

---

① Liu H. , Ke W. & Wei K. K. et al. (2010) . The role of institutional pressures and organizational culture in the firm's intention to adopt internet-enabled supply chain management systems. *Journal of Operations Management*, *28* (5), 372 - 384.

② Chau, P. Y. , Cole, M. & Massey, A. P. (2002) . Cultural differences in the online behavior of consumers. *Communications of the ACM*, *45* (10), 138 - 143.

③ Calhoun, K. J. , Teng, J. T. & Cheon, M. J. (2002) . Impact of national culture on information technology usage behaviour: An exploratory study of decision making in Korea and the USA. *Behaviour & Information Technology*, *21* (4), 293 - 302.

其产出的差异性，而更多关注哪一种特定的文化维度与使用者满意度和信息技术的成功应用紧密相关。麦克德莫特和斯托克（McDermott & Stock）发现，群体取向（group-oriented）的组织文化与管理层对 AMT（advanced manufacturing technology，先进制造技术）的满意度呈正相关，而理性取向（rational-oriented）的组织文化则更有利于促进 AMT 的应用成功。[①] 另一个来自哈珀和厄特利的研究表明，人际取向的文化往往比生产取向的文化在应用信息技术上成功率更高。[②] 卡农戈发现，计算机网络使用对使用者满意度的影响在任务取向（task-oriented）的文化中存在，而在他人取向的文化中则不存在。[③]

（二）信息技术应用对文化的影响

相比于大量关于文化对信息技术应用的影响的研究，关注信息技术应用对文化的影响的研究却很少。国家文化层面的 IS（information system，信息系统）研究往往把文化视为自变量，却极少有研究将国家文化视为因变量。同样，关注组织在信息技术应用中可能发生文化变迁的研究也较少。这或许与学者们通常将文化视为稳定、持续和难以改变的认知有关。[④]

先来看 IS 在印度乡村地区的应用案例研究。马登（Madon）最初在技术和印度文化之间发现了结构化矛盾，这一矛盾导致了技术的突生性使用（emergent use）以及后来的文化变迁。[⑤] 在最初的三四年时间里，一系列文化因素阻碍了印度乡村信息系统的采用，出现文化抵制。但与此同时，**最初的结构化矛盾导致技术的突生性使用，随着时间的推移，该地区的文化在一定程度上发生变迁。这些变迁表现在那些可观察到的文化现象上，包括个人对地位、等级、领导以及国家与地方之间的权力再分配的认知等等，人们越来越多地将数字化信息应用于理性决策（与政治化决策相**

① McDermott, C. M. & Stock, G. N. (1999). Organizational culture and advanced manufacturing technology implementation. *Journal of Operations Management*, *17* (5), 521 - 533.

② Harper, G. R. & Utley, D. R. (2001). Organizational culture and successful information technology implementation. *Engineering Management Journal*, *13* (2), 11 - 15.

③ Kanungo, S. (1998). An empirical study of organizational culture and network-based computer use. *Computers in Human Behavior*, *14* (1), 79 - 91.

④ 霍夫斯塔德（Hofstede, 1990）在《组织文化测量》一文中指出，总结既往的文化研究可知，大部分文化研究者都会承认以下几个关于组织文化的特征：（1）是整体性的，（2）历史地决定的，（3）是来自人类学的概念，（4）是社会/群体建构的，（5）是非物质的，以及（6）是难以改变的。

⑤ Madon, S. (1992). Computer-based information systems for development planning: The significance of cultural factors. *Journal of Strategic Information Systems*, *1* (5), 250 - 257.

对)。在另一个 GIS (geographic information system, 地理信息系统) 在印度的应用的研究中，沃尔沙姆发现，GIS 最初在印度遭到抵制是因为印度文化不看重地图，没有阅读地图的习惯。[①] 尽管如此，随着时间的推移，地理信息系统逐渐变成工作实践中一个整合的部分，越来越多的印度人意识到地图及地理信息系统的重要性与有用性。他指出，**文化由此可能会被改变**。

此外，达斯古普塔指出，有些国家在采用技术的时候发现技术内在的某些功能会与社会文化和传统产生冲突。例如，在印度 SMS (short message service, 短信服务系统) 的应用就引发了社会问题。SMS 技术功能的发挥破坏了印度保守的文化礼节和婚姻传统，使年轻人的约会变得容易，使传统的“监督下的约会”模式逐渐无效。印度人觉得信息技术打开了邪恶的潘多拉盒子。[②] 笔者也认为**信息技术是授权和解放的技术，将成为未来社会变化的催化剂**。

社会学里的聚合理论 (convergence theory) 认为，当先进的信息技术从西方国家向发展中国家转移时，技术霸权也可能带来文化霸权。先进技术的传播伴随着西方文化的输出，非西方社会在用信息技术的过程中被西化。**但是，推陈出新的信息技术与既存文化传统的结合将走向何方，只有批判地看待信息技术扩散，在一个又一个长时期的案例研究的基础上才能得出结论**。

在组织层面上，有两个来自工程管理学的研究试图说明 IT 应用对文化的影响。多尔蒂和多伊格 (Doherty & Doig) 对英国一些大公司使用数字仓库 (data warehouse) 的多案例研究揭示，数字仓库的应用改变了企业内部的信息流速和信息质量，进而导致组织内部关于客户服务、工作灵活性、授权等方面的文化规定发生改变。[③] 在另一个对英国金融服务部门的研究中，多尔蒂和佩里 (Doherty & Perry) 调查了 WMS (workflow management system, 工作流管理系统) 对组织文化的影响。[④] 他们指出，

---

① Walsham, G. (2002). Cross-cultural software production and use: A structurational analysis. *MIS Quarterly*, 359-380.

② Dasgupta, S. (1997). The role of culture in information technology diffusion in organizations. *Innovation in Technology Management*. The Key to Global Leadership. PICMET, pp. 353-356. IEEE.

③ Doherty, N. F. & Doig, G. (2003). An analysis of the anticipated cultural impacts of the implementation of data warehouses. *IEEE Transactions on Engineering Management*, *50* (1), 78-88.

④ Doherty, N. F. & Perry (2001). The cultural impact of workflow management systems in the financial services sector. *Service Industries Journal*, *21* (4), 147-166.

WMS 的应用有潜力改进企业内部以客户为导向、注重灵活性、关注质量、以业绩为取向的组织文化。

达文波特（Davenport）认为，IT 有潜力被用于组织文化的改造。这对于诸如 ERP 系统之类的大型 IT 项目来说尤其如此，它们会把自己的逻辑渗透进组织结构，并且明确地改造商业流程。① 莱德纳等人认为，不同种类的技术产品可能影响不同的特定文化价值，一个有用的研究思路是区分出最可能受到某些信息技术（比如 ERP 系统、数字仓库等）影响的文化价值维度，有针对性地进行信息技术与组织文化的关系研究。②

这一小节的文献综述包括两部分：文化对信息技术应用的影响以及信息技术应用对文化的影响。总的来说，**关于文化如何影响信息技术的应用已经有较为成熟的研究，但对于信息技术的应用是否导致文化的变迁、可能发生什么样的变迁、如何导致变迁这类问题的回答尚很模糊**。

四、文献小结及本研究问题的由来

整理以上对信息技术-组织/国家文化的文献综述发现：(1) 文化与信息系统开发的研究主题主要阐述了**信息技术所负载之文化要素的来源**。一是在信息技术的设计过程中被设计者植入的关于技术的功能、技术使用者的使用习惯的想象等等；二是信息技术在使用中被使用者赋予的理解。(2) 文化与信息系统采用/扩散的研究主题提出了一个核心观点，**即信息技术的应用与组织文化之间有关系**，二者的匹配程度可以预测组织应用信息技术的成功概率，二者的不匹配则可能引发技术应用中的多重文化冲突。(3) **文化与信息技术的应用研究主题中，关于文化如何影响信息技术的应用已经有较为成熟的研究，但对于信息技术的应用是否导致文化的变迁、可能发生什么样的变迁、如何导致变迁这类问题的回答尚很模糊**。达文波特也提到了从理论上推知 IT 改造组织文化的潜力。③ 在有限的经验研究中，多尔蒂和佩里对英国金融服务部门的案例研究表明信息技术“有潜力”改变组织文化④，而多尔蒂和多伊格等人对英国大公司信息化状况

---

① Davenport, T. H. (1998). Putting the enterprise into the enterprise system. *Harvard Business Review*, *76* (4), 121-131.

② Leidner, D. E. & Kayworth, T. (2006). A review of culture in information systems research: Toward a theory of information technology culture conflict. *MIS Quarterly*, *30* (2), 357-399.

③ 同①.

④ Doherty, N. F. & Perry (2001). The cultural impact of workflow management systems in the financial services sector. *Service Industries Journal*, *21* (4), 147-166.

的多案例研究表明，信息技术“改变了”组织文化。① 莱德纳等人则在其综述文章里指出，学者们未来应更多研究信息技术的应用可能对组织文化具体产生什么影响。②

综观国内相关的研究，总结起来有几个特点：（1）研究本身将信息技术应用与组织变迁联系起来的极少。（2）研究主题大量集中在对信息技术应用成败的因素分析上，这与国外大量的工程学和管理学的研究兴趣一致。（3）既有不多见的关注信息技术应用如何影响组织文化的文章主要停留在思辨层面，缺乏实证研究。③ （4）在 CNKI 数据库中以“信息技术/ERP 应用”与“组织/企业文化”为主题查询得到硕士论文三篇，即《企业文化对 ERP 实施的影响》④、《ERP 实施中的企业文化影响力及文化适应性变革》⑤、《信息技术条件下企业文化的重构》⑥，博士论文一篇《企业信息系统的组织采纳规律及其文化因素影响研究》⑦。从中可见管理学的基本研究思路是：提出问题，即信息技术/ERP 应用过程中遭遇文化冲突的可能性，以及给出具体的应对政策，即在什么阶段采取什么具体的措施，比如成立企业文化改造领导小组之类的对策建议。

在所有这些关于信息技术应用-组织文化的研究文献中，我们没有看到对组织内部人的直接关注（除了对管理层的满意度关注）。而且管理学的研究取向是在关注效益的基础上探讨文化的问题——包括文化对 IT 应用成败的影响，主要涉及企业组织引进技术的成本是否会被浪费，信息技术的高效益能否被发挥出来；或者 IT 应用对组织文化的影响，以及新变迁的文化是否有利于促进组织凝聚继而被用于提高生产效率——而不是在关注行动者的组织方式的意义上来关注文化。

管理学研究的另一个显著特点是，强调对文化的管理和设计以适应技术的应用，增强其效用。比如，拉佩尔和哈林顿认为，为了最大化内部采用信息技术和知识分享文化，经理人应该着力于建设道德文化（信任和关

---

① Doherty, N. F. & Doig, G. (2003). An analysis of the anticipated cultural impacts of the implementation of data warehouses. *IEEE Transactions on Engineering Management*, *50* (1), 78-88.

② Leidner, D. E. & Kayworth, T. (2006). A review of culture in information systems research: Toward a theory of information technology culture conflict. *MIS Quarterly*, *30* (2), 357-399.

③ 姚力，陈智高.（2000）. 现代信息技术与企业文化. 中外企业文化，(5)，60-61. 李秀梅.（2002）. 信息技术营造新的企业文化. 内蒙古煤炭经济，(A12)，57-58.

④ 陈蓉.（2006）. 企业文化对 ERP 实施的影响. 华中科技大学硕士学位论文.

⑤ 韦莹.（2007）. ERP 实施中的企业文化影响力及文化适应性变革. 四川大学硕士学位论文.

⑥ 李东艳.（2003）. 信息技术条件下企业文化的重构. 哈尔滨工程大学硕士学位论文.

⑦ 胡安安.（2010）. 企业信息系统的组织采纳规律及其文化因素影响研究. 复旦大学博士学位论文.

怀员工)、开发型文化（强调创造性和灵活性）以及层级文化（强调政策和信息管理)。[①] 相比之下，**社会学则关注并试图理解实际发生的过程，即信息技术的应用与组织文化的“自然”交互过程（当然，组织文化可能是被设计的)，关注在其中各个行动主体，包括技术、组织文化和组织环境如何经过一个交互作用的过程，“实际地”引发了怎样的文化变迁以及变迁是如何发生的**，而并不强调设计，甚至往往带有探索“未预期的后果”（与设计相悖）的特殊学术趣味。[②]

研究思路的不同是学科区分所致。对效率的关注是管理学的题中应有之义，正如对行动者的关注是社会学的本分一样。或许管理学的组织文化研究与社会学的组织文化研究之间最大的不同就在于研究问题下的终极关怀不同，或者说是“深层关注”不同。前者始终关注组织绩效，为了组织绩效而关注文化、结构、项目成败等等。而后者是关注人群的：一是在关注 IT 应用对人之影响的意义上来关注 IT 应用对组织结构、组织实践有何影响；二是文化作为人们认知和理解这个世界的意义体系，以及人们的行动规则体系，本身就具有极为重要的研究价值，它的研究意义并不附着在其他的价值上，比如组织绩效。费孝通曾说过：“社会学的人文性，决定了社会学应该投放一定的精力，研究一些关于‘人’、‘群体’、‘社会’、‘文化’、‘历史’等基本问题，为社会学的学科建设奠定一个更为坚实的认识基础。”[③]

一方面，技术的应用被预测将引发组织文化变迁，遗憾的是这不符合管理学和工程学的非控制、非绩效中心的旨趣，信息技术应用“自然”协同多因素作用引发的组织文化变迁研究尚未见成果。另一方面，国内组织社会学界对信息技术的研究并未缺席，这令人欣喜。[④] 尽管参与学者的规模与信息技术对社会生活和组织生产产生的影响和深远的意义相比并不相

---

① Ruppel, C. P. & Harrington, S. J. (2001). Sharing knowledge through Intranets: A study of organizational culture and intranet implementation. *IEEE Transactions on Professional Communication*, *44* (1), 37-52.

② 行动的意外后果是人类活动的独有现象，社会学家默顿、吉登斯和贝克都进行过系统论述（参见刘玉能等，2008)。

③ 费孝通．(2003)．关于“文化自觉”的一些自白．理论参考，(9)，31-33.

④ 邱泽奇．(2005)．技术与组织的互构——以信息技术在制造企业的应用为例．社会学研究，(2)，32-54. 刘小涛．(2004)．双重代理与信息技术在传统企业中的推广．北京大学硕士学位论文. 刘振业．(2004)．组织化的信息技术系统与组织结构的互动机制——来自青岛啤酒公司的案例．北京大学硕士学位论文．张燕．(2003)．锦上添花的成与败．北京大学硕士学位论文. 黄晓春．(2008)．碰撞与融合：信息技术嵌入政府部门的机制研究．上海大学博士学位论文. 谭海波，孟庆国，张楠．(2015)．信息技术应用中的政府运作机制研究——以 J 市政府网上行政服务系统建设为例．社会学研究，(6)，73-98. 任敏．(2017)．技术应用何以成功？——一个组织合法性框架的解释．社会学研究，(3)，173-196，249.

称，而且这些研究或许囿于学术对话受限于此前的议题传承，或许忌讳于“文化”内涵的复杂性及概念的难以操作性，又或许是囿于研究共同体的独特议题趣味，始终以组织结构（包括形式结构和行动结构）为关注点[①]，分析层次集中于组织内部的群组（部门间），而对行动结构变迁背后人们何以理解缺乏探索，并没有介入。**但是显然，要补上对“信息技术应用的组织后果和社会后果的解释的缺失”[②]，对信息技术-文化主题的探讨是不应该缺席的。这也为本研究关注组织文化（人们的观念、价值体系）在学术脉络中提供了位置，促成了本研究的“补缺”价值。**

具体来说，本研究关注相互关联的几个问题：（1）信息技术在组织中的应用可能引发怎样的组织文化变迁？（2）变迁是如何发生的，其中机制如何？（3）组织文化的变迁不会一蹴而就，那它与信息技术的应用可能是怎样互相建构的？是组织文化阻碍技术的应用还是技术的应用改变组织文化？其中关键的分野条件是什么？（4）组织文化的变迁并非由信息技术单一因素决定，那么同期其他可能的重要作用因素有哪些？组织是开放环境中的组织，那么环境因素如何影响组织采用技术？

针对上述问题，本研究主体分上下两篇展开论述。上篇包括以下内容：（1）信息技术应用条件下组织文化的变迁；（2）IT 应用促发组织文化变迁的机制。下篇包括下列内容：（1）IT 建构组织文化的条件：技术的组织合法性；（2）IT 应用中的多重组织环境。最后是总结与讨论。

基于共识且为简练故，信息技术在本书中尤其在标题中，多用 IT 标记。

---

① 这些研究中对组织结构的定义也并非巴利（Barley）的“行动者的行动结构即组织结构”意义上的定义，而是集中于部门间关系（比如部门间权力格局）的探讨。而加利文和斯耐特（Gallivan & Sriter 2005）认为巴利的组织结构定义在某种程度上就相当于组织文化的内涵。

② 邱泽奇．(2004)．教育部人文社会科学重点研究基地重大项目“信息技术应用与组织变迁研究”项目申请书．

第二章　概念界定与研究方法

第一节　概念界定

一、技术概念

技术与任何一个研究概念一样，总是有数不清的具体定义。温纳（Winner）总结了之前社会科学研究中常用的对技术的界定，归结起来主要有三种：（1）技术经常被定义为某种机器、设备及其他物质性装备等；（2）技术通常意味着技巧、行为与认知；（3）技术经常被用在整个组织层面，指一套关于个体、原材料和任务的特殊安排。①

由此我们发现，**技术的定义是伴随研究者们对与技术相关的研究主题的推进或转移而演进的**。最初的技术研究关注技术的物质性；随后的研究开始转而关注技术的使用者，发现技术是存在于使用者身上的专业知识技能；然后关注技术对组织的各种资源包括物质性的资源和使用者之间的合作关系的重新安排，即对组织层面的任务完成结构的再配置。**随着这些技术研究主题的推进，技术的概念变得越来越抽象，也逐渐在更高的层次上将技术使用者——人的因素纳入其中。**

奥利科夫斯基（Orlikowski）认为，不管技术是指称硬件设备，还是指称组织所针对的任务、技术以及所涉及的知识②，这些定义不过都只是道出了技术所包含的范围（scope）。她认为对技术的定义还应该考虑技术

---

① Winner, L.（1997）. Technology today: Utopia or dystopia? *Social Research*, *64*（3）, 989-1017.

② Orlikowski, W. J.（1992）. The duality of technology: Rethinking the concept of technology in organizations. *Organization Science*, *3*（3）, 398-427.

在组织中扮演的角色（role）面向。由此，她对技术的界定是：从范围来说是一种物质形态的人造物品（material artifacts），既是物质性的又是社会性的；从角色来说是与行动者相互作用的，既是建构性的又是为社会所建构的。奥利科夫斯基的技术定义对此前技术定义的推进有两个鲜明的特点：一是技术内在地包含社会性特征，而不仅限于物质性，比如设备，或者使用者所拥有的知识技能等；二是鲜明地指出对技术的定义要联系技术对组织活动的意义来进行。

之后的研究者们就越来越多地开始强调技术内涵中的社会性一面。比如，斯格特指出，大多数组织理论家支持更为广义的技术界定，即“技术不仅包括用以完成工作的硬件，还包括工作人员的技能和知识，甚至包括工作对象的特征”[①]。其中，所谓“包括工作对象的特征”表明，对技术的定义不但超越了传统的组织边界，而且呈现出技术的定义向社会关系延伸的迹象。邱泽奇提出，对技术的理解要考虑到技术是应用中的技术，应用是技术与社会关系最为本质的属性。[②]

奥利科夫斯基对技术的定义堪称经典，因为抽象程度很高，后来的技术定义都难出其右。[③] 但其中有两个问题：一是技术内含的“社会性”角色不彻底；二是抽象程度高，难具分析性。

首先，奥利科夫斯基的“社会性”局限于技术与组织互动中的社会性，而这是不彻底的社会性。如果技术成为互动的起点，它只是物质性产品，它的社会性只是单向的，即就技术应用改变组织，产生组织性/社会性后果而言。而没有主体性的技术，无法与组织形成真正的相互建构关系。对于这种情况，我们可以通过两种方式来赋予技术主体性。一种方式是使用者内部进行区分，即使用者不是统一的使用者，其中一部分人对技术进行建构，然后技术返回建构另一部分人。另一种方式是说明技术背后存在一个主体，这个主体的存在使得技术具有持续的建构性。否则，这种所谓技术对组织的建构只能在一次性完成的意义上来理解才解释得通。也就是说，不能透过技术看到背后的技术提供方的行动，就无法将技术的社会性揭示彻底。技术不仅是技术应用这个组织或社会过程的起点，而且只

---

① 斯格特．(2002)．组织理论（黄洋等译），213. 北京：华夏出版社．

② 邱泽奇．(2017)．技术与组织：多学科研究格局与社会学关注．社会学研究，(4)，171-196，249-250.

③ Orlikowski，W. J. (1992)．The duality of technology：Rethinking the concept of technology in organizations. *Organization Science*，*3* (3)，398-427.

有当技术被视作中介，比如将其背后的技术提供方纳入考量，才能揭示技术应用这个较为完整的社会过程或图景。奥利科夫斯基在其后续的研究中，暗含了技术在使用者中由一小部分人设计而大部分人调适自己来使用技术的意思。而邱泽奇、刘振业看到技术背后的另一群人——技术提供方，从而进一步揭示了技术的社会性内涵，拓展了技术应用的社会学研究。[①]

邱泽奇指出，**技术与组织的关系实则是通过技术而发生的组织与组织之间的关系，技术与组织的相互建构是两个组织之间借由技术进行的对彼此组织结构的多次反复的定制，这就是技术与组织的互构机制**。[②] 他的研究以组织结构与外源定制性技术的相互调适为主题。**他的这个论点较为彻底地解决了我们在众多信息技术-文化研究中所见到的信息技术为什么携带文化的问题**，而且对其有所拓展。在之前的文献中，研究者们只是论述了技术携带的文化的内涵，在这些研究里，这种技术输出组织对技术的文化内涵的注入是一次性完成的，文化是固化的文化。如果用互构机制来解释这些研究，就会发现，技术的文化内涵其实远不是一次完成的，而是借由技术采用/应用在技术输出组织与输入组织之间的反复互动中完成的。而且，技术的文化内涵如果是固化的，也就割裂了技术输出组织与输入组织之间的时空关系，它们处于隔绝的时空中。对此，邱泽奇及其团队已经做了不少的研究。[③] **如果我们把将技术视作媒介的视野更加打开来，就会发现，技术的文化内涵不仅来自技术输出组织，还来自环境**。比如说，同一组织的产品，销售到中国的和出口到加拿大的，往往在功能安排和使用设计上存在差异，这就是因为技术输出组织认识到了产品使用环境的差异性要求。这个论断与既有的信息技术-文化研究中关于信息技术的文化内涵既来自国家/民族层面，也来自组织层面，甚至来自组织亚文化层面的研究结论相一致。为了简化，我们将技术输出组织因素也归结为技术应用

---

① 邱泽奇．(2005)．技术与组织的互构——以信息技术在制造企业的应用为例．社会学研究，(2)，32－54. 刘振业．(2004)．组织化的信息技术系统与组织结构的互动机制——来自青岛啤酒公司的案例．北京大学硕士学位论文．

② 邱泽奇．(2005)．技术与组织的互构——以信息技术在制造企业的应用为例．社会学研究，(2)，32－54.

③ 邱泽奇．(2005)．衍生于传统的文化：以蜡染为例．文艺研究，(4)，104－113，162. 刘振业．(2004)．组织化的信息技术系统与组织结构的互动机制——来自青岛啤酒公司的案例．北京大学硕士学位论文．刘伟华．(2007)．技术结构刚性的限度．北京大学硕士学位论文．谢铮．(2007)．信息技术特征与组织结构变迁．北京大学博士学位论文．

组织的外在环境的一部分，因为它在本质上就是技术输入组织在技术应用中的一个外部要素。

其次，奥利科夫斯基的技术定义的另一个问题是抽象程度高。这固然照顾周全，却缺乏足够的分析性。要细化研究，我们就需要进一步区分技术的“社会性”内涵包括什么。对这个问题的回答与技术在组织中的角色紧密联系在一起。邱泽奇认为，技术的实践性是技术的根本性质，也就是说，技术的丰富内涵是在技术的应用中产生的，我们对技术的研究也是在技术被使用的意义上才有价值。技术主要是在组织中应用，因而所谓技术的社会性，就是技术内含的对技术使用组织的组织结构。从技术的实践特征来说，或说从组织研究的视角来看，技术应用中的社会性，也可以看作技术的组织性。但是从另一方面看，邱泽奇及刘振业仅仅将技术的社会性归结为技术的组织（化）结构，却也有所不足。①

文献的这种分野源于研究层次和研究对象的不同。20 世纪末 21 世纪初，时代潮流是国家间的技术转移，即先进的信息技术从发达国家向发展中国家扩散。英文文献多采用变量间模型来解释技术应用中的国家间、地区间文化冲突及其管理；而国内邱泽奇团队主要从技术引入国的技术应用入手，关注地方层次的组织的技术采用，基本采用过程模型的案例研究，试图揭示中观层面信息技术采用的组织机制。

关于技术与组织活动的关系，之前奥利科夫斯基提出过类似的观点。②她指出，关于技术在组织中的角色，彼时存在三种观点：第一种认为技术是外在于组织并对组织的各种特性（如结构、规模、业绩、集中化和形式化）产生决定性影响的客观外在的力量。第二种认为技术是人们相互作用的产物，并被人们赋予共享的意义。第三种认为技术是对组织产生影响的外在力量，但这种力量比较弱，其作用会随着行动者的行动和组织环境的不同而改变。她点评说，每种观点都过于片面，因此她试图用技术在组织中的“角色”将其整合起来。

在此基础上，笔者认为，**与其强调一个面向的支配性地位而忽略其他面向，不如用一个更为统合的视角来看，把这些差异化的视角解释为它们**

---

① 邱泽奇．(2005)．技术与组织的互构——以信息技术在制造企业的应用为例．社会学研究，(2)，32－54. 刘振业．(2004)．组织化的信息技术系统与组织结构的互动机制——来自青岛啤酒公司的案例．北京大学硕士学位论文．

② Orlikowski，W. J. (1992)．The duality of technology：Rethinking the concept of technology in organizations. *Organization Science*，*3* (3)，398－427.

各自强调了技术的丰富内涵的一个方面。各个视角之间不是非此即彼的排斥与替代关系，而是彼此补充的关系。

我们认为，就技术在组织中的角色而言，第一种观点，即所谓技术外在于组织并对组织的各种特性产生决定性影响，可以被解释为反映了技术为实现特定功能的技术逻辑而具有的物理性，有刚性要求，而这是技术实现其功能的核心工具，否则就可能失去其使用价值导致技术引入失败，由此无法完成其使命的技术会被弃置，甚至消亡。仅仅强调这一面既难以看到技术与组织的相互建构，也会忽略技术在组织中应用时各个部门之间的博弈在技术最终成品中的映射，这是忽视技术应用的实践性特征的结果。发现技术应用的实践性特征正是邱泽奇团队“互构论”对奥利科夫斯基诸多研究的推进之处。第二种观点，即所谓技术是人们相互作用的产物，并被赋予人们共享的意义，可以解释为技术在制造过程中被植入了人们的价值、观念、信仰，以及对技术使用的设想（比如同为 ERP 供应商的 Oracle 公司和 SAP 所提供的 ERP 技术就不同[①]），在技术使用过程中也是经过使用者的认知与意义解释被以特定的方式使用（比如同样应用 SAP 提供的 ERP 技术，联想与大鹏的应用方式和应用结果都不同）。总之，技术内在地融入了参与者（包括制造过程、使用过程，以及制造者与使用者之间的协商过程）的文化价值与意义解释。第三种观点，即所谓技术是对组织产生影响的外在力量，但是并非决定性力量，其组织后果不是确定的，而是随着行动和组织环境而产生权变的。这里强调行动者的能动性（包括权变性）与组织环境因素的影响，变动的是各种组织实践，比如工作安排方式、组织结构等。第二种观点是技术-组织领域互构论发展的基础，而本研究则试图融合第二和第三种观点开展实证研究，即本研究试图揭示组织成员如何解读技术，赋予其各种意义、价值等，这些行为是如何影响技术应用的，而外在的环境又是如何影响到组织内部的技术应用过程的。

基于以上分析，用统合的视角来看，就解读出一个技术的分层概念模型。其分层包括技术的**技术物理逻辑、文化逻辑和实践逻辑。**其中奥利科夫斯基定义中的技术的“社会性”在我们的技术概念模型中体现在文化逻辑与实践逻辑两个层面。邱泽奇指出，应用是技术的根本特质，信息技术的应用主要在组织中进行。邱泽奇的这个主张称在一定程度上支持了奥利科夫斯基的技术的“组织角色”面向的观点。**从本书的研究变量之一大型**

① Oracle，甲骨文公司；SAP，思爱普公司。

复杂信息技术（比如 ERP），是以组织为应用场域的特点出发，我们将技术的文化逻辑和实践逻辑定义为组织文化逻辑与组织实践逻辑。尽管如此，我们也试图同时表达技术的组织性与外在社会大环境之间的开放性与沟通性关系（见图 2－1）。

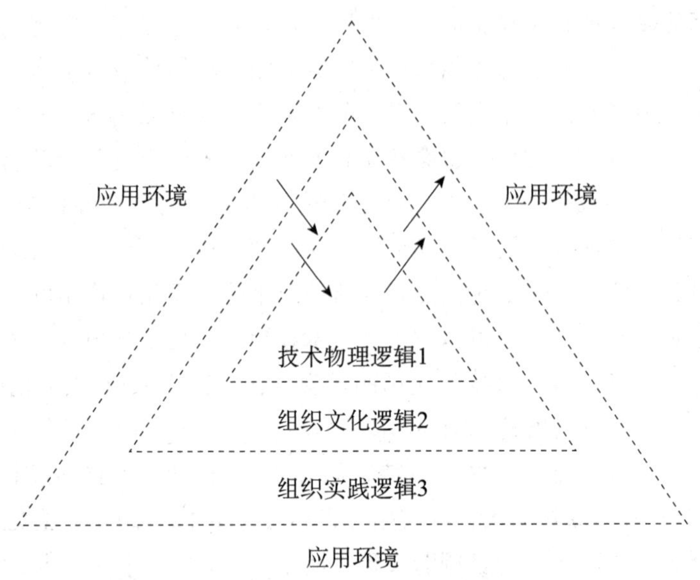

图 2－1　技术的分层概念模型

第一层是技术物理逻辑，这是技术实现其功能而必然具有的逻辑要求。**第二层是组织文化逻辑**，这是指表征为信仰、价值、观念等的技术设计者、使用者的意义体系向技术的渗透（既包括技术-组织的相互建构过程，也包括以技术为中介的组织间、亚组织单位之间、职位间/人际互动过程）。**第三层是组织实践逻辑，它指称在组织成员的技术实践活动（与技术相关的组织实践活动，比如技术设计、输出和技术输入、使用等）中，相关意义体系与环境因素结合发生权变之后所表现出来的实际状况**，比如技术与组织结构之间的相互建构，导致技术的定制化，生成技术导入结构等。①

技术内含的这几个层次的相互嵌套关系，是依据各层面的逻辑提供的

① 邱泽奇．(2005)．技术与组织的互构——以信息技术在制造企业的应用为例．社会学研究，(2)，32－54. 刘振业．(2004)．组织化的信息技术系统与组织结构的互动机制——来自青岛啤酒公司的案例．北京大学硕士学位论文．刘伟华．(2007)．技术结构刚性的限度．北京大学硕士学位论文．谢铮．(2007)．信息技术特征与组织结构变迁．北京大学博士学位论文．

可建构空间（技术弹性）的大小来安排的。技术物理逻辑处于技术结构的最内层（技术物理逻辑具有最强的刚性），其次是组织文化逻辑（文化具有强大的惰性），最外层是组织实践逻辑（呈现最丰富易变的面貌）。

图 2－1 中三层逻辑的边界用虚线表示，每一层都相对封闭，但是从应用环境到组织实践逻辑再到组织文化逻辑，这几个层次间的彼此开放程度较大、渗透性较强。举例来说，因为组织的生存需要满足特定的社会需求，所以应用环境与组织认知之间总是需要达成一定程度的一致，固然组织行动是由组织对环境新要求的理解所驱动的，但这是从组织是个理性行动主体的假设下出发的理解，而根据制度学派的合法性原理，组织的很多实践行为是在环境刺激下先于其意义支持体系出现的——组织行为是组织对环境调适的反应。而组织与环境之间的相互调适，往往首先表现在组织实践活动的调适上，然后才建立起对应的意义系统。而且，虽然组织实践活动的调整（比如企业上 ERP 过程中的企业生产流程重组）比较难，但是有不少研究表明，组织实践改变的最大困难来自组织成员对变革缺乏足够的理解，观念缺乏相应转变。我们在文献中和实际观察中都可见很多例子：组织的流程改变了，但是仍然带着旧有的文化体系来理解组织实践、开展工作的员工们却开着倒车，导致组织流程改造失败。① 也有些研究探讨了组织如何在引进信息技术进行流程改造的同时，顺势进行组织文化变革管理的问题。既有的文献中一直流行一个观点，那就是信息技术，比如 ERP，在组织中的应用失败与组织的文化不支持新技术息息相关。② 技术物理逻辑层次相对具有较高的刚性和较高的稳定性，因为满足一定功能要求的技术逻辑在某种程度上来说是技术存在的根本，也是使用该技术的组织的竞争力所在——技术使得组织能够提供差异化的产品和服务等，增进组织在市场竞争中的优势。

所以，本研究假定，技术会通过以下方式改变采用组织的组织文化：

---

① 信息技术对组织文化改变的一个重要机制是持续地强制改造。但是当信息技术引入组织遭遇与组织文化不相匹配的情况时，技术的继续推进有时候会遭遇组织文化的强大刚性而使技术的强制性发挥受阻，最终导致技术应用失败；而有时候则出现信息技术的应用经历一段时间改变了组织文化的情况。在初始条件相同的情况下，为什么有的情况是技术的强制性发挥作用，而有的情况下技术的强制性却无法发挥作用？技术的强制性发挥作用的条件何在？我们将在第四章中的信息技术应用导致组织文化变迁的三重机制中的“管理设计”部分进行初步讨论，然后在第六章进一步详述。

② 陈春花，刘晓英．(2002)．管理信息系统中的文化行为研究．科学学与科学技术管理，(11)，34－36.

一是通过内核的物理逻辑改变组织员工的“做法”（工作行为）；二是通过技术的文化内涵，要求员工接受新的“想法”（工作观念）；三是组织的实践逻辑是技术通过对组织的建构过程而被纳入组织，转化为新的组织制度，或者说，组织管理层为了适应技术的要求而改组结构或革新管理制度，对员工进行规训，从而改变组织文化。

根据互构论的假定，同一产品供应商提供的同样的技术被一个组织采用之后会与之发生相互建构，这使技术最后的形态是一个定制化的产品。比如SAP为家庭制造业提供的行业最佳实践ERP软件A（特定的模块套件），经过与采用组织O1的互构过程，根据采用组织的技术和业务部门提出的独特需求，经由技术提供方和实施方改造，变成了产品A1；但若A被O2采用，则经过技术提供方和技术采用方之间的组织间建构，变成了产品A2。理论上，因为A是行业最佳实践，所以如果组织提出的适应性定制化程度不高，在内部的物理逻辑和文化逻辑上，A1或A2越接近A，则采用组织提升的幅度越大，受益越大；而组织对技术的建构越强，对技术的物理逻辑和文化逻辑内核修改越大，导致技术偏离其内在物理逻辑和文化逻辑的规定性越远，则A1或A2越偏离A，从而导致技术对组织的绩效提升效果不明显，采用组织因此就可能越少从新技术引进这件事本身上受益。

这里讨论的是常见企业组织采纳技术的情况，而在实际采用情况中，技术何以被采用，不同的组织则可能有不同的逻辑。比如有些政府部门采用技术可能是出于“政绩工程”的符号需要，即使完全不修改技术的物理逻辑内核和文化内核，技术不过是被形式化地应用，它也无法真地植入组织内部。比如为了刚性执行工作规则且明确责任而引入了政务管理系统，但实际的审批流程却可能在系统之外进行，那么纵然技术被引入相关部门，实际上它也没有起到该有的作用。但另一方面，该组织通过引入政务管理系统这个符号事件追求的政治利益却也是可能实现的。此外，企业组织中也存在权力博弈，在威权文化盛行的企业组织里，试图刚性地将所有人的工作都纳入流程的信息化操作依然可能受到决策者或决策者小群体的抵制，从而导致技术的应用只能被权力限定在一定范围之内。所以，这里的组织的逻辑是指组织引入技术的“初衷”本质，要区分是绩效的逻辑、政治的逻辑，还是制度的逻辑；以及引入后技术实施的空间大小、得到的支持力度大小，即组织赋予技术应用项目的合法性大小，可占据组织资源的多少，这些决定了技术在多大程度上可以强迫组织成员改变，或者相反，组织成员在多大程度上可以抵制技术等。因为本研究的案例对象是企业组织，所以我们假定做出采纳技术决定的组织花费成本是为了实质性提升组织管理效能，而且这一点在调查中也得到了引入 ERP 的“初衷”的验证。

综上，我们对技术的定义是，**技术是一个包括技术的物理逻辑、文化逻辑和实践逻辑，兼具物质性与社会性的多层逻辑体系。**这个技术定义表达了几点内涵：（1）技术内在地包含从物质性到组织性/社会性的多个逻辑层次。（2）技术与组织之间具有相互建构性。（3）技术内在的不同逻辑层次具有不同的可建构性，越往内技术输出组织越具决定性，越往外技术引入组织越具决定性。技术的物理逻辑是技术发挥效能的核心层次；组织实践逻辑是指技术在与组织互构中纳入的组织要求，包括组织采用技术的目的。（4）技术内在的几个逻辑层次对组织都产生建构作用，但是它们并不单独产生对组织的建构，而是联合发挥作用才会有效。比如，技术的物理逻辑层次对组织的建构不仅是对后者在技术上进行升级，而是同时涉及对组织实践层面的工作安排、组织结构甚至组织战略、组织文化都进行建构，如此，技术逻辑对组织的建构才会有效，否则技术的应用就会流于形式。又比如，技术的组织文化逻辑要实现对应用组织的文化建构，就离不开技术的物理逻辑和组织实践逻辑对组织的资源配置方式、人员工作方式、人际合作等方面的辅助和强制改造。

该技术定义对此前的技术概念的推进之处在于，将奥利科夫斯基的技术定义中的“社会性”用邱泽奇的“组织性”再加上“（组织）应用环境”进行替代①，以使其更具有分析性；同时，将互构学派的技术的“组织实践性”操作化为物理逻辑、文化逻辑和组织实践逻辑三个层面的建构性。即，此前的研究看到技术输出方、输入方（有时候有实施方）借助技术在进行互构，但是技术是在什么维度和层面上如何被建构的，除了抽象、模糊的“技术导入结构”和“组织化结构”等概念外②，技术依然是“黑箱”，而此处将其操作化为技术的三层逻辑。也就是说，引入技术的组织是在技术的物理逻辑、文化逻辑和组织实践逻辑三个层次上对技术进行建

① Orlikowski, W. J. (1992). The duality of technology: Rethinking the concept of technology in organizations. *Organization Science*, *3* (3), 398 - 427. 邱泽奇. (2005). 技术与组织的互构——以信息技术在制造企业的应用为例. 社会学研究, (2), 32 - 54.

② 谢铮. (2007). 信息技术特征与组织结构变迁. 北京大学博士学位论文. 刘小涛. (2004). 双重代理与信息技术在传统企业中的推广. 北京大学硕士学位论文.

构的。这样的技术定义意味着我们在研究中要对这些层次都有所观照。

二、信息技术

所谓**信息技术**的一般定义是指利用计算机硬件和软件技术对数据进行存贮、传输并转化成有意义的信息的技术。它包括两个方面的内容：一是所利用的计算机及软硬件工具，包括由微电子、电脑（硬件和软件）、电信、广播以及光电等汇合而成的整套技术①；二是数据的获取、应用和开发并供用户使用的结构和过程。信息技术在组织中的应用主要体现在自动化、信息化、嵌入化和通信化上。②

从我们对技术的定义出发，这个信息技术的定义来自传统的技术定义的启发，只道出了信息技术的技术层，并不足够。我们认为，**信息技术是利用计算机硬件和软件技术对数据进行存贮、传输并转化成有意义的信息的技术；内含技术物理逻辑、组织实践逻辑和组织文化逻辑等多重逻辑的物质性和组织性、环境性建构。**

第一，信息技术的物理逻辑层次。信息技术要实现数字化存贮、传输及表达的功能就必须通过一定的代码与程序，这就是技术框架所必须遵循的内在的技术逻辑。我们以 ERP 为例，按照它的技术定义，其内涵主要是面向企业内部的流程管理，目的是实现物料流、信息流和现金流的畅通与集成。③ 由此可知，一个 ERP 系统的功能模块必须包含采购、生产、分销、成本、库存、财务和人事等，否则就不是 ERP。

第二，信息技术的组织实践逻辑层次。ERP 技术的转移对输出和输入组织在结构上都将产生一定程度的重构。在技术引入过程中，技术逐渐不是原来的技术，技术制造者对技术的理解被改变，技术引入组织的结构也不再是原来的结构。④

第三，信息技术的组织文化逻辑层次。不同的组织对技术有不同的理解，在技术设计和使用中赋予其不同的意义内涵。比如，ERP 在有的组织中被视作促进分权的工具，而在有的组织中却被认为提高了集权度。

---

① 兰登，肯尼恩·C.，兰登，简·P.．(2002)．管理信息系统精要——网络企业中的组织和技术．(第四版，葛新权等译)．北京：经济科学出版社．

② 卡什，埃克尔斯．(2000)．创建信息时代的组织：结构、控制与信息技术．大连：东北财经大学出版社．

③ 陈启申．(2012)．ERP：从内部集成起步（第三版）．北京：电子工业出版社．

④ 邱泽奇．(2005)．技术与组织的互构——以信息技术在制造企业的应用为例．社会学研究，(2)，32-54.

信息技术分为简单信息技术和复杂信息技术。[①] 区别在于，前者包括即时通信软件如QQ、微信和文字处理软件Word等，而后者包括企业资源规划（ERP）、供应链关系系统（SCM）和客户管理系统（CRM）等；前者用户相互依赖程度低且基于数据，而后者相互依赖程度高且基于流程；前者的扩散模式为自动自发的社会传染模式，而后者是组织力量规划和实施的；前者是在个体层面使用，后者是在组织层面使用；等等。**本研究中所涉及的信息技术主要是**ERP。ERP是一个应用软件系统，它的基本思路是将企业的业务流程看作是一个紧密连接的供应链，**在信息化的基础上**将企业内部划分成几个相互协同作业的支持子系统，如财务、市场营销、生产制造、服务与维护等，对企业内部供应链上的所有模块如订单、采购、库存、计划、生产制造、质量控制、运输、分销、服务与维护、财务、成本控制、经营风险与投资、决策支持、人力资源等**进行流程化管理，实现企业经营管理工作的标准化操作**，从而实现管理效益。

三、文化概念

在信息技术采用中，组织文化一直被认为是影响其成败的重要因素。几十年来，信息技术研究领域的组织文化相关研究在数量上呈持续上升趋势就是明证。[②] 什么是文化？我们每个人都身处其中却难言其妙，但这是所有文化研究必须首先要解决的一个问题。现存的大量研究都论述过文化的定义，比如，截至20世纪中叶，克罗伯和克拉克洪（Kroeber & Kluckhohn）区分出的文化的定义就有164种。[③] 那么，本研究将如何定义文化？

斯特劳布（Straub）等人把现有的文化定义归纳为三种类型：一是包罗万象型定义，二是问题解决型定义，三是共享价值型定义。[④] 根据这样的思维进行归纳，笔者认为还有第四类：深层意义型定义。

所谓**包罗万象型定义**是指把文化做成个“大筐”型的全面定义，这种

① 胡安安．（2010）．企业信息系统的组织采纳规律及其文化因素影响研究．复旦大学博士学位论文．

② Jackson，S.（2011）. Organizational culture and information systems adoption：A three-perspective approach. *Information and Organization*，*21*（2），57－83.

③ Kroeber，A. L. & Kluckhohn，C.（1952）. *Culture：A Critical Review of Concepts and Definitions*. NY：Vintage Books.

④ Straub，D.，Loch，K. & Evaristo，R.，et al.（2002）. Toward a theory-based measurement of culture. *Journal of Global Information Management*（*JGIM*），*10*（1），13－23.

定义更抽象，例如众所周知的泰勒（Tylor）的定义。[①] 他认为，文化是一个复杂的整体，包括知识、信仰、艺术、法律、道德、习俗和其他任何作为社会一分子所习得的能力和习惯。在此类定义中，通常学者们在定义文化时也涉及对文化的划分。如，斯特恩（Stern）根据文化的结构和范畴把文化分为广义和狭义两种概念。[②] 广义的文化即大写的文化（Culture with a big C），狭义的文化即小写的文化（culture with a small c）。广义地说，文化指的是人类在社会历史发展过程中所创造的物质和精神财富的总和，它包括物质文化、制度文化和心理文化三个方面。物质文化是指人类创造的种种物质文明，包括交通工具、服饰、日常用品等，是一种可见的显性文化；制度文化和心理文化分别指生活制度、家庭制度、社会制度以及思维方式、宗教信仰、审美情趣，它们属于不可见的隐性文化。狭义的文化是指人们普遍的社会习惯，如衣食住行、风俗习惯、生活方式、行为规范等。[③]

包罗万象型的定义在组织文化层面即表现为常见的文化多层模型，即组织/企业文化是一些同心圆。每一层意指不同的文化构成部分，比如物质、行为、制度、价值等等。许学峰构建的企业文化的“雷达”模型，就包含了由外围到核心依次是物质、行为、制度、核心价值等的四个层面，其中贯穿这四层的就是价值观体系。他还提到了企业文化的“同心圆”模型和“陀螺”模型，这些模型的基本特点都是由若干层次构成，尽管它们或者呈现静态，或者试图以动态的形式来表达。[④]

所谓**问题解决型定义**是指定义关注文化的结果和它能完成什么。学者们认为，问题解决及其解决方式定义了一群人。例如福特（Ford）认为文化就是“传统的、已被证明成功有效的问题解决方法，由（人们）习得的问题解决方法构成”[⑤]。克拉克洪和莱顿（Kluckhohn & Leighton）认为文化包括“一个社会面对其问题时所采用的习惯的和传统的思考、感觉和反应方式”[⑥]。

共享价值型文化定义的基本观点是文化与价值有关，文化内含价值或

---

① Edward B. Tylor 是被称为“人类学之父”的英国人类学家。文化概念最初就是由他在1871年的书《原始文化》（*Primitive Culture*）中提出来的。

② Stern, H. H. (1992). The cultural syllabus. *Issues and Options in Language Teaching*, pp. 205－242. Oxford: Oxford University Press.

③ 萧俊明.（2002）. 文化研究的发展轨迹. 国外社会科学，（1），36－45.

④ 许学锋.（2007）. “雷达”模型——企业文化结构探讨. 中外企业文化，（9），40－41.

⑤ Straub, D., Loch, K., Evaristo, R., et al. (2002). Toward a theory-based measurement of culture. *Journal of Global Infor-mation Management* (*JGIM*), 10 (1), 17.

⑥ Kluckhohn, C. & Leighton, H. D. (1946). *The Navaj*, p. 28. MA: Harvard University Press.

者外在表现为价值，或者决定人们的价值等等。所谓价值是指“抽象范畴之间的关系，它以强烈的情感表达元素为特征并暗示了某种行为倾向”①。洛克奇（Rokeach）定义价值就是“一种持续的信仰，相信个人或社会喜欢某种行为模式或状态，胜过对其相对或相反的行为模式或状态的喜爱程度。价值体系就是一个信仰组合，是关于行为模式或既存状态的偏好排序”②。长期进行跨文化价值维度实证研究的霍夫斯塔德认为，价值就是“一种广泛的倾向，喜欢事情的某种状态胜过其他的状态”。③

在深层意义型文化定义里，文化是为人类活动提供判断与决策的意义标准和解释图式。比如，路易斯（Louis）认为，文化是一个群体的一整套共同认识或共同认识的意义。群体成员所认识的意义在他们之间很大程度上是心照不宣的，明显与某一特定群体有关，并且因群体不同而不同。④斯默西奇（Smircich）把文化定义为赋予一个群体以自己的特质或与众不同的特点的一整套不断演化的意义。群体自己的特质或与众不同的特点表现为信仰范式（意识形态）、活动（规范和仪式）、语言和其他符号形态。组织成员通过上述各种符号形态来形成和保持自己的世界观以及自己在这个世界上的形象。世界观的形成连同对群体身份、目标和取向的共同认识，都是群体特有的历史、成员之间的交互关系及其环境共同作用的产物。⑤ 塞尔吉奥瓦尼和科布利（Sergiovanni & Corbally）认为，文化定义应该包括一个**群体的价值体系、符号和共同认识的意义**，并且包括这些价值、符号和意义所具体化的物质客体和仪式化的实践；文化因素包括风俗和传统、虚构或纪实的历史事件叙述、心照不宣的理解、习惯、规范和要求，与固定的客体和已有的仪式联系在一起的共同意义、共同接受的假设以及主体间的意义。⑥

格尔茨（Geertz）的文化定义对本书的文化定义给予了启发。他说：

---

① Straub, D., Loch, K., Evaristo, R., et al. (2002). Toward a theory-based measurement of culture. *Journal of Global Information Management* (*JGIM*), 10 (1), 13 - 23.

② 同①.

③ Hofstede, G. & Bond, M. H. (1984). Hofstede's culture dimensionsan independent validation using rokeach's value survey. *Journal of Cross-Cultural Psychology*, *15* (4), 417 - 433.

④ Louis, M. R. (1985). An investigators guide to workplace culture. In Frost, P., et al. (Eds.). *Organizational Culture*, pp. 73 - 93. San Francisco: Sage Publications.

⑤ Smircich, L. (1983). Concepts of culture and organization analysis. *Administrative Science Quarterly*, *28* (3), 339 - 358.

⑥ 马丁.(2005).组织文化（沈国华译）.上海：上海财经大学出版社.

“文化是一种代代相传的用符号表达的意义模式，是一种用符号表达的观念体系，通过这个体系，人们得以沟通、传承和发展他们的生活知识和生活态度。”[①] 笔者认为，格尔茨的这个定义既道出了文化的内涵（意义模式/观念体系），又道出了它的外在表现形式（生活知识和生活态度），也道出了它的功能（沟通、传承和发展）。

邱泽奇曾经指出：“‘文化’作为一个学术概念，其歧义性之大……常常因此使得‘文化’变成一个不可讨论和对话的概念。”[②] 但是其中的悖论在于，学术研究也不能受限于主流对话而不追求拓展，概念的无尽衍生在某种程度上也是相关研究领域繁荣的表现。[③] 而且所谓对话也有个与谁对话的问题。**尽管文化的定义很复杂、很多样，但也并非没有一定程度的共识。比如在人类学内部，文化概念是有相对共识的，文化的意涵是人们对人、事、物的理解以及所赋予的意义，或文化是特定的生活方式；而在管理学内部对文化也有一定程度的共识，通常管理学的研究将文化操作化为一系列的价值观组合。**

但这种学科范式之争并非不可解决，而彼此借鉴融合正是范式创新的一条路径。社会学、人类学比较固守自己的“文化即意义”的传统定义，以及参与观察和深描写作的研究方式；而对于管理学的组织文化研究来说，已经有不少学者跨越文化定义的学科藩篱。从文化的定义来看，管理学已经从“文化即可测量的价值维度”的文化定义向“文化内涵……（包括）人们对于时间、空间、人际关系、事实、真相、人/组织与环境等基本问题的深层假设”转变[④][⑤]；从文化研究方法来看，已经从流行定量问卷测量文化到自我反省，批判问卷在获知文化深层含义上的浅薄性，提倡深入参与观察，纳

---

① Geertz, C.（1973）. *The Interpretation of Cultures*, p. 89. NY: Basic books.

② 邱泽奇.（2005）. 衍生于传统的文化：以蜡染为例. 文艺研究，(4)，104－113，162.

③ 不同学科对同一术语的定义要服务于自己的学科视野，因此往往是各不相同的，这也正是反映各学科的独特视角之处。比如信息技术的定义，在本书中兼顾了其物质性与社会性；在工程学中，所谓信息技术就是指围绕信息的开发、存储、传输而创造和发展起来的技术；在传播学里则完全以技术对传播对象的影响来定义，“所谓的‘信息技术’是不断扩展人类信息器官，主要包括感觉器官、神经器官、思维器官和效应器官的功能，增强人类信息能力的一类技术的总称”（黄静等，2003：60）。这种术语定义在各学科之间具有差异性而在学科内部具有趋同性的现象也启示我们思考一个问题：所谓“对话”，是谁与谁的对话。

④ Hofstede, G.（1980）. *Culure's Consequences: International Differences In Work Related Values*. London: Sage Publications.

⑤ Schein, E. H.（1985）. *Organizational Culture and Leadership: A Dynamic View*（1st ed.）. San Francisco, CA: Jossey-Bass Publishers.

入组织中人的理解来进行研究。反观社会学和人类学的文化研究，在跟管理学的相关研究“对话”上明显缺乏努力。当然，这与各个学科的学科视野定位有关。而且，笔者认为，难以对话有时候并非技术问题，而是态度问题。若保持开放的心态，没有学科和观点的高下之偏见，那么对话并不困难。而且管理学的文化研究一直跟踪人类学和社会学的文化研究，试图将后者中的最新研究观点引入管理学。从这个意义上说，管理学的文化研究一直在“追着”人类学、社会学的文化研究作对话，而社会学与人类学则缺乏对话态度和行为。这种学科之间的不平等有点类似奥利科夫斯基和巴利指出的组织学研究和信息技术研究（工程学、管理学中的）之间的学科不平等：总是信息技术研究“参考”组织学研究的成果，而组织学研究却鲜少“参考”信息技术研究的文献。①

经过以上探讨，笔者认为，**文化本身当是个抽象概念**，采用大一统的概念定义方式——一切皆是文化，结果就导致文化无法操作化；而将文化定义为多个层面的同心圆式的建构，固然凸显出文化的内涵丰富性，但是却丧失了定义的简洁性与抽象性特征。这些定义实则是将文化的外延（比如物质、制度等）当作了文化的内涵。定义面面俱到并不会指向一个清晰的研究。笔者赞同文化具有深层性及其在集体意识之外存在的判断，认为**固然处处、事事、物物皆文化，但是文化在本质上却并非这些外在物化的东西**，它是人类在抽象层面对外在的特定认知，且被赋予特定的意义。**文化的展现离不开那些外在的物化的现象，但是文化本身的定义是这些外在物化现象背后的抽象属性。**而且在某种程度上说，斯特劳布等人对文化定义的分类不过是指出学者们在研究中强调文化的不同方面。② 比如，问题解决型文化定义可以看作是对文化功能的描述，共享价值型文化定义也可以把价值看作深层意义的一个外在表现层，正如沙因（Schein）所做的那样。

笔者认为，文化作为一个意义体系，就是人群聚集的产物，在活动中衍生出来，经历长时间累积，得到参与者共同认可，是解决个体如何行动，以及人际如何分工、沟通及合作等问题的经验总结，它表现为特定人群对人、事、物及活动的独特理解。其中的关键词是“人群”、“场域”、“时间”（如

---

① Orlikowski, W. J. & Barley, S. R. (2001). Technology and institutions: What can research on information technology and research on organizations learn from each other? *MIS Quarterly*, *25* (2), 145-165.

② Straub, D., Loch, K., Evaristo, R., et al. (2002). Toward a theory-based measurement of culture. *Journal of Global Information Management* (*JGIM*), *10* (1), 13-23.

果我们要研究文化的生成的话）、“理解”、“认可”。进一步解读这个**“意义体系”，它还内含了两重功能：一是在个体层面提供认知/行动规则**[①]**；二是在群体层面提供沟通符号和协作规则（包括符号表达与群体认同）。**

第一点，意义为个体认知/行动提供动力与方向，也为个体行动定义了群体共同认可的行动规则。[②] 意义与认知/行动规则总是交织在一起，并非内层与外层的关系，而更像一枚硬币的两面。或者说意义的实现有赖于相应的行动规则的实践。行动者行动总是要为追寻某种意义的实现，该意义往往又同时规定了实现该意义的行动规则。比如一个（文化）意义单元“公平”，在“为了公平去战斗”这个语境中，它表现为指明行动的方向，但同时它也对行动有所规定，“要公平地去战斗”。又比如在“身份至上论”的意义下，行动规则就是要区分“黑猫”与“白猫”，且将二者区隔开来，但是在“发展是硬道理”的意义下，行动规则就演变为“不管黑猫白猫，抓住老鼠就是好猫”[③]。

第二点，意义体系在群体层面提供沟通符号及协作规则。[④] 这是从个体行动产生人际/群体影响的意义上来说的，意义被用于动员行动和解释行动，因为文化从群体功能上来讲是促进符号沟通，增强群体凝聚并依据一定的协作规则而促成合作行动的。[⑤] 正因为意义的符号沟通性才会产生意义的传递性，产生稳定群体，比如组织成员群体的行为经历一段时间逐渐趋同，形成独特的异于其他群体的群体/组织文化。

---

① 这里的“个体层面”实则是个相对概念，本质上意指一个更大单位的小单位组成部分，推而广之，它也可以指从属于更大群体的小群。

② 笔者认为对人的活动分析从根本上可以划分为思维活动与肢体活动，这外在对应于认知与行动。

③ 此处的这个设想的例子也正说明了文化的变迁性。

④ 尽管我们在文化内涵上取了格尔茨的“意义体系”，我们对文化的外在形式（生活知识和生活态度）和功能的定义（沟通、传承和发展）却不同于格尔茨的主张。在我们的文化定义里，文化的外在形式是组织实践活动（比如工作程序、同事间关系、上下级关系、人对待工作的态度等等），文化的功能就是实现沟通。这跟本书的研究对象是企业组织而非格尔茨的宏观社会生活有关。企业组织与社会组织有一个很大的不同：常态的企业组织必须适应外部环境而存在，它是被环境选择的；而常态的社会组织是一个自给自足的组织，它对外在更大环境的依赖不如企业组织对所处社会环境的依赖那么大。所以，面对一个变化越来越快的社会，企业组织提出“快鱼吃慢鱼”，提出“摩尔定律”，它要做的是摒弃不适应新环境的旧传统，要不断创新。所以对企业组织来说，重要的是文化的沟通功能（包括有效的内部沟通和内部与外部之间的沟通）而非传承功能。而社会组织的特点是，它要寻找特殊化存在，它的独特性是它存在的意义，所以我们会看到对各种“遗产”的保护，会看到有人提倡“民族的就是国际的”而不是相反。

⑤ 笔者认为，促成合作行动，延伸个体能力，完成以个体之力所不能完成的任务，正是人之为“群”的根本。

综上，笔者认为，所谓文化，**是指某个群体内成员所共有的，区别于其他群体的，对人、事、物当如如何联系起来的特定理解，围绕特定社会生活组织起来的具有逻辑联系的一簇簇理解构成意义丛，若干的意义丛彼此关联构成意义体系，在个体层面为行动者提供认知取向与行动规则，在群体层面提供沟通符号和协作规则。**

所谓特定理解，我举三个例子来说明。20 世纪 90 年代初曾经发生过一起在深圳的韩资企业老板让中国员工下跪的事件。当时在国内掀起轩然大波，认为这是辱华事件。但若我们解读多种文本，再结合对韩国人的访谈就会发现，这本质上是个文化差异的问题。在现在的韩国依然可见晚辈或下级见前辈或上级时总是弯腰鞠躬，分别时静立目送。在韩国的权威文化中，下级对上级下跪只是表示尊重和认错的态度，并不是刻意侮辱下跪者。但在我们的文化里，这种上下尊卑礼法森严的礼仪已经不见了。我们认为“膝下有黄金”，“上跪皇天后土，下跪父母”，下跪是有关气节的举动。韩资企业老板因为不了解这种文化差异，所以觉得自己颇为冤枉。

第二个例子是，笔者曾去北方某少数民族聚居区旅游，同行的某位旅游者看当地的一个小孩子可爱，情不自禁地就近伸左手摸了一下小孩子的头，结果招来孩子的母亲大怒。原来在当地人的眼里，左右手是有贵贱之分的，左手是用来做洗脚之类的“低贱”之事的，所以左手代表不洁净，而旅游者却用左手去摸孩子的头部，这代表侮辱，而不是旅游者自己所认为的表达喜爱。

第三个例子来自大鹏公司的一个老部长。他说文化是规范/制度背后的价值观的内化，任何组织的规范/制度只能规范表面行为。比如有两个员工，尽管他们表面上的操作行为都一样，但是如果内心对企业的认同不一致，做出来事情的效果是不同的。他打比方说，一个酒店的两个门童，按照规范都会帮助引领客人办理入住，然后帮忙把客人的行李送到房间。但是一个没有内化“宾至如归”服务理念的员工尽管行为上也做得到，但做起来却脸色僵硬，帮拿的东西也可能“咚”的一下就给扔地上；而一个内化了“宾至如归”服务理念的员工则会很有热情，满面笑容，还会主动发现客人的需求，提供延伸服务。

所谓“具有逻辑联系的理解”，是指行动者对人、事、物的理解之间具有逻辑相关性。比如在第二个例子中，在该少数民族的人看来，“左手代表不洁净”，“头代表高贵”，那么“左手摸他人的头就代表侮辱”，这就是相关理解之间的逻辑联系。围绕特定事件的一簇簇具有逻辑关联的理解

(认知、情感、态度)及行为反应是一个特定的文化丛,形成了我们从观念到行动的合理链条,以及从共享的普遍观念到对特定事件的解读再到做出行为反应的一个自洽的体系。而无数个文化丛组合起来,就形成一个群体共享的文化体系。

四、组织文化

在组织研究领域,自 20 世纪 80 年代全球管理学界兴起研究日本企业崛起的秘密,发现组织文化在其中发挥重要作用以来,组织文化便迎来研究热潮。学者们发明了各种名词来形容"组织文化",包括群体规范、主导性价值观、游戏规则、组织气候、思维习惯、组织心智模式、共享符号等等。后来达成适度共识,一般来说,组织文化研究领域认为组织文化几乎涵盖了组织中的一切现象,从基本假定到信念、价值、行为模式、意识、实践、符号、英雄、人造物和技术等。① 因此学者们一般都接受依据组织文化被组织成员意识到的程度而将其划分为几个层次的做法。而且一般也认为,文化功能是特定组织在处理外部适应和内部整合问题中得来的经验或者表现出来的风格②,由组织自身所发明和创造并且发展起来的一些基本的假定类型,这些基本假定类型能够发挥作用,并被认为是有效的,因此成为组织新成员的必修课程。

麻省理工学院斯隆商学院教授沙因从解决组织的对内、对外功能角度来定义组织文化。他提出了一个三层组织文化模型:外层是人造物(artifacts),包括组织的物理空间如何布局、组织结构、组织过程等;往里是组织成员意识到的价值和信念(spoused beliefs and values),信奉的信仰和价值观为组织成员提供日常的经营原则、规范和规则,如目标、哲学、战略等;最内层是没有意识到的理所当然的深层假定(underlying as-

① Hofstede, G., Neuijen, B., Ohayv, D. D., et al. (1990). Measuring organizational cultures: A qualitative and quantitative study across twenty cases. *Administrative Science Quarterly*, 286-316. Iivari, J. & Iivari, N. (2010). Organizational culture and the deployment of agile methods: The competing values model view. *Agile Software Development*. Berlin Heidelberg: Springer.

② Schein, E. H. (1999). *The Corporate Culture Survival Guide: Sense and Nonsense about Culture*. San Francisco, CA: Jossey-Bass Publishers. Denison, D. R. & Mishra, A. K. (1995). Toward a theory of organizational culture and effectiveness. *Organization Science*, *6* (2), 204-223. Quinn, R. E. & Rohrbaugh, J. (1983). A spatial model of effectiveness criteria: Towards a competing values approach to organizational analysis. *Management Science*, *29* (3), 363-377.

sumptions)，包括信念、认知、想法和情感等。[①] 这些假定涉及关于人性、事实、真理、时间、人与人之间关系的本质、活动的本质等等。深层假定是组织文化的决定层次。

这个组织文化定义模型反映了文化现象的可观察性由外到内逐渐降低。当一个人接近一个组织时，他/她所看到、听到和感受到的所有现象都是最明显的文化层面——这些人造物非常丰富多样，但难以解读。在试图理解人造物的意义时，必须分析引导这些人造物的原则，也就是中间层次——组织成员意识到的信念和价值。而在最深层次的组织文化中，潜在的深层假定是指组织成员共享的理所当然的信念、认知和想法。

马丁（Martin）在其《组织文化》中，在分析各个不同的定义后指出，从不同学者的定义可以看出，“共有”和“特有”是组织文化的两个特点。“共有”是组织内部成员共享的一套行为方式、价值观念和意义体系；“特有”是不同组织特有的，它使某个群体独具特色，用于区别不同类别的组织。[②]

在将组织文化操作化上，研究者们典型的做法是构建价值模型，著名的有高菲和琼斯（Goffee &Jones）的两维四类模型[③]，奎因（Quinn）的竞争价值模型（competing values model）[④]，霍夫斯塔德等人的六维度模型[⑤]，以及沃尔沙姆的组织文化索引[⑥]。

高菲和琼斯根据社交性（sociability）和整合度（solidarity）两个维度划分了四种组织文化模型：（1）网络型（networked），高社交性和低整合度；（2）公社型（communal），高社交性和高整合度；（3）分裂型（fragmented），低社交性和低整合度；（4）雇佣兵型（mercenary），低社交性和高整合度。

---

① Schein, E. H. (1985). *Organizational Culture and Leadership: A Dynamic View* (1st ed.). San Francisco, CA: Jossey-Bass Publishers.

② Martin, J. (2001). Organizational Culture: Mapping the Terrain. San Francisco: Sage Publications.

③ Goffee, R. & Jones, G. (1996). What holds the modern company together. *Harvard Business Review*, *74* (6), 133-148.

④ Quinn, R. E. (2011). *Diagnosing and Changing Organizational Culture: Based on the Competing Values Framework*. San Francisco, CA: Jossey-Bass Publishers.

⑤ Hofstede, G., Neuijen, B., Ohayv, D. D., et al. (1990). Measuring organizational cultures: A qualitative and quantitative study across twenty cases. *Administrative Science Quarterly*, *35*, 285-316.

⑥ Wallach, E. J. (1983). Individuals and organizations: The cultural match. *Training Journal*, *37* (2), 29-36.

奎因的竞争价值模式包括四种组织文化：（1）群组文化（group culture），强调组织成员之间的强连结；（2）发展/灵活型文化（develop/adhocracy culture），强调创新和成长；（3）理性文化（rational culture），强调生产力和成就的重要性；（4）层级文化（hierarchical culture），强调稳定和控制。

霍夫斯塔德等人的六维度模型包括六种组织文化：（1）过程导向对结果导向（process vs. result orientation）；（2）雇员中心对工作中心（employee vs. job orientation）；（3）地方主义对专业主义（parochial vs. professional identity）；（4）开放沟通对封闭沟通（open vs. closed communication）；（5）松散控制对紧密控制（loose vs. tight control）；（6）规范思维对实用思维（normative vs. pragmatic mentality）

沃尔沙姆的组织文化索引模型包括三种组织文化：（1）层级文化（bureaucratic culture），强调权力和权威；（2）创新文化（innovative culture），强调创新、冒险和挑战；（3）支持性文化（supportive culture），强调友好和信任。

基于以上信息，笔者认为：**第一，文化的内涵存在从外在表现物到内在深层假定多个层次，但是这些都与人们内在的理解相关联。第二，文化的内核是群体关于人、事、物及其应当如何关联的深层规定，研究者中存在一种定义演化趋势，试图从文化外在的表征物出发，一层一层深入下去，向下、向内挖掘到最“深层”，认为这才是文化的本质。**比如霍夫斯塔德的价值，已经是表征之下一层的东西了；而沙因则认为组织成员意识到的价值只是文化的中间层次，只是文化超越人造物的更深一层的载体罢了，文化的本质其实是“更深层”的“基本假定”，那存在于人的意识之外。**第三，文化有群体边界，这包括两层意思：（1）为一个群体内部成员所共享的，区别于我群体和他群体的特有性；（2）是一个群体在特定范围内的理解。比如组织文化的群体边界既是指特定组织中的成员共享观念理念、精神面貌、行事风格等，但也是指这种共享通常限于工作范围内，限于对任务的理解、对人际合作的理解等，而并不会延伸到我们自己的私人生活领域。第四，组织文化总是与其功能相关联。第五，组织文化维度的选择与具体的研究议题以及研究者的学科取向和视角偏好相关。**

综上，结合本研究的目的诉求、视角特征、所用研究方法及研究条件，笔者将组织文化定义为：**特定组织成员所认可的，区别于其他组织成员的，对在工作场域中的人、事、物应当如何联系起来的特定理解，各种**

理解彼此关联构成组织特有的意义体系，在个体层面为组织成员在工作行动中提供认知框架与行动规则，在合作行动中提供解释符号和协作规则的意义体系。对应地，在研究中，可以将组织文化操作化为两个大的方面进行解读，即个体工作行为中的行为规则和观念特征，以及个体间合作行为中的行为规则和观念特征。

当我们把文化定义为意义体系/特定理解，而将管理学中的各个文化定义或文化定义模型中的各个层面的“文化”比如仪式、神话、英雄、工作方式等等归为文化的表现物，这就成为我们在理解上通往“意义体系”的通路。这种安排在一定程度上既解决了此前有关学者所认为的文化定义不具备“对话”可能的问题，也具有一定的方法论意义。在这一点上做得更好的是卢梭（Rousseau）的探索，后面将有所介绍。[①] 只不过他是从管理学的角度出发，试图对管理学的文献中所涉及的文化定义之争做一个整合，而并没有提到社会学、人类学的文化定义的关键内涵“意义”。[②]

但是笔者希望对仪式、神话、英雄、工作方式等组织现象作为组织文化之“表现物”的观点做些发展。**笔者认为，这些层面的组织现象，即所谓文化的表象，并非仅仅“表现”文化，它们也“建构”文化。也就是说，不仅文化（组织成员共享的意义体系）的变迁会导致文化的表现物发生变迁，而且文化表现物本身也可以对文化发生建构。如果有任何外力因素试图改变组织文化的话，一条重要途径就是从改变这些外部的表现物开始，层层渗透。**事实上，因为组织文化的“认同”内涵，几乎是难以直接改变的，一般企业文化的建设工作都从改变外部情境，比如办公室的格局、工作制度等开始。所以，笔者认为这些外在的组织文化现象虽然是组织文化塑造的，但它们也会反过来建构组织文化。[③]

而且，虽然**笔者将文化的内涵定义为由行动者对一定人、事、物及其应当如何关联起来的独特理解所构成的意义体系**，而那些文化现象是文化的外在表现物，但是**我们不能否认**的是，在任何研究中，意义体系与其外在的表现物之间都是不可分割的。**对意义的抽象总是附着于对现象的描**

---

① Rousseau, D. M. (1990). Assessing organizational culture: The case for multiple methods. In Schneider (Eds.). *Organizational Climate and Culture*, pp. 153 – 192. San Francisco, CA: Jossey-Bass Publishers.

② 他的文化连续统的最后一层是深层假定，但这还是不同于意义。从目前的研究来看，所谓假定是有限数目的假定，不同于“意义之网”，而且二者的内涵也有所不同。

③ 这好比在组织文化设计中，将办公室进行开放式布局能够促进同事间的合作与交流，将领导的办公室墙壁打开有助于制造民主的氛围。

述，文化现象不仅是文化的表征，本身也是文化的作用方式。我们对组织文化之描述好比对人之心灵的描述，总是离不开对其外在言行的考察。所以，在具体分析中，本研究将其操作化为两个维度，即个体工作行为中的行为规则和观念特征，以及个体间合作行为中的行为规则与观念特征。

小结

技术的内涵拓展经过了几个阶段：从最初的机器、物资设备拓展到纳入参与生产的知识体系与操作技巧，然后纳入整个组织层面关于个体、原材料和任务的特定安排，以及人的因素——技术的社会性。

本研究关注技术在组织中应用的实践性，基于技术-组织何以可能互构的问题定义技术，即在组织层面将技术定义为内含技术物理逻辑、组织文化逻辑和组织实践逻辑，同时与应用环境保持开放性互动的多层逻辑体系。其中，技术的物理逻辑表明组织对技术的建构边界；组织实践逻辑表明技术面向组织的可建构性，即组织对技术的建构来源；居间的文化逻辑既表达了技术的物理逻辑得以发挥出来产生组织效用的（输出组织定义的）组织文化条件，也为技术采用组织对技术的物理逻辑进行建构提供了缓冲区。

对应地，信息技术被定义为利用计算机硬件和软件技术对数据进行存贮、传输并将其转化成有意义的信息的技术；内含技术物理逻辑、组织文化逻辑和组织实践逻辑多重逻辑的物质性和组织性建构。

文化的定义十分丰富，归结起来有四种类型：包罗万象型、问题解决型、共享价值型和深层意义型。总体来说，不同学科对文化的定义有不同的学科偏好，人类学、社会学和管理学的文化定义偏好构成从宏大、无所不包到特定、具体的连续谱。比如，组织文化研究中常见两个维度交叉而成价值模型，其中的价值维度十分具体。本研究对文化的定义偏社会学，摒弃人类学无所不包的文化定义，但是相较于将文化仅定义为几个价值维度的管理学做法又有更高的抽象程度。本研究将文化定义为是某个群体内成员所共有的，区别于其他群体的，对人、事、物应当如何联系起来的特定理解，围绕特定社会生活组织起来的具有逻辑联系的一簇簇理解构成意义丛，若干的意义丛彼此关联构成意义体系，在个体层面为行动者提供认知取向与行动规则，在群体层面提供沟通符号和协作规则。

与之对应的组织文化，被定义为组织成员所认可的，区别于其他组织成员的，对在工作场域中的人、事、物应当如何联系起来的特定理解，各种理解彼此关联构成组织特有的意义体系，即在个体层面为组织成员在工作行动中提供认知与行动规则，在合作行动中提供解释符号和协作规则的意义体系。

第二节 IT-组织（文化）变迁研究分类及本研究的视角选择

文化对信息技术的影响研究是信息技术研究领域极为热门的议题，几乎占据该领域文献的半壁江山。除了前述学者们发展出多种组织文化（价值）模型外，还有学者对既有的庞杂文献进行了分类总结。一种分类法是基于IT-组织变迁关系之理论建构在结构特征上进行分析（IT应用-文化变迁的逻辑是其中一部分），另一种分类法是根据学者们对文化之本质特征的不同假定来分类。

一、基于理论建构之结构特征的分析

马库斯和罗比对各研究中所建构的IT-文化关系之理论在结构上进行了分类，其中涉及三个结构特征。第一个特征维度是研究中所涉及的因果主体（causal agency），考量自变量主体要素的性质（identity）以及因果关系的方向。[①]（1）组织变迁是由组织外部的力量引发变迁，即技术强制的逻辑；（2）组织变化是由组织中人们有目的的行动导向了预期的目的，即组织强制，或说组织变迁是组织主动设计的结果；（3）组织变化是从人们和组织事件（比如技术应用）的交互过程中突生来的，即突生视角（emergent perspective）。其核心在于组织成员赋予技术何种社会意涵（social meaning）。第二个特征维度是研究中所用理论的逻辑结构，指称理论的时间跨度（time span of theory）以及关于前置条件与后果之间的关系假定，分为变量模式和过程模式两类。前者是指前置条件（信息技术应用）与结果（组织变迁）之间是确定的、充分必要的因果关系，后者指技术应用是导致出现特定组织后果的必要条件。第三个特征维度是各研究所涉的分析层次，是指理论的概念和关系所涉及的实体是在个体层面、集体层面，还是二者兼有，是微观、宏观，还是混合。他们认为，可以通过这三个特征维度对各个研究进行区分。

---

① Markus, M. L. & Robey, D. (1988). Information technology and organizational change: Causal structure in theory and research. *Management Science*, *34* (5), 583-598.

表 2-1 IT-组织变迁理论的因果结构

因果主体	逻辑结构	分析层次
技术强制	变量模式	宏观 微观
组织强制		
突生视角	过程模式	—微观 —混合

资料来源：Markus，M. L. & Robey，D.（1988）. Information technology and organizational change：Causal structure in theory and research. *Management Science*，34（5），583-598.

二、基于文化内涵假定的分类

加利文和斯耐特采取了另外一种视角来综述既有的信息技术-组织文化研究，不是依据各个研究主题的相似性，而是**依据研究所体现的对信息技术-组织文化中文化的认识论预设来进行归类。**[①]

他们指出，众多信息技术-组织文化研究之间的内在差异集中在四个问题上：（1）研究者们认为组织文化是一套稳定的信念和实践，还是认为文化是可变迁的？（2）研究者们假定一个组织内部的个体是同质的，还是异质的？（3）研究者们认为不同的群体是相互排斥的吗？比如个体只属于一个群体，还是一个人可以拥有不同的群体身份？（4）研究者们认为特定的信息技术是确定的，还是认为它们在应用中具有可塑性？

他们指出，在第一个问题（文化是稳定的还是可变迁的）上，除了互动视角的学者们将文化视作稳定的之外，大部分信息系统研究者都将文化视作是可塑的、可变迁的，尽管他们在关于变迁的原因和时间，以及变迁原因的决定性程度上有所区别。那些对信息技术进行文化分析以促进技术与组织文化匹配的研究也持同样的假设。

在第二个问题（组织文化是同质的还是异质的）上，大部分关注信息技术在组织中的采用和使用的研究者都假定文化是“整体性”的（integrated)[②]，或者是“统一”（unifying)。[③] 突生视角的研究者则认为组织内

---

① Gallivan，M. & Srite，M.（2005）. Information technology and culture：Identifying fragmentary and holistic perspectives of culture. *Information and Organization*，*15*（4），295-338.

② Meyerson，D.（1991）. Acknowledging and uncovering ambiguities in cultures. In Frost，P.，et al.（Eds.）. *Reframing Organizational Culture*，pp. 131-144. CA：Sage Publications. Martin，J.（2001）. *Organizational Culture*：*Mapping the Terrain*，p. 105. CA：Sage Publications.

③ Robey，D. & Azevedo，A.（1994）. Cultural analysis of the organizational consequences of information technology. *Accounting*，*Management and Information Technologies*，4（1），23-37.

部有不同的群体，群体之间的信念价值和规范各不相同，即持“裂变”（fragmented）的文化概念。[①] 当然，那些专门研究不同职业亚群体对同一技术之不同反应的研究者也持如此观点。

在第三个问题（个体是属于一个文化群体还是拥有不同的群体身份）上，他们认为信息技术研究通常将不同的亚组织视作相互排斥的实体。过去的研究者通常只研究组织内部的个体（比如只在一个公司工作的员工，或者只在一个职业群体中工作的员工），极少有研究者考虑到个体从属于多个亚文化群体的身份问题。然而即使是在公司内部，当员工在不同部门间流动时也会发生这种拥有多个群体身份的现象。

在第四个问题（信息技术是确定的，还是具有可塑性）上，技术决定论者把信息技术当作确定的物体；组织决定论者和互动论研究者认为信息技术在设计和开发过程中是可塑造的，但是此后便固定了；而突生视角的研究者却认为信息技术不论在设计和开发过程中，还是在其后的使用和调适过程中都是可塑造的。

西尔和马丁（Siehl & Martin）将组织文化研究的视角范式分为整合范式（integration paradigm）、分化范式（differentiation paradigm）以及模糊范式（ambiguity paradigm）。整合范式假设组织具有单一（unity）、一致（consistency）和共识（consensus）的文化；分化范式假设组织的文化存在不一致性，缺乏遍及整个组织的共识，共识只存在于亚群组文化（subculture）中；而模糊范式则认为组织文化与亚文化都难以区分清楚，组织内部充满不相容或冲突的文化表征（manifestations），组织内只存在特定议题的共识（issue-specific consensus）。[②]

后来马丁将第三种发展为裂变范式（fragmentation）。这三种范式各有其优劣。优点在于各自都能解释一部分组织文化现象，对应具体的实践现象。而缺点在于，整合范式假定组织范围内存在共识，分化范式又认为亚群组之间彼此有清晰的文化界限，在碎片范式下文化则很难概念化因而难以研究。[③] 尽管在 IT -文化研究中，三个视角都被不同的学者们涉及过，但每个研究都只是选择了一个视角来解读文化，同时呈现多个视角的研究

---

① Meyerson, D. & Martin, J. (1987). Cultural change: An Integration of three different views. *Journal of Management Studies*, *24* (6), 623 - 647.

② Siehl, C. & Martin, J. (1990). *Organizational Culture: A Key to Financial Performance*, pp. 241 - 281. San Francisco, CA: Jossey-Bass Publishers.

③ Martin, J. (2002). *Organizational Culture: Mapping the Terrain*. CA: Sage Publications.

鲜见。[①] **但马丁认为三个视角的文化现象完全可能共存于一个组织中。他指出:“任何一个组织只要用足够的时间去观察,我们就会发现,一方面组织内部确实存在组织范围内的共识,另一方面各个亚群组也各自拥有清晰可辨的、有边界的亚文化,它们相互独立、彼此冲突,同时各种亚文化内部也存在裂变的文化要素,因此亚文化是持续变迁的、模糊、混乱甚至前后矛盾的。”**[②]

马丁将IT-文化研究领域的文化视角划分为三类,与加利文和斯耐特的四分类有交叉之处。马丁的整合视角对应于后者的组织文化同质论,他的分化视角(differentiation)对应后者的裂变视角(fragmentation)。但是他的裂变视角指向文化要素之间的矛盾和变化之处,部分对应于后者中的突生视角,即技术的文化内涵是可能变迁的,因而可能是前后矛盾的。

杰克逊(Jackson)指出,如果要更好地解释现实,学者们当致力于采用混合的方法。[③] 基于本研究是探讨技术应用与组织文化变迁的,自然假定组织文化可变迁;考虑到两个文化研究分类框架之间有重合,出于语义区辨的准确性,我取了马丁的三个视角之混合法。

总结以上,一项对IT-文化的研究需要就底层理论建构逻辑和视角做出明确的选择。基于社会学的实践关注取向,考虑到信息技术应用兼具物质性和社会性性质[④],以及应用质性研究方法收集结果和过程数据,本研究总体来说采用过程模式/逻辑。而且,本研究将人类行动者和非人类行动者要素皆纳入考量,在文化视角选择上采取混合方法,即根据具体的议题及内在的逻辑诉求,在各章节中分别覆盖了组织文化的整合面向、分化/裂变面向。

三、本研究的视角选择

(一)本研究与“互构论”学派

本研究基于技术-组织“互构论”学派之学术脉络开展研究,选择

---

① Jackson, M. (2008). How to think about information (review). *Libraries & the Cultural Record*, 43 (1), 118.

② Martin, J. (2002). *Organizational Culture: Mapping the Terrain*. CA: Sage Publications.

③ Jackson, S. (2011). Organizational culture and information systems adoption: A three-perspective approach. *Information and Organization*, 21 (2), 57-83.

④ Leonardi, P. M. & Barley, S. R. (2008). Materiality and change: Challenges to building better theory about technology and organizing. *Information & Organization*, 18 (3), 159-176.

"信息技术应用-组织文化"之关系议题。

"互构论"假定技术与组织（结构、文化）是相互建构的关系，而非技术决定组织或组织（战略）选择技术的单向关系。迄今该学派的研究有以下几个特点：第一，关注外源性可定制技术，比如作为复杂信息技术的ERP，通常采用组织是没有能力自己开发的，需要从外部专业公司引进，此为外源性。第二，实证研究集中于技术引入组织的阶段，这意味着研究对象与其说是技术-组织关系，不如说是组织（-技术）-组织关系，即借助技术产生的组织间关系。第三，"结构"被视为互构的结果，成为技术-组织研究的核心概念。研究者们对应地追求描述技术-组织互构过程中的技术结构和组织结构，创造了诸如"技术的组织化结构"，或"技术的（组织）导入结构"等概念，也揭示了技术应用过程中组织结构的变迁。[①] 第四，技术被视作媒介，研究者们致力于透过技术应用看到背后组织间、群体间的互动，比如技术应用方、供应方和实施方的互动，技术引入过程中外部技术实施力量、内部技术实施团队以及其他技术关键用户之间的互构。

延续既有成果，接下来可做的工作有以下几点。第一，厘清"结构"概念的内部分类，比如该学派文献里经常出现的技术结构、组织结构、部门间结构这些概念，仔细推敲起来应该是技术（逻辑）结构、组织（形式）结构和部门间（权力行动）结构、职位间行动等，其内涵不同，若不做区分，易于混淆。第二，当技术被视作人类行动者群体间的互动桥梁，强调技术应用的"实践性"特征、将技术概念"组织化"都是对技术研究的拓展，但实践性特征和组织化都集中于组织的"社会性"内涵，核心是权力争夺。过度强调技术的组织结构特征，而几乎不再关注技术的物质确定性及建基其上的绩效能力，既无助于凸显技术媒介的特殊性（比如这可以被货币替代），也无助于我们在技术的本质立场上去理解技术的应用。当然，考虑到社会学视角的特点，我们关注技术特质可以转化为关注组织如何解读技术。即对技术的物理逻辑及绩效能力的理解，包括组织成员对技术的认知、态度与情感等。第三，组织结构，包括组织的形式结构和组织内部的行动结构，在本质上都是形式的，需要进一步探索其实质性内

① 刘小涛．(2004)．双重代理与信息技术在传统企业中的推广．北京大学硕士学位论文．谢铮．(2007)．信息技术特征与组织结构变迁．北京大学博士学位论文．张燕．(2003)．锦上添花的成与败．北京大学硕士学位论文．

涵，即人们对此的内在理解。

基于以上梳理，本研究依然关注定制型复杂信息技术 ERP 的应用，但在实质性理论上，笔者试图推进几点。第一，将研究对象从技术引入阶段的组织间关系（技术应用方、供应方和实施方）推进到组织内部应用阶段的技术-组织关系；第二，本研究对技术在组织中应用的主要关注点是组织成员对技术的理解，以更为凸显技术本身对于组织的意义；第三，关注技术的物质性特征，但依然指的是人们对技术的物理逻辑及绩效能力的解读；第四，对组织变迁的关注，超越结构，看到人们对结构的理解，即观念体系的变迁。

具体说，本研究试图关注技术在组织内“应用”阶段的技术与组织的相互建构，不仅关注组织结构变迁层面，而且关注组织中人们对这些变迁的理解——组织文化。也即，本研究具体关注信息技术应用与组织文化的互构关系，既包括技术建构组织文化的后果——组织文化的变迁以及变迁何以发生，也包括组织文化建构技术使技术在不同应用阶段产生的效果差异。相比此前的文献，本研究在更长的时间段里考察二者的互构，并且在分析上做分段处理，以突出不同阶段互构的重点。在时间的前段，以组织文化对技术应用的建构为主，具体来说，是员工对于技术在组织中应用各维度正当性的理解与评估，即技术的组织合法性导致的员工对技术应用的配合、组织资源的投入等影响到技术在应用中的差异化效果；在后段则是应用成功的技术对组织文化的建构——组织文化发生了什么样的变迁，以及技术是如何发挥作用的。但在结果呈现上，我采取了倒置的形式，即先呈现技术应用如何导致组织文化变迁，然后“向前”探讨组织文化对技术应用的影响，这与本研究的关注重点的选择有关。

（二）本研究的理论建构视角

本研究**从社会学视角出发考察信息技术在组织中的应用**，视角选择上有几个特点。

第一，如前面“IT -文化研究”部分文献总结所述，与管理学相比较，本研究基于对“人”（既作为经济理性行动者，也作为意义行动者）本身的关注延伸出对组织文化的关注。也就是说，我们研究组织文化不仅因为它是实现组织绩效的工具，而且它本身就可以作为研究的目的——文化作为认知行动特征和观念价值体系，理解其运作和变迁，本身就具有重要意义。

第二，从实践出发进行理论建构。这意味着：（1）本研究致力于从经验材料出发，向上构建**建构模型**（construct type），而非从抽象理论出发建构**理想模型**（ideal type），从而向下理解经验；（2）多因素考察组织文化的变迁何以发生；（3）建构动态过程模型。

参考前述马库斯和罗比关于“信息技术-组织变迁”之因果关系理论建构的分类维度——因果主体、逻辑结构、分析层次①，本研究关于信息技术应用-组织文化变迁之关系的理论实质是：（1）因果主体逻辑是，信息技术作为外部力量与组织内部的管理设计共同发挥作用，并与组织和外部环境之间的交互作用突生三者交织导致组织文化变迁。（2）理论的逻辑结构强调前因（信息技术应用）与后果（组织文化变迁）之间是必要关系，而非唯一确定的充要条件关系，即采用过程模型进行解释。（3）在分析层次上采取混合分析层次。准确地说，本书上篇“信息技术与组织文化变迁”的分析是在个体层次，而下篇“技术应用的组织条件及制度环境的影响”中的分析采取部门层次，在第七章中涉及组织与环境关系，即组织层面。

当前流行的基于规模数据采用变量模型的量化研究，经常明显含有或隐含了预测的取向，那么采用不以预测为显著目的的过程模型展开解释性研究有价值吗？答案应该是肯定的。一方面，过程理论逻辑更能展现作为研究对象的社会活动或社会现象本身的复杂性特征。如果观察的时间够长，那么你会发现，没有什么真实世界里的现象最终是决定性的。另一方面，过程理论也可以通过限定条件来进行预测，所以过程理论不同于突生/偶发性视角，后者完全不具有可预测性。实际上，也有一些研究者并不待见甚至是强烈地反对变量理论研究的预测倾向，认为对人类行为（比如采用信息技术）进行预测不具有合法性。比如现象学（phenomenology）和理解学（hermeneutics）对信息技术的研究就致力于主观“理解”（understanding），视预测为非法的目标（illegitimate goal）。另外，如果以批判视角研究信息技术的应用，目的在于干预/介入以改变当前（不良或坏）的状况，那么其意图显然也不在预测，甚至是要反预测的。

具体研究所涉及的分析层次因学科和议题而定。通常宏观社会学、宏观经济学、进化理论偏好宏观的分析层次，关注组织、人口和社会；而微观经济学和社会心理学则关注微观的分析层次，包括个体和群组层次。但

① Markus, M. L. & Robey, D. (1988). Information technology and organizational change: Causal structure in theory and research. *Management Science*, *34* (5), 583 - 598.

是在实际研究中，研究者们对宏观和微观的处置具有相对性。比如当不涉及环境层次时，组织层面被称为宏观层次，如马库斯和罗比对巴利的研究案例解读；而如果涉及环境层次，那么组织层面显然又可以“合理”地被降格为中观层次。①

本研究的理论建构涉及混合分析层次。混合分析层次在研究信息技术与组织变迁（包括组织文化变迁）上“颇有用处”。② 卢梭认为技术比如信息技术同时具有微观和宏观的特性及影响，因此多层次的分析更适合多层次的研究对象。③ 为了更好地区分本研究中所涉及的层次，我们做出如下区分：组织层面是宏观层次，组织内部的部门为中观层次，个体行动为微观层次，而不是大而化之地将组织内部部门层次和个体行动层次都划分为微观层次。④

本书在上篇“信息技术与组织文化变迁”中采取个体分析层次。其中组织内个体使用信息技术的态度和行为、工作岗位间的合作模式变迁以及经理人的管理和控制策略等。从个体层次来探讨组织文化的正当性。因为只有人可以行动，作为集体概念的组织文化是无法行动的。集体由个体构成，宏观概念比如组织结构、组织文化只有当其可能从个体的行为、微观事件及其过程中进行观察时才是可以研究的。⑤ 在下篇“技术应用的组织条件及制度环境的影响”中采取部门（群组）分析层次，在“多重组织文化变迁的多重因素”中涉及组织-环境关系的宏观层次。

当然，最好的混合分析层次研究是要建立各个分析层次之间的逻辑关联，就像科尔曼（Coleman）所说：“从宏观层次下降到个体行动层次，然

① Markus, M. L. & Robey, D. (1988). Information technology and organizational change: Causal structure in theory and research. *Management Science*, *34* (5), 583 - 598. Barley, S. R. (1986). Technology as an occasion for structuring: Evidence from observations of CT scanners and the social order of radiology departments. *Administrative Science Quarterly*, *31* (1), 78 - 108.

② Pfeffer, J. (1982). *Organizations and Organization Theory*. Boston, MA: Pitman.

③ Rousseau, D. M. (1990). Assessing organizational culture: The case for multiple methods. In Schneider, B. (Eds.). *Organizational Climate and Culture*, pp. 153 - 192. CA: Jossey-Bass.

④ Markus, M. L. & Robey, D. (1988). Information technology and organizational change: Causal structure in theory and research. *Management Science*, *34* (5), 583 - 598.

⑤ 但是当然，也有人批评说微观层次的分析导致逻辑错误，将社会现象简化为生物现象或者从逻辑上看只存在于人脑中的概念。Pfeffer, J. (1982). *Organizations and Organization Theory*. Boston, MA: Pitman.

后回到宏观层次。"[①] 马库斯和罗比认为巴利的研究堪称分析层次转换的经典。[②] 一项基于计算机应用的技术（CT 扫描技术）被引入组织（医院）（宏观层次 A），影响到人们在工作中所用的技能（微观层次 a），接着影响到人际互动模式（谁向谁咨询知识、寻求建议）（微观层次 b），最后这种互动模式被制度化为正式的组织结构（宏观层次 B）。一个研究中采用混合分析层次既有助于保留宏观层次的概念，又可使其具有微观基础——个体的目的和行动，使得通过个体主义方法研究，宏观现象有了可能性。这丰富了数据，比如，相比宏观层面的数据，研究者在个体层面的观察和测量中可以引入人们对符号的解读。

但这是单因素过程逻辑模型，如笔者在前文所交代的，本研究采用多因素动态过程模型，实际产生的过程分析层次图示比图 2-2 更丰富。如果本研究遵循巴利案例所示的分析层次演变路径，则逻辑是，从信息技术引入组织（宏观层次 A），技术特征影响到组织员工在个人独立工作中的操作观念（微观层次 a），然后影响到组织内部人际互动模式变迁（微观层次 b），最后固化到宏观制度（宏观层次 B）中，于是组织文化发生变迁。但是实际发生的逻辑与过程更复杂。**本研究中技术应用案例引发组织（文化）变迁与巴利的技术触发组织（关系）变迁存在重要区别**，包括：（1）ERP引入不仅直接引发员工的工作操作模式及观念变迁，还直接刺激宏观层次的制度变迁，即管理层主动因应技术应用的要求改变制度，包括组织层面的薪酬制度、考评制度、升职制度，以及亚组织层面（部门）的部门制度等；也作用于组织员工的工作行为及其观念变化，从而推动组织文化变迁。或说直接通过制度改变促进组织文化变迁，新技术条件下新的组织秩序对应的文化经由"自然演化"和"主动设计"两条路径共同发挥作用。（2）在巴利的案例中，工作关系变迁发生在放射科这一个小规模的单一科室，只涉及放射技术员和医生，关系结构简单。而在大鹏公司应用 ERP 的案例中，技术应用涉及整个公司跨部门的合作，员工群体规模大，员工群体内部存在亚文化群体，既有普通员工与管理层领导之间的角力，

---

① Coleman, J. S. (1986). Social theory, social research and theory of action. *American Journal of Sociology*, *91* (6), 1309-1335.

② Markus, M. L. & Robey, D. (1988). Information technology and organizational change: Causal structure in theory and research. *Management Science*, *34* (5), 583-598. Barley, S. R. (1986). Technology as an occasion for structuring: Evidence from observations of CT scanners and the social order of radiology departments. *Administrative Science Quarterly*, *31* (1), 78-108.

也存在普通员工群体内部的亚文化较量，还存在管理层领导内部之间的博弈。相对巴利的分析层次转化模型，本书案例展现了更为丰富的分析层次转化模型，明显地涉及组织内部部门的中观层次。①

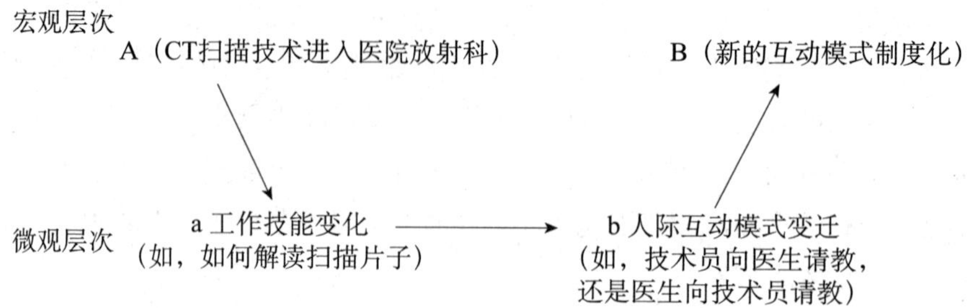

图 2-2　巴利（1986）的分析层次图示

注：根据 Markus & Robey（1988）“Information technology and organization change: Causal structure in theory and research”的分析作图。

具体来说，本书案例中的层次转化逻辑是，从信息技术引入组织（宏观层次 A），技术特征（如工作内容信息化、数据化、标准化、流程化）影响到组织员工的工作观念（微观层次 a），如操作调整从随意性到规范化，从资历优先到效率优先，从形式主义到价值务实，从消极被动到积极主动，然后影响到组织内部人际互动模式变迁（微观层次 b），如开放合作取代封闭隔离，以及合作从人情化到角色化。但是，与巴利在微观层次的作用逻辑的不同在于，此处 a 与 b 在时间上同时发生，在逻辑上并列存在且相互作用、彼此推动，而非 a 单向决定或推动 b。并且，体现为制度的组织内部行动结构不是本研究的结果变量，本研究的结果变量是制度背后的组织成员观念及价值认知，而且，制度成为一个中介或说一种塑造观念的工具。所以，新的工作观念和操作行为（变化的 a 与 b）与组织结构调整、制度变革是同时发生的。制度变革包括在全组织范围宏观层次（d）发生的变迁，例如信息技术支撑下的新的薪酬奖赏制度和员工末位淘汰制度，以及在组织内部各部门中观层次发生的制度变迁，如财务部的财务信息化科研立项制度，所以本研究中的混合分析层次路径显然还涉及中观部门层次（c），由此形成了丰富的理论混合分析层次-多路径模型。这包括宏观-微观-宏观，宏观-中观-微观-宏观，宏观-中观-宏观，宏观-宏观多

① Barley, S. R. (1986). Technology as an occasion for structuring: Evidence from observations of CT scanners and the social order of radiology departments. *Administrative Science Quarterly*, *31* (1), 78-108.

种逻辑路径，如图 2-3 所示。

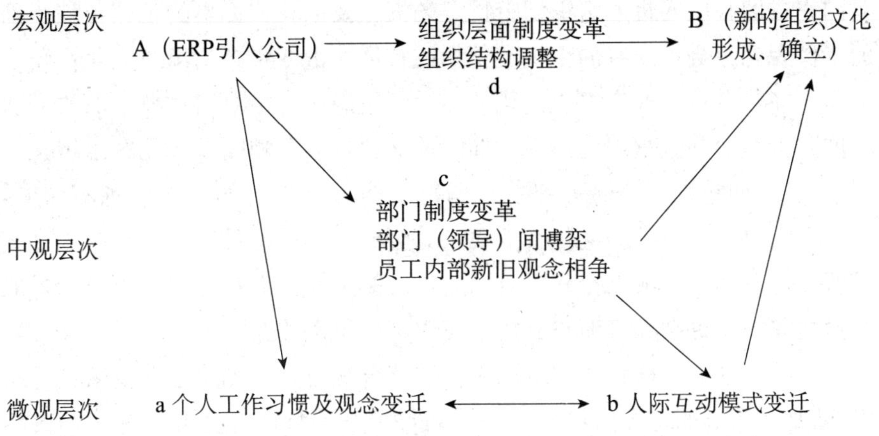

图 2-3 本研究的混合分析层次-多路径模型

（三）本研究的组织文化研究视角

如前文所述，组织文化是个具有异常复杂、丰富内涵的概念，以至于我们几乎无法划定其边界，有把握地说哪些不属于文化概念。对此类概念的研究策略，一是必须具有根据特定研究议题所需和研究者知识结构及兴趣偏好进行专断（arbitary）抉择的态度，二是我们只可对其进行分类认识，而搁置其边界讨论。正如学者马丁指出，组织文化从其内容物来说分为物质性的和观念性的，基于其范围的假定，可分为整合范式、分化范式和裂变范式。① 一些研究指出，将三个视角结合起来才能更好地理解组织文化与信息技术的关系。比如，罗比等对两个保险公司采用 IT 进行了民族志研究，揭示出三个视角可能同时存在。② 同时，杜贝和罗比也发现，从三个视角看文化能够更好地展现技术应用中文化的变迁过程，并有助于管理技术的应用。③ 总之学者们需要就其在研究中所用的文化分析视角保持清醒，即认识到选择任何一个视角都可能导致对另外一部分组织文化的忽视。

本研究采取混合视角分析文化。研究建立在信息技术具有文化内涵的

---

① Martin, J.（2002）. *Organizational Culture: Mapping the Terrain*. CA: Sage publications.

② Robey, D. & Boudreau, M. C.（1999）. Accounting for the contradictory organizational consequences of information technology: Theoretical directions and methodological implications. *Information Systems Research*, *10*（2）, 167-185.

③ Dubé, L. & Robey, D.（1999）. Software stories: Three cultural perspectives on the organizational practices of software development. *Accounting, Management and Information Technologies*, *9*（4）, 223-259.

基础上，并在文献回顾中清楚阐明信息技术的文化内涵是制造者和使用者共同完成的；技术进入组织携带特定的文化要求，比如新的工作习惯、新的工作观念，会对既有的组织文化形成整体冲击（整合的组织文化视角）。但是，在信息技术改变组织文化的同时，组织文化也对信息技术的改变要求展开抵制，并且组织内部各个部门的文化也各不相同（分化的组织文化视角），比如销售部、财务部、采购部、信息化部的部门文化各不相同，它们在面对同一技术的文化改变要求时会做出不同的反应，在组织内部交互博弈，总体上形成支持和反对两股对峙的力量，而在特定的阶段，两股力量之间的较量会深刻地影响技术应用的效果发挥。

总之，本书上篇会采用组织文化的整合视角，首先关注在复杂信息技术 ERP 为核心的组织信息系统采用条件下，大型国有企业大鹏公司的组织文化可能从什么转变成什么，即描述那些在组织范围内有相当程度同质性的组织变迁维度，勾勒出组织文化这张全息图中每个部分（亚文化群体）都包含的整体信息。[①] 需要说明的是，书中对传统“人治”管理技术条件下以及新的信息技术管理条件下的组织文化所做的类型归纳，并不代表该公司里所有的员工都认可，并且所有的人每时每刻都依据该特定的方式行事，而是代表着特定的文化在公司特定的技术条件下占据优势地位，是大部分组织成员都遵守（即使有人在某些时候不遵守，其内心也认同）的行动规则和观念体系。[②] 组织文化是个复杂的体系，毋庸置疑也必然包括各种亚文化之间必要的整合，这种整合是全组织范围内通过彼此模仿学习以及在合作中相互调适来达成的，是一个群体聚集为一个组织的认知逻辑和价值共识底线。

但是，组织内部也包含各种亚文化（比如部门文化）的“相安”或“相杀”。所以，本书下篇会采用组织文化的分化视角，呈现以下内容：在技术应用过程中组织内部各部门赋予技术不同的意义，导致技术在组织内部的应用十分不平衡，由此展开部门间的博弈，最终使得技术应用陷入停滞。同时，这种部门间的不平衡也为技术在危机时期提供存活的机会。另一方面，随着时间推进，以及内外部因素的加入，各部门的文化也处于变

① 卡梅隆，奎因等．(2006)．组织文化诊断与变革（谢晓龙译）．北京：中国人民大学出版社．

② 比如有些人在技术能力上无法达到信息技术要求的标准，或者因为能力类型不匹配而达不到新的技术要求，这些在行为上表现为员工的不胜任，但是他们内心是认同信息技术应用伴随的新的行为要求的，没有做到是因为做不到，而非不认同而不愿意做。

动中（裂变的组织文化视角），由此不断重构技术应用的组织基础，一旦技术渡过停滞以致几乎失败的危机阶段，被重启，组织基础发生改变，技术应用最终走向成功。

对于组织文化，在具体研究中研究者观察、呈现哪部分，如何呈现，都取决于理论框架选择和研究者偏好。在上篇中，笔者从组织学的研究视角出发，认为"组织文化"需要表现"组织"与"文化"两个特征。**组织活动从本质上可以分为两类，一类是组织成员面向任务的工作行为，另一类就是组织成员面向其他组织成员的合作活动**。相应地，本研究对组织文化的考察也包括个体工作行为中的文化现象以及个体间合作关系（包括同事间的关系和上下级关系）中的文化现象两部分。即，本研究**将组织文化的内容区分为两部分，以便于分析：解决个体在组织中该如何工作问题的文化规定，以及解决个体在组织中该如何与其他个体合作问题的文化规定。**

在下篇中，因为试图展示组织内部亚文化对技术应用的差别作用，所以集中选取组织成员对技术的认知与理解那部分文化维度，而非关注员工一般化的工作观念和人际合作观念。组织成员对技术的认知与理解包括对引入的特定技术的绩效认知和认可，对技术应用作为一项组织任务（是否具有资源占用的优先性）之资格的理解，以及关于技术的长期价值、应用前景及其与公司发展之关系的理解和认同。综合这三方面员工对技术的赋义，笔者建构了一个技术在组织内部的组织合法性分析框架，并基于该框架展现了组织文化是如何影响技术在组织中各阶段的应用效果的。

此外，需要说明的是，信息技术的具体类型不同，在组织中的适用范围和影响范围都不同，亨德里克斯（Hendricks）等人基于 186 个企业应用 ERP 案例、140 个供应链管理系统（supply chain management，SCM）、80 个客户关系管理（customer relation management，CRM）的应用报告的分析研究表明，ERP 应用提高了企业内部的利润率，但并没有促进股票市场产生正向影响，SCM 既有助于内部利润率提高也有助于股票市场上的绩效提升，而 CRM 的应用对内部利润率和股票市场表现都没有提升。[①] 企业信息化涉及的各个信息技术被统称为企业系统（enterprise system），但这个大范畴下各项信息技术特点各不相同。有的是局限于内

① Hendricks，K. B.，Singhal，V. R. & Stratman，J. K.（2007）. The impact of enterprise systems on corporate performance：A study of ERP，SCM，and CRM system implementations. *Journal of Operations Management*，*25*（1），65 - 82.

部使用，比如 ERP；有的是跨越组织边界，比如 CRM 和 SCM。有的是组织内部部分部门使用，比如 CRM 的核心用户部门是营销部门和财务部门，SCM 的主要用户部门是采购部和生产规划部；有的则试图将整个企业经营活动都整合进流程，如 ERP，基本上各个涉及经营管理职能的“平台”部门都被整合到“一条线上来”，将“坐办公室的人都管起来”。这提示我们，若要探讨组织文化的“共享”面向，则需要匹配在组织范围内得到较为“普遍”应用的技术。基于 ERP 系统的基础性、平台性、系统性和整合性，在公司经营管理活动中，其影响范围广、渗透性强，理论上会产生跨部门的、较为全局性的文化影响。在这个意义上，本研究认为 ERP 应用前后组织文化中的“共享”面向亦发生变迁是适宜的。

小结

本研究关注信息技术-组织文化的相关议题，取信息技术-组织变迁中“互构论”学派的学术立场，在研究对象的阶段性上，将该学派的研究从技术在组织中的“引入”阶段推进到技术在组织中的“应用”阶段；在研究议题上，将该学派从对技术-组织结构的关注推进到对技术-组织文化的关注；在理论视角上取技术-组织“互构”观，既关注技术应用对组织文化的建构作用，也关注文化对技术应用的影响作用。

学者们关于信息技术-组织变迁的理论建构可以归类为变量模型/逻辑和过程模型/逻辑两类。前者指研究者们假定技术与组织变迁之间的充分必要条件，技术是组织变迁的单一决定因素，或说研究者们在研究中只关注这两个变量间的关系，而不及其余，其理论诉求为简约、“干净”。后者指假定信息技术应用是组织变迁的必要条件，研究者们关注技术应用到组织变迁之间的多因素交互、复杂、动态的演变过程，其理论诉求为贴近实践建构理论，适度抽象、富有启发。本研究在理论思路上取后者。

在信息技术-组织文化领域中，研究者们对组织文化的假定呈现为三个视角。整合视角强调组织成员“共享”的文化部分，分化视角强调组织文化内部亚文化并立，裂变视角强调组织文化内部各要素之间可能的对立矛盾之处及其持续变化性。因为两方面原因，一是取贴近实践、理解实践的学术立场，二是研究的积累到达要求学者开展复合/混合文化研究的阶段，本研究尝试在组织文化研究上取混合视角以观照复杂的实践。上篇展示信息技术引发组织文化变迁，取整合视角，通过将组织文化操作化为组织中个体工作行为中的文化和个体间合作关系中的文化，来具体呈现组织文化如何从“人情文化”变迁为“职业文化”。下篇探讨组织文化对信息技术应用的影响，取分化和裂变视角，探讨组织内部各部门对技术的不同理解如何交互冲突、博弈，从而影响到技术应用在不同阶段的效用发挥（分化视角），以致技术应用陷入停滞几近失败；以及各部门对技术的理解如何随着时间的推移逐渐变化（裂变视角），重构组织对技术的认识，乃至整体上重构组织文化，从而使得后来技术重启时，组织文化反作用于技术，促进其应用。

第三节　研究方法及调查历程

一、组织文化研究方法分类

基于前文对文化内涵的综述，此处笔者将进一步详述文化研究的范式及视角分类，以解决文化研究中的方法论选择问题。

（一）文化研究的范式之争

舒尔茨和哈奇（Schultz & Hatch）指出，**组织文化研究领域存在两种范式：功能主义（functionalism）和阐释主义（interpretivism）**。[①] 功能主义范式来自社会学和人类学的理论系统，代表者如拉德克利夫-布朗[②]。阐释主义范式可以追溯到人类学、社会学、文学批判主义中的解释民族志（interpretive ethnography）、现象学（phenomenology）和符号解释学传统（semiotic and hermeneutic traditions）。

他们从三个方面对这两个范式进行了区分：分析框架、分析模式和分析过程。

分析框架　在组织文化研究中，功能主义和阐释主义的一个**共同点是，它们在何种程度上在进入组织研究之前就定义了**（predefined）**一个分析框架**。例如，沙因认为组织文化是在解决组织为了生存所必须解决的

① Schultz，M. & Hatch，M. J.（1996）. Living with multiple paradigms：The case of paradigm interplay in organizational culture studies. *Academy of Management Review*，*21*（2），529-557.

② Radcliffe-Brown，A. R.（1952）. *Structure and Function in Primitive Society*. Glencoe，IL：Free Press.

内部整合问题和外部适应问题下发展起来的。[①] 其他预先规定的分析框架还包括强文化和弱文化之分[②]，这进一步被科特和赫斯克特（Kotter & Heskett）发展为文化适应（cultural adaptability）概念并作为分析组织文化的一个变量。[③] 丹尼森（Denison）也关注与任务相关的适应性、参与性和一致性。[④] **尽管这些贡献强调文化不同的维度和变量，但它们都认同使用预先规定的分析框架，这些框架具有一般性，可以用于所有相关的组织研究。**

不同的是，**阐释主义强调突生性，描述文化的术语来自具体分析**。昆达（Kunda）对某公司的民族志研究，展示了角色距离和角色融入的概念是如何在描述公司成员与管理层就加强文化控制而做斗争的过程中呈现出来的之研究过程。[⑤] 而且，阐释主义范式中的发现经常通过突生的形象和比喻来表达，比如组织堡垒、修道院以及监狱。[⑥]

分析模式　功能主义分析的主要形式是因果模式（causal mode），**阐释主义分析更多的是关联模式**（associative mode）。**功能主义的分析模式是预先确定的变量及变量之间的因果关系**。在功能主义看来，文化经常被作为解释组织的一个变量，与战略、技术和环境等变量一样。例如，沙因指出文化的深层假设和价值构成如何生产了表面层次的人造物。[⑦] 科特和赫斯克特调查了文化和经济绩效之间的因果关系。[⑧] 在跨文化研究中，霍夫斯塔德描述了文化差异是如何解释组织结构中的国家/民族差异的。[⑨] 尽管这些研究处

---

① Schein, E. H. (1985). *Organizational Culture and Leadership: A Dynamic View* (1st ed.). San Francisco, CA: Jossey-Bass.

② Deal, T. E. & Kennedy, A. A. (1982). *Corporate Cultures: The Rites and Rituals of Corporate Life*. Mass: Addison-Wesley.

③ Kotter, J. P. & Heskett, J. L. (1992). *Corporate Culture and Performance*. New York: Free Press.

④ Denison, D. R. (1990). *Wiley Series on Organizational Assessment and Change. Corporate Culture and Organizational Effectiveness*. Oxford, England: John Wiley & Sons.

⑤ Kunda, G. (1992). *Engineering Culture: Control and Commitment in a High-tech Corporation*. Philadelphia: Temple University Press.

⑥ Hatch, M. J. & Erhlich, S. B. (1993). Spontaneous humor as an indicator of paradox and ambiguity in organizations. *Organization Studies*, *14* (4), 505-527.

⑦ Schein, E. H. (1999). *The Corporate Culture Survival Guide: Sense and Nonsense about Culture*. San Francisco, CA: Jossey-Bass Publishers.

⑧ Kotter, J. P. & Heskett, J. L. (1992). *Corporate Culture and Performance*. New York: Free Press.

⑨ Hofstede, G. (1991). *Cultures and Organizations: Software of the Mind*. London: McGraw-Hill.

在不同的分析层次上，但是它们都依赖因果逻辑来解释现象。

不同的是，阐释主义分析强调相关性。阐释主义者试图发现积极创造的意义，以及意义以何种方式与组织联系起来。在该分析模式中，尤其是在文化主题领域，**形象和比喻常常出现。**例如，迈耶森（Meyerson）探讨了组织中的模糊性如何通过大量的符号建构，如故事、幽默和绘画被表达出来。[①] 探讨和描述这些文化主题、形象和比喻的丰富特点依赖于研究者应用关联的能力。

分析过程　聚合性（convergent）和发散性（divergent）是这两个范式基本的分析过程，但是在不同的范式中这两个过程的使用不同。舒尔茨和哈奇认为，**功能主义范式被聚合思维主宰，而阐释主义倾向于发散的叙事方式。**[②]

聚合过程的目的在于将文化分析的各个要素集合起来，把相对没有模式的文化归类为更有秩序的和更精简的表达。例如，沙因给出了一个文化范式的概念，其中基本的假设形成了一个相互勾连的文化核心。[③] 经验研究从复杂的外在人造物和价值开始，最后归于更有秩序的理解。同样，霍夫斯塔德把各个国家文化的数据“聚合”起来归纳出5个维度，包括权力距（power distance）、不确定回避（uncertainty avoidance）、个人主义（individualism）/集体主义（collectivism）、女性气质（femininity）/男性气质（masculinity）和时间取向（time horizon）。[④]

当然，阐释主义也可以变得聚合，因为丰富的描述最后需要集中成关于世界观或规则的结论，比如格尔茨巴厘岛的斗鸡仪式研究。[⑤] 尽管如此，**阐释主义研究还是主要建立在发散的分析过程上。发散过程的特点就是各个相关因素由于研究者要持续地寻找更多的解释和得出新的联系而不断扩展出来。**当一个联系激发了其他一连串解释行为的时候，发散思维就出现

① Meyerson, D. (1991). Acknowledging and uncovering ambiguities in cultures. In Frost, P., et al. (Eds.). *Reframing Organizational Culture*, pp. 131-144. CA: Sage.

② Schultz, M. & Hatch, M. J. (1996). Living with multiple paradigms: The case of paradigm interplay in organizational culture studies. *Academy of Management Review*, *21* (2), 529-557.

③ Schein, E. H. (1985). *Organizational Culture and Leadership*: *A Dynamic View* (1st ed.). San Francisco, CA: Jossey-Bass.

④ Hofstede, G. (1980). *Culture's Consequences*: *International Differences in Work Related Values*. London: Sage Publications.

⑤ Geertz, C. (1973). *The Interpretation of Cultures*. NY: Basic books.

了。奈茨和威尔莫特（Knights & Willmott）给出了一个发散分析过程的例子。他们对英国保险公司的组织变迁研究，从研究一个管理仪式到仪式嵌入的解释、文化控制的环境，不断展开图景。[①] **功能主义利用发散过程寻找一般化理论，而阐释主义伴随发散过程的是相关关系的出现。**二者的比较见表 2-2。

表 2-2　功能主义和阐释主义的范式比较

维度	功能主义	阐释主义
分析框架	**预先设定的、一般化的研究框架：** 不同组织的文化具有相似的层次和相似的功能	**突生的、情境化的：** 意义创造对每个文化情境来说都是唯一的
分析模式	**因果：** 区分文化因素和发现各个因素间的因果关系	**关联：** 解读出意义并探讨它们之间的关联
分析过程	**聚合：** 精简各个文化分析因素并将其收拢起来	**发散：** 扩张和丰富文化分析

资料来源：Schultz, M. & Hatch, M. J. (1996). Living with multiple paradigms: The case of paradigm interplay in organizational culture studies. *The Academy of Management Review*, *21* (2), 537.

舒尔茨和哈奇认为，处理多个范式之间的关系有三种方式。[②]

一是不相容观点（incommensurability）。这种观点认为，各种组织理论是分离的。各种范式是各自独立地发展和应用的。伯勒尔和摩根（Burrell & Morgan）认为，各个范式对人类本性的假设与存在论、认识论和方法论的认识的不同构成了范式之间无法逾越的障碍。[③] 每个范式都是一个独特的视角，有自身的概念和理论，这妨害了各个范式的概念和分析方法跨越范式边界实现融合。因为一个范式定义一个不同的领域，所以将各个范式整合起来不可能也无效。

二是整合观点（integration）。费弗尔（Pfeffer）曾经主张，组织研究应该支持一个支配性的理论而抛弃其他杂乱的范式，以提升组织理论作为

① Knights, D. & Willmott, H. (1995). Culture and control in a life insurance company. *Culture and Organization*, *1* (1), 29-46.

② Schultz, M. & Hatch, M. J. (1996). Living with multiple paradigms: The case of paradigm interplay in organizational culture studies. *Academy of Management Review*, *21* (2), 529-557.

③ Burrell, G. & Morgan, G. (1979). *Sociological Paradigms and Organizational Analysis*. London: Heinemann.

一个学科的影响。[①] 但是舒尔茨和哈奇认为，在一定程度上，整合实际上只是对多范式思考的简单拒绝。这种整合的视角只是提供了一个整体框架，将建立在不同范式假设基础上的各种概念和理论内涵组织起来，而并没有考虑各种假设本身之间的关系。

三是交叉观点（crossing)。关注多个范式如何可能同时被应用于一个研究。也就是说，研究者承认和面对多重范式，而不是像整合观点那样忽略它们，或者像不相容观点那样拒绝它们。如何在一个研究中将这些范式应用起来？具体的策略有四种：顺序（sequential)，即功能主义和阐释主义在一个研究中先后使用，一种方法研究所得结果成为另一种研究方法的输出；平行（parallel)，不同的方式被同时用于研究相同的事物，而非前后有顺序差别地使用；桥梁策略（bridging strategy)，这种策略认为范式之间有过渡区（transition zones)，因此它们之间并非完全分割的，而是可以通过使用第二层（second-order）的理论概念作为桥梁来实现沟通；相互为用（interplay)，舒尔茨和哈奇提议，用杂交而非整合的方式对待各个范式，研究者在范式之间来来回回，各种视角都被采用。[②]

所谓范式，就是一系列关于本体论和认识论的假设。[③] 因此，范式不仅规定了研究的基本假设，而且规定了如何做研究。我们在后面讨论研究方法时将再次讨论这个范式组合的问题。

（二）文化研究的方法之争

大部分学者现在都认可组织文化包含了信念和行为（beliefs and behaviors)，它们在组织文化的各个不同层面上存在，且借助多种组织特征——比如结构、控制和薪酬体系、符号、神话和人力资源实践等表现出来。但研究者究竟该如何获取、解读繁复的文化现象呢？

卢梭提出了一个文化因素的多层模型，它是一个从客观性到主观性的连续统。[④] 这是对各个定义的归纳，同时也暗示了不同层面的文化现象应该采用不同的研究方法。

---

① Pfeffer, J. (1982). *Organizations and Organization Theory*. Boston, MA: Pitman.

② Schultz, M. & Hatch, M. J. (1996). Living with multiple paradigms: The case of paradigm interplay in organizational culture studies. *Academy of Management Review*, *21* (2), 529 - 557.

③ 库恩.（2004）. 科学革命的结构（金吾伦，胡新和译）. 北京：北京大学出版社.

④ Rousseau, D. M. (1990). Assessing organizational culture: The case for multiple methods. In Schneider, B. (Eds.). *Organizational Climate and Culture*, pp. 153 - 192. San Francisco, CA: Jossey-Bass Publishers.

在这个连续统的要素中有人造物、行为模式、行为规范、价值和基本假定。人造物是最容易觉知到的，包括物质表现，比如符号、神话、故事、仪式、传奇和庆典。行为模式是第二层，包括决策、合作、交流和控制活动等，对外人来说是可观察的。第三层包括要求行动者做到的行为规范和组织期待，也包括这些因素：表面上与工作相关的规范，与人相关的规范，与安全相关和团队合作相关的规范等。第四层由价值组成，这也需要组织成员的参与。价值通常是表现在可观察的行动中的偏好及倾向性。这一层构成了研究者的文化概念中的基本元素。文化研究中列出来的价值包括创新性、支持、团队合作和决断，其他的还包括灵活性、控制、内部整合和外部适应。① 连续统的最后一层是基本假定，尽管组织成员可以提供数据，但有些东西是在他们意识之外的。

沙因指出，研究组织文化的方法有几种。② 第一种是来自社会心理学及调查研究法。在这种研究方法中，文化被看作一群人所共有的、可以通过量表来测量的变量，最后产出李科特量表。这种方法的问题在于，我们其实并不确知哪些维度是测量文化的合适的维度，或者我们并没有把握说量表是否能够测量文化这种抽象的东西。

第二种方法是经验描述（empirical descriptive）。文化被视为一个概念，那么必须通过经验的方式来呈现，即使那意味着把文化的概念分解打破成一些小的单元，以便于分析和测量。这种方法的问题在于，通过这种经验性的描述方式来呈现文化，可能破坏了文化的整体性特征。

第三种方法是民族志（ethnographic）的方法。这种方法被用于组织研究，是为了揭示组织功能之前没有被揭示出来的东西。这种方法强调参与进去理解，但问题就在于耗时长、花费高，这个局限性导致只有少部分人才能采用这种方式去研究少部分案例，并且很难回答研究中的代表性的问题。

第四种方法是历史学（historical）的方法。历史学方法的问题跟民族志的方法一样，耗费时间长，但是无疑适合提供洞见。

第五种方法是诊断性（clinical descriptive）方法。这是随着组织咨询的发展，研究者们以组织某方面的咨询专家的身份进入组织展开观察，比如观察决策是怎么回事，办公室里发生的故事，具体的经验和地方知识

①② Schein, E. H. (1999). *The Corporate Culture Survival Guide: Sense and Nonsense about Culture*. San Francisco, CA: Jossey-Bass Publishers.

等。这个方法的问题在于不能提供一个像民族志那样广阔的描述，也不像有控制的经验研究，难以具有方法上的严格性。

结合沙因关于组织文化的定义（即文化的内核是组织成员所共享的面对组织外部适应问题和内部整合问题的深层基本假定），综上所述，最好的方式是深入参与观察，尽管那非常耗费时间；考虑到时间代价，相对来说，临床的诊断性描述方法是个可行的替代方案。但是，一个问题在于，相比之下，商学院比社会学系与公司组织的联系更为紧密，商学院的教授比社会学学者更容易获得组织的咨询职位，从而获得以临床诊断性描述法来分析组织文化的机会。出于同样的原因，社会学者进入组织采用有控制的实验法研究组织文化的可能性更低。所以社会学者研究组织文化，更可取的还是采取观察法或者调查研究法，其中如沙因所分析的，调查研究法中的访谈法最为适合。

学者们在文化定义上的区别就决定了他们在如何收集数据和分析数据上的争议，尤其是关于定量方法还是定性方法在组织研究中更有优势的争论。定性研究方法偏好民族志方法胜过问卷调查研究。① 而且，支持者们试图推广主位视角（emic perspective）。路易斯和斯米尔奇（Louis & Smirich）都宣称文化的独特性不允许被进行标准化的测量。② 相反的是，类型论者（archetype theorists）认为组织中共享的假定、价值和个人的解释被组织成有限数量的类型，这可以被用于区分特定的组织文化。③ 这是在大量管理学定量研究中广泛可见的组织文化研究方式——利用几个维度对组织文化进行分类，然后对被研究的组织进行文化分类，并借此进行其他组织变量的预测。

总之，学者们在文化定义上的不同意见与文献中相关的方法论之争总是交织在一起。争论尤其集中于数据收集、收集的技术以及数据分析方法上。卢梭提出了一个文化因素的多层模型，组成了一个从客观性到主观性

① Deshpande, R. & Webster Jr, F. E.（1989）. Organizational culture and marketing: Defining the research agenda. *Journal of Marketing*, *53*（1）, 3－15.

② Louis, M. R.（1985）. An investigators guide to workplace culture. In Frost, P., et al.（Eds.）. *Organizational Culture*, pp. 73 － 93. San Francisco: Sage Publications. Smircich, L.（1983）. Concepts of culture and organizational analysis. *Administrative Science Quarterly*, *28*（3）, 339－358.

③ Mitroff, I.（1983）. *Stakeholders of the Organization Mind*. San Francisco: Jossey-Bass Publishers.

的连续统。[①] 这个模型在组织文化研究中经常被引用，因为它提供了数据收集的一个方向，一旦研究中文化的定义和角色被确定了，研究者们就可以按图索骥，确定研究方法。

二、本研究的文化研究方法选择

以上文化研究综述给予本研究的启发是：（1）文化的研究方法与文化的定义相关；（2）但是文化研究的方法之争并非必要，研究方法应该随研究对象而定；所以，（3）既然文化表征为一种多层面的综合现象，内涵十分丰富，那么对文化的研究并不必要而且也不应该拘泥于采用定性还是定量的方法以及更基础层面的功能主义范式还是阐释主义范式。**通过归类来区分这些范式和方法不是为了强化它们之间的区隔，而是在于提高运用研究方法的自觉，进而促进学术研究的自由发展。**

根据舒尔茨和哈奇提出的范式之间“交叉”的理论观点和“相互为用”的研究策略，当**用杂交而非整合的方式对待各个范式。**[②] **本研究采取杂交的范式，在上篇信息技术与组织文化变迁中笔者采取了阐释主义范式，从纷繁复杂的现象中归类出组织文化的变迁特征，而在下篇第六章中采取了功能主义范式，主要通过理论推演一个技术的组织合法性分析框架，用于研究 ERP 应用过程中其合法性的强弱变迁是如何与其在组织中的应用效果对应的。**

在资料收集之初，我也是采用“杂交”的方法：通过功能主义范式设计了调查问卷，访谈提纲从某种程度上来说固然也是功能主义范式的输出结果，但在实际执行中我改变了走向，进行了半结构化和灵活化的选择，所以实际上是接纳“突生”，采取了阐释主义的研究思路。具体的数据收集方法和工具应用情况如下。

在最初的研究设计中，本研究试图探讨企业组织在信息技术（主要是 ERP）应用前后文化的变迁，但是选为调查点的那家企业引入 ERP 发生在 2000 年，按道理讲如果要揭示一个变迁过程，比较好的研究方法就是

---

① Rousseau, D. M. (1990). Assessing organizational culture: The case for multiple methods. In Schneider, B. (Eds.). *Organizational Climate and Culture*, pp. 153 - 192. San Francisco, CA: Jossey-Bass Publishers.

② Schultz, M. & Hatch, M. J. (1996). Living with multiple paradigms: The case of paradigm interplay in organizational culture studies. *Academy of Management Review*, *21* (2), 529 - 557.

研究者介入该过程，做长程的田野观察。但是现实的情况是，这个过程已经开始8年多了，时间不可能回溯。所以，我只能选较次的研究方法，那就是取事件发生前后两个截面的数据进行比较。为此，我设计了两份问卷：一份是针对该企业老员工的，即2000年前后退休的老员工，他们一生都是在传统的人治管理技术条件下工作；另一份是针对企业内部现任员工的，他们主要是在新的信息技术管理条件下工作。[①] 当然我对这两份数据进行对比的目的并不在于控制其他变量，分离出技术-文化变迁的因果分析。这个因果关系在一个企业组织内部的调查所得的资料中显然是不能确定的，我只是试图通过这种方式来确定信息技术应用前后企业文化是否发生了变迁，变迁可能是什么样的，以及变迁是如何发生的——不能否认，促使企业组织的文化发生变迁的原因很多，实际上如前所述，**本研究对信息技术-组织文化变迁的关系解读，取过程逻辑和关联模式的视角**。[②]

除了问卷调查，本研究主要用访谈法，通过充分、深入地访谈企业内部各技术应用部门的管理者、技术人员、普通技术使用者等相关人员，一方面希望获取引入ERP前后企业文化差异的立体面貌，另一方面则要找到线索来总结信息技术应用促使企业文化变迁的内在机制。

第三种方法是进行非参与观察收集资料。无论是根据人类学和社会学的研究传统，还是听从来自终身从事企业文化研究的沙因的忠告——文化不是浅薄的问卷调查可以获得的，必须深入其中去感知，得到内部人的帮助——观察与“体会”（理解）都应该是文化研究的必要方式。[③]

最初笔者带着两份访谈提纲——管理者的访谈提纲、技术使用者（含组织内部的技术人员）的访谈提纲以及两份问卷（针对离退休老员工和现任员工两个群体的）进入调查点，但随着到达之后情况的演进，笔者对研究方法进行了调整。根据原来的计划，三种方法在整个方法体系中的权重

---

① 不得不承认的是，研究之初采取这种问卷调查方法，也是笔者受到大量管理学文献的影响所致——把组织文化操作为具体的维度，然后分解成具体的指标，形成调查问卷进行研究，正是大量管理学文献中通行的做法。

② Martin, J. (2002). *Organizational Culture: Mapping the Terrain*. CA: Sage Publications. *Schultz, M. & Hatch, M. J.* (1996). Living with multiple paradigms: The case of paradigm interplay in organizational culture studies. *Academy of Management Review*, *21* (2), 529-557.

③ Schein, E. H. (1985). *Organizational Culture and Leadership: A Dynamic View* (1st ed.). San Francisco, CA: Jossey-Bass Publishers.

结构是：最重要的是访谈，其次是问卷，最后是观察。但是进入实地之后，这种方法体系有所修改：最重要的方法仍然是访谈，其次是观察（并且从最开始的非参与观察到最后在某种程度上进行了参与观察），而问卷调查的重要性退居最后。这主要是由于经过 8 年多的信息化历程，企业里的人员变动较大，再加上离退休老职工不愿意配合，因此难以获得完整的抽样框，无法进行较为科学的抽样。之前的研究计划是，要通过问卷收集数据来辅助证明，该企业 8 年多来发生了与信息技术相关的文化变迁。① 但由于无法进行随机抽样，数据质量得不到科学性的保证，所以后来笔者对研究方法进行了系统调整。一是修改了访谈提纲，把问卷的相关内容组合成对普通员工的访谈提纲，直接就问卷中所操作化的那些反映了信息技术文化内涵的工作习惯、工作态度、企业规章制度等问题询问被访对象，具体包括它们在信息技术应有前后是否发生变化，变化程度如何，以及他们的理解是怎样的等等。二是问卷调查也在全公司范围内进行，但是它的作用发生了改变。它被用来帮助研究者了解大致情况，并且选取调查对象。研究者可以借此发现那些愿意表达的人，同时了解他们对“信息技术与组织文化变迁”这个题目的理解是什么。

此外，有意思的是，应大鹏公司经营管理部和信息团队的要求，作为回馈，笔者将在开始调查后第三个月给他们做两次讲座/团队培训，提出他们公司和团队发展中的问题。据此，笔者围绕公司组织文化开展调查和研究，竟然演化出沙因所推崇但社会学者难以获得、做短期研究最为有效的组织文化研究方法——诊断性方法。诊断性方法的形式是观察、提问，探寻最有效解决问题的思路特点，以及最无效的思路特点，冲突性事件的解决办法，从前的经验、当前的变化、未来可能的走向，员工对特定问题的基本态度和情感等等。这让笔者对组织文化的探索超出技术应用相关范围，为侦测其变化及未来走向提供了机会。

研究中整个访谈名单的确定程序如下：第一步是进入该企业负责信息化工程（主要是引入 ERP）的信息技术部门②，由该部门的领导和老员工

① 问卷的设计思路是解读出信息技术相比于传统技术的不同的文化内涵，然后将这些维度的文化内涵操作化为具体的工作习惯、企业仪式、人际交往规则、上下级关系、工作态度、企业规章制度等等。

② 该公司负责企业信息化的技术团队之前一直是作为一个职能部门存在的，但在 2008 年初，受到企业经营转型的影响，该信息技术管理部门独立出来成立公司，但是它仍然负责公司的信息化工作。为了表明它与总公司的关系，本书中我们仍称之为大鹏公司信息技术管理部门。

提供各关键用户部门（主要是在8年多的信息化历程中那些相对配合使用信息技术的部门，以及相对不配合使用信息技术的部门）的领导名单，以及关键用户（主要是各关键部门里与信息技术部门对接的信息技术服务人员）名单。第二步，通过访谈各部门领导，获得该部门的关键用户名单。第三步，通过各部门领导的帮助或者通过技术部门员工的帮助，在各关键部门发放问卷。第四步，研究者在梳理问卷的时候，选择那些有表达意愿的人，以及那些特别认同该研究题目，或者特别不认同该研究题目的员工，又或者关键岗位上的人，比如负责薪酬体系的员工。在此基础上，笔者拟定访谈名单，然后再次寻求该部门领导的帮助，或者直接打电话联系当事人约定时间进行访谈。第五步，在对员工的访谈中，也注意通过与他们建立关系让他们帮忙联系一些不易采访的人，比如一些年纪较大的老员工。

最后实际的研究策略变成，问卷调查成为拓展访谈人员名单的进路，同时，尽管该抽样并非随机抽样所得，但是某种程度上说这并不妨碍其数据为研究者提供一个大致图景，从而有助于后续的研究有的放矢。而原本由问卷调查数据来完成的对引入ERP前后企业员工工作习惯、工作态度、人际关系、企业规章制度、满意度等等的比较，也直接加入访谈提纲，通过访谈来完成，自然在访谈中会就这些题目了解得更深入。因为抽样无法随机的问题，我对老员工的调查也是以问卷为引子，以访谈为主。尽管问卷调查在整个工具体系中的作用有所淡化，但与最初的研究计划中把问卷作为辅助收集数据的工具的定位在本质上是一致的。在最初的设计里，问卷方法主要也是被定位为起一个引子的作用，它方便以提供选项的方式帮助员工回溯过去，但是经这个方式得来的数据并非本书的主要分析资料。

所以，综合起来说，本次调查研究所使用的调研工具包括三份访谈提纲（管理层访谈提纲、一般在职员工访谈提纲以及离退休老员工访谈提纲），以及两份问卷（一般在职员工调查问卷和离退休老员工调查问卷）。本次调研所用的研究方法是个复合体系，其中对研究方法的依赖程度从高到低依次是访谈法、观察法以及问卷调查法。

三、调查历程简介

本次调查的联系时间在2008年初，大约该年3月中旬收到该公司经营管理部给我回复的邮件，正式确认愿意接纳我进入企业做调查。

2008年7月初，笔者进入该公司开始调研，调研工作持续了近三个月。其中的工作安排分两部分：一部分是笔者根据自己的研究计划所做的调研工作，包括访谈、问卷调查与观察等；另一部分是研究者为了回馈该公司接受调研的帮助，给公司做的一些企业文化建设及销售队伍培训方面的讲座。

在调查期间，笔者主要在该公司信息技术管理部门的办公间里工作，与该公司员工一样按照正常时间上下班，并且也与他们一样在必要的时候加班。通过信息技术管理部门进入调查的优势在于，它一直负责大鹏公司的信息化工作，历经 9 年，对于信息技术在整个公司实施应用各个阶段的情况，以及其中涉及的关键人物都很清楚；其次，虽然成立了独立于总公司的子公司，但是截至笔者进入调查时，该信息技术子公司也不过刚成立了半年，子公司的办公室仍然设在总公司的办公大楼里面，这也有利于笔者跟各位访谈对象接近——根据所得的访谈名单来看，大部分人都在该综合办公楼里工作。而且，信息技术管理部门的领导由公司经营管理部的部长兼任，经营管理部是该公司各管理部门里的最高行政部门，主管预算、对其他部门的考核、年度生产指标制定等等，这自然有助于调查有较高的起点，能够得到较高程度的配合。

整个调研过程共形成有效录音文件 45 个，其中会议录音 2 个、企业员工（包括离退休员工和企业领导）访谈录音 43 个，共计整理录音 50 余万字；其他文字资料和网络资料 10 余万字；调查期间所写工作日志（观察记录、所思所得）共计 6 万余字。①

问卷分两部分，企业老员工的问卷 38 份（其中包括离退休员工和 40 岁以上、仍然在企业中工作的现任老员工——在该企业的情况是，40 岁以上已经在公司整体年龄结构中被归为老员工了），现任新员工问卷 71 份。此处所谓“现任新员工”是指现在在公司任职的、主要习惯于使用信息技术（新技术）来工作的员工。这样的称呼法区别于“现任老员工”。现任老员工，既指他们年纪在 40 岁以上，也包含他们主要习惯于在传统技术条件下工作的意思。② 现任新员工和现任老员工，合称一般在职员工。共计 109 份问卷是有效问卷，实际发放问卷数为 120 份，有效回收率 91%。

---

① 这不包括后来 10 年间因为补充资料之需对关键员工的重返调查。

② 这样把员工进行区分，调查所得的数据显示差异，也会遭遇一个难题，就是哪些是信息技术带来的文化变迁，哪些本身就是年龄变量可以解释的差异。这二者之间是很难分开的，只能根据组织员工的主观共识来定。

第四节　案例介绍

一、企业概况

笔者选择作为案例调研的组织类型是企业组织。该企业是一家位于内陆四川省的老国企，始创于 1958 年，公司前身是我国“一五”期间 156 项重点工程基地之一，是当时国内唯一的机载火控雷达生产基地。历经多年的发展，该企业完成由单一的军品生产到军民产品结合的战略转变，成为集电视、空调、冰箱、通信、网络、数码、芯片、能源、商用电子等产品研发、生产、销售、服务于一体的多元化、综合型跨国企业集团，逐步成为具有全球竞争力和影响力的信息家电综合产品与服务提供商。2005 年，该企业跨入世界品牌 500 强。据评估，2008 年，该企业的品牌价值达到 655.89 亿元。

企业现有员工七万余人，拥有包括博士后、博士在内的专业人才 15 000余人，拥有现代化的培训中心、国家级技术中心和博士后科研流动工作站，被列为全国重点扶持企业和技术创新试点企业。该企业在广东、江苏、吉林、安徽等省都建立了数字工业园，在北京、上海、深圳、成都设立研发基地，在中国 30 多个省市区设立 200 余个营销分支机构。根据其国际化战略，该企业在印尼、澳大利亚、捷克、韩国等国均已投资设厂，在美国、法国、俄罗斯、印度、乌克兰、土耳其、阿联酋、阿尔及利亚、泰国等 10 多个国家和地区设立分支机构，向全球 100 多个国家和地区提供产品与服务。2007 年，该企业实现产值 313 亿元，缴税 6.23 亿元。

二、大鹏公司组织机构图（见图 2－4）

需要说明的是，ERP 是管理软件，它的应用形成的是在总公司和子公司之间的数据网络，是总公司和子公司/分公司共享的一个数据平台，它被引入公司的目的是让总公司了解分布在全国各地的子公司的真实运营活动，解决子公司或者驻外营销机构“信息不透明”的问题。所以，从这个意义上说，子公司在系统中本质上主要作为数据输入端，而对数据进行分析，并在此基础上改进管理工作的主要是总公司“坐办公室的这群白

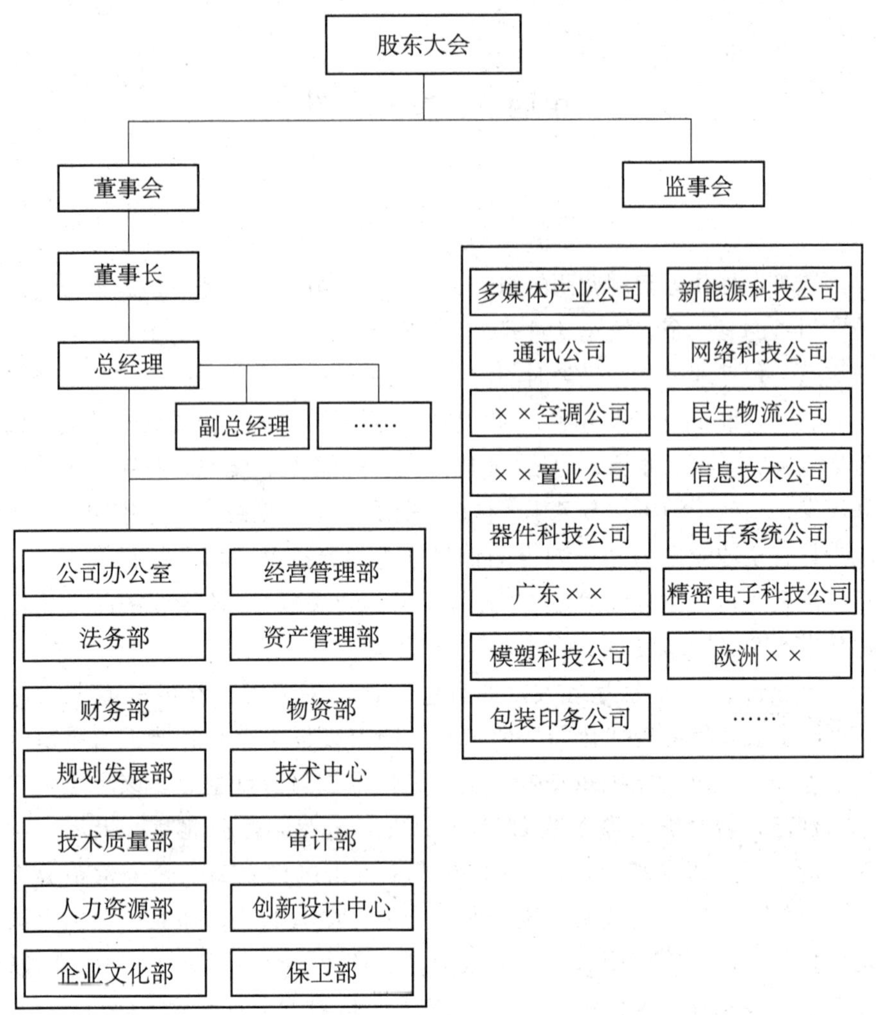

图 2-4　大鹏公司的组织机构图（2008 年，根据资料整理）

领”（XL）。也就是说，**ERP 的功能发挥主要依靠总公司的各个管理部门（该公司称之为平台服务部门）对 ERP 的数据分析功能的使用**。出于调查的可行性以及成本考虑，本次调研选择在大鹏公司的集团公司以及构成集团公司主体的大鹏股份有限公司进行，主要调查 ERP 应用中各相关平台部门中的领导及员工，以及个别子公司。

但是笔者也没有调查所有的平台部门，而是根据 ERP 在该公司截至目前的应用情况来选取关键应用部门。关键应用部门，主要是指在 ERP 应用的各个阶段（后面将介绍该公司信息化历程分阶段的情况）中“表现突出的部门”①，比如“起步期”时，引入 ERP 的销售与分销模块（SD）、财务模块（FI）和物料模块（MM）的关键应用部门销售部（后剥离出总公司，成立分公司“多媒体产业公司”）、财务部和采购部，还有经营管理部（该公司的信息管理处隶属该部），以及“发展期”表现突出的应用生产计划模块管理（PP）、管理会计模块（CO）的相关部门等。调查的对象主要是这些部门的相关领导（包括参与过信息化历程但已经离任或调任的那些领导）以及各部门的一般技术员工。

三、企业的信息化历程及现状

整体来说，大鹏公司的信息化经历过四个阶段，但是真正意义上的信息化是 1999 年该公司明确提出实施信息化战略以后，以引进 SAP 公司的 ERP 大型软件包为标志性事件。如果算上信息化之前公司内部各个部门所做的信息化的基础工作，则该公司的信息化历程经历过四个阶段：信息化萌芽期、起步期（停滞期）、发展期及公司化运作的扩张期。如图 2－5 所示。

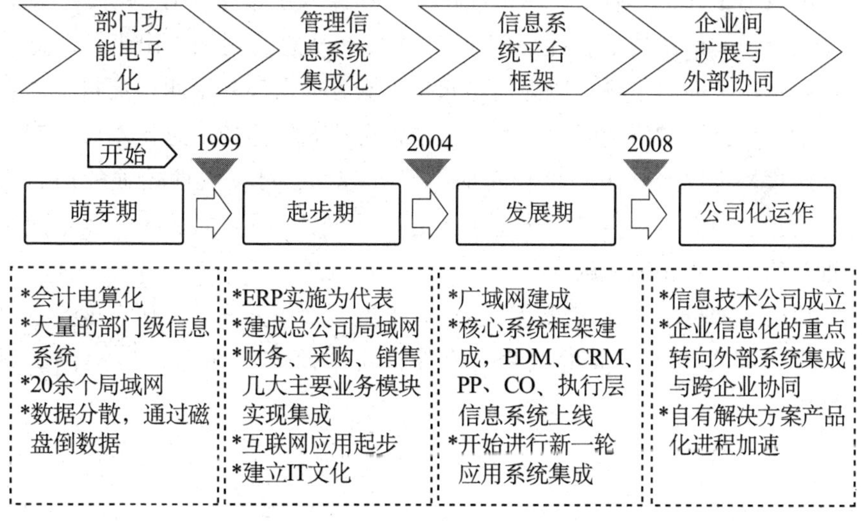

图 2－5　大鹏公司的信息化历程图

资料来源：信息技术部门相关电子资料。

① 所谓“表现突出的部门”是指在 ERP 应用中用得比较好或者用得比较差的部门，或者对整个 ERP 的效益发挥具有重要作用的部门。比如在起步期，除了销售与分销模块（SD）、财务模块（FI）以及物料模块（MM），还上了一个售后服务模块（SM），但是售后服务模块的运行表现不符合这几条“突出”原则，所以它不在调查之列。

2007年大鹏公司信息技术管理部门在全公司内部所做的信息化水平调查数据显示，公司内部30%的部门认为当前核心业务的信息化覆盖水平在50%～80%之间，50%的部门认为当前核心业务的信息化覆盖水平在80%以上。在"信息化对企业竞争力的提升作用"指标上，被调查部门认为"十分突出"的占45%，认为"比较明显"的占44%。在"对部门级工作改善的作用"指标上，有90%的人认为"较明显"或"非常突出"。这些指标数据说明：一是信息化对公司业务的覆盖已经达到较高水平，二是该公司内部各部门对信息化的认识比较一致，信息化水平比较均衡。该公司领导在2007年11月16日信息化建设高层专题汇报会上，对公司的信息化建设水平给予相当高的评价，初步判断该公司的"信息化在国内制造行业处于较好的建设水平"，给予80分的综合评分。

该公司的信息化已经达到较高水平，有几个证据：第一是从公司的信息化架构图（见图2-6）可见，已经形成了一个较为成熟的信息化整体架构；第二是管理者对信息化水平的内部评价较高，一个不成熟的应用软件是不能成为企业的"DNA"的，而ERP却深入了整个企业的管理①；第三是该公司的信息技术管理部门于2008年初从总公司独立出来，成立子公司，定位于面向市场，成为信息化技术服务提供商；第四，最根本的在于，笔者在公司调研期间感受到，该公司历经8年多的信息化发展起起落落之历程，不仅造就了一个相对成熟且开放性、可发展性较强的信息系统，而且公司员工对信息系统基本上已经认同，"重要的是……还形成了一批与信息技术相匹配的人"。

该公司的员工经历信息化改造后，无论是工作方式、工作态度，还是思想观念都发生了巨大的改变。这保证了本研究议题选择该案例的适切性。

① 正如该公司某总在访谈中所说："现在可以说ERP系统是我们离不开的工具，在总公司也是这样。我们现在要是没有ERP系统，就不知道该怎么管了。你看我们为什么现在谈很多管理者在微机面前待的时间很多。以前很少在办公室，一个是到处走，各个部门看，还有就是开会、签字。但是现在我们更多的时间就是坐在办公室，而且总是坐在微机前面。说明我们对ERP的依赖性很大。如果没有ERP系统，基本上我现在就不晓得怎么整了，这就是公司目前的现实。"(JY)

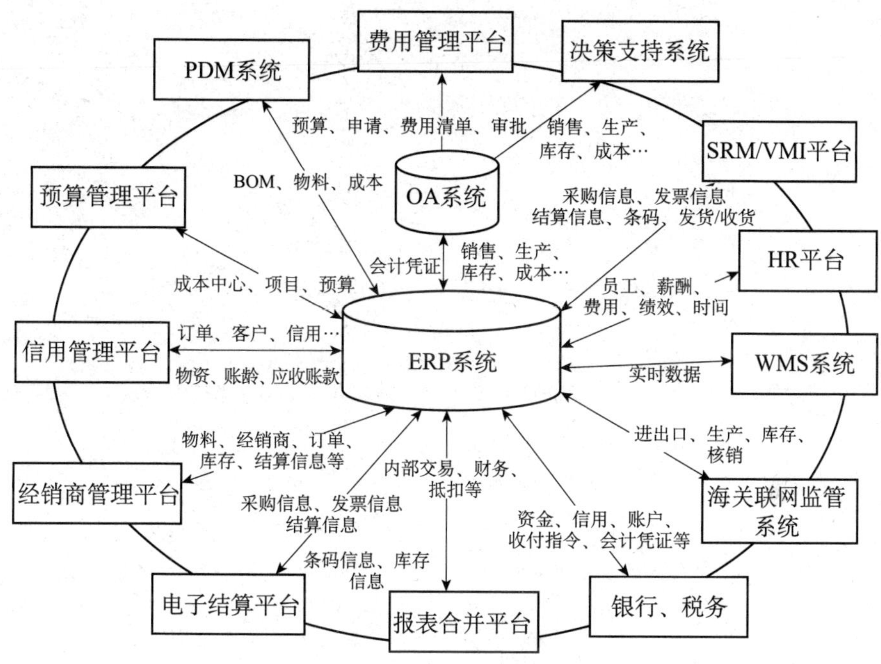

图 2－6　大鹏公司的信息化架构图*

* PDM，Product Data Management，产品数据管理系统

BOM，Bill of Material，物料清单

OA，Office Automation，办公自动化系统

SRM，Supplier Relationship Management，供应商关系管理系统

VMI，Vendor Managed Inventory，供应商管理库存

HR，Human Resource Management，人力资源管理平台

WMS，Warehouse Management System，仓库管理系统

上　篇[①]

信息技术与组织文化变迁

① 本篇主体部分发表于《社会学研究》2012 年第 6 期，原文题目《信息技术应用与组织文化变迁——以大型国企 C 公司的 ERP 应用为例》。谢谢编辑部授权。

第三章 IT 应用中的文化伴生：个体工作行为中的文化变迁

在前面概念界定部分，笔者将组织文化定义为成员共享的，对工作场域中的人、事、物及其应当如何关联的特定理解，表现为组织成员在个体工作中的行为规则和观念特征，以及个体间合作行为中的行为规则和观念特征。反过来说，组织文化可以通过个体工作中的以及个体间合作中的行为规则和观念特征来解读，即行动者对特定人、事、物及其联系的特定理解。文化的变迁表现为人们在之前和之后所共享的对于同样的人、事、物及其联系的理解发生了变化，比如对同样的组织活动、人际关系等“应当”如何的设想，产生了前后差异。

那么，从大鹏公司的情况看，在 ERP 应用前后，大鹏公司的文化究竟发生了什么样的变化？首先需要回答的一个问题是：文化的内涵十分丰富，我们究竟要关注其中的哪一部分？前面笔者论述过，第一，本部分将关注组织文化中组织成员“共享”的那部分，而不关注组织内部亚文化之间差异的那部分。第二，本研究在组织层次把组织活动分解为个体面向任务的工作行为和个体面向其他个体的合作行为两部分，这是笔者描述组织文化的基本分析框架之基础；进一步地，组织文化在信息技术应用前后所发生的变迁被分解为个体工作行为中的文化现象变迁及个体间合作行为（其中包括同级同事间关系和上下级关系）中的文化现象变迁两个维度来描述、阐释。

需要指出的是，为呈现的便利和简洁，本部分在呈现形式上采取 IT - 组织理论建构中的变量模式[①]，但整本书的过程逻辑是通过几个部分共同呈现的。强调技术的重要性并不意味着技术决定论，这一事实尽管简单，

① Markus, M. L. & Robey, D. (1988). Information technology and organizational change: Causal structure in theory and research. *Management Science*, *34* (5), 583 - 598.

学者们却常常难以意识到。[①]

莱德纳等人指出，如果要做信息技术与文化变迁的关系研究，一个有价值的思路是区分出具体信息技术的文化内涵是什么，即采用企业对技术的理解是什么，然后有针对性地研究。[②] 本书中所涉及的信息技术主要是指ERP，通过第二章图2.6所示可知，它在大鹏公司的信息化架构中处于核心地位。此外，大鹏公司的信息化历程是以引入ERP为标志的，而且该公司也认为其信息化事件截至目前主要是ERP的应用。那么，在进入大鹏公司的文化变迁描述前，我们先来看看，对使用者来说，作为一种信息技术的ERP可能意味着什么。

第一节 信息技术的文化内涵

我们前面把信息技术定义为技术物理逻辑、组织文化逻辑、组织实践逻辑等多层逻辑的组合体。对于信息技术，比如ERP，包含一定文化内涵的这种特性，有的学者也称为信息技术的“价值负荷性”。那么信息技术在一般层面上究竟有哪些文化内涵？

在社会层面上，杨明等学者对信息技术的文化内涵的总结包括积极面和消极面。[③] 就积极的文化内涵而言，信息技术带来信息交流的双向互动，有平等性、民主性、开放性、大众性、鲜明个性、创造性等新的文化特征，也就是说信息技术的应用可以促使平等、民主、开放、社会事务的广泛参与以及创新等文化意义得到更坚实与广博的社会认同基础。王恒桓则提出，信息技术的应用提供了全新的社会交往工具以及交往方式的网络，正在编制一种新的网络状的“权力分散的文化”。[④] 网络将造就人们通过自由交往解决问题的社会自治能力，从而促生民主、平等、参与的新文化精神。沈阳指出，信息技术是在以书本为依托的文化现象的基础上一次重大的飞跃性、突破性发展。由此衍生的文化是新时代、高效率的知识文化、

① Leonardi, P. M. & Barley, S. R. (2008). Materiality and change: Challenges to building better theory about technology and organizing. *Information & Organization*, *18* (3), 159 - 176.

② Leidner, D. E. & Kayworth, T. (2006). A review of culture in information systems research: Toward a theory of information technology culture conflict. *MIS Quarterly*, *30* (2), 357 - 399.

③ 杨明，陈力.(2006).信息技术与文化之熵.学术交流，(7)，175 - 178.

④ 王恒桓.(2003).信息技术与文化发展.太原教育学院学报，(s1)，81 - 83.

智能文化。[①] 他的这个论断既点明了文化与载体的内在关系，也道明了他对信息技术所带来的新文化意涵的理解。就消极面而言，杨明等的一个观察是技术文化对情感文化形成冲击，认为信息技术所实现的人际网络化连接尽管拓宽了人际交往范围，但由于信息技术的虚拟性，它同时也带来了人际情感的冷漠和疏远。[②]

在组织层面上，多尔蒂和佩里探讨了一个新的工作流管理系统（WMS）在组织中应用，具有强化组织中关于客户导向、灵活性、质量关注、业绩取向等文化价值的潜力。[③] 在另一个研究中，多尔蒂和多伊格研究了新的 ICT（information and communications technology，信息通信技术）对组织文化的影响。[④] 作者发现，提高一个公司的数字仓储能力，客户服务、灵活性、授权等都会随之发生改变。

那么在我们的案例企业情境中，ERP 对组织成员又意味着什么？

笔者在进入调查地之前，在问卷的设计中就预设了对 ERP 所内含的与传统管理技术相比较的文化特性的理解。而该企业的大部分被调查者对问卷最后一个开放式问题的回答则表明了他们作为“局内人”对 ERP 的理解。该问题是：“请用三个词或三个句子简单描述企业应用信息技术，主要是应用 ERP 之后企业的改变”。[⑤]

笔者对 ERP 所含文化特性的推导建立在一个假设的基础上，即信息技术相比于传统技术有一些新的物理特性，这些物理特性的实现需要使用者按照一定的规则进行操作。这些操作规则的实施既是对组织成员行为习惯的再塑，也促使他们以新的思考模式（包括新的认知基础、认知工具和

① 沈阳．(1999)．论信息技术文化．云南师范大学学报（哲学社会科学版），(3)，102－104.

② 杨明，李斯霞．(2005)．信息技术对传统文化的消解与调适．理论探讨，(5)，166－168.

③ Doherty, N. F. & Perry (2001). The cultural impact of workflow management systems in the financial services sector. *Service Industries Journal*, *21* (4), 147－166.

④ Doherty, N. F. & Doig, G. (2003). An analysis of the anticipated cultural impacts of the implementation of data warehouses. *IEEE Transactions on Engineering Management*, *50* (1), 78－88.

⑤ 在该问题上收集的数据，笔者认为既反映了 ERP 对于组织员工的意义，也反映了组织员工归因为信息技术应用所带来的企业文化变迁。需要特别说明的是，在该问题的设计中，笔者用了“企业的改变”而没有用“企业文化的改变”，这是因为研究中的文化概念并不同于他们日常所理解的文化概念。笔者在调查中发现，大部分的被调查者对企业文化的理解较为狭隘。很多人认为“写在墙上的”和“写在宣称材料上的”就是企业文化，而没有理解文化不是口号，而是他们对组织活动及关系等的理解。尽管问题问的是“企业的改变”，但所有的回答者都是谈认知与感受等主观层面的理解。这说明，通过这个问话方式，笔者是获得了他们的“文化”的。

认知方式）来面对新的情况。新技术的物理逻辑借由两个条件——新的工作规则和员工配合实施——来改变组织实践，进而促使组织文化发生变迁。[①]

马库斯等人指出，ERP 系统在全球范围内的大量使用具有重大而深远的文化意义，因为这些系统将不同文化中的员工都强制性地置于一个标准化的商业程序之下。[②] 笔者认为，ERP 是一个内含“标准化的商业程序”的软件包，它首先具有一个信息技术所普遍具有的技术特征：信息化/数据化。组织活动以数据化方式被存储与传输，这对组织员工产生一个新的工作要求——信息共享，以及由之而来的标准共享和一定程度上的决策权分享（由此影响上下级关系）、个体行为的公开透明及可追溯（由此影响个体工作行为）。ERP 在功能上要实现的是一套流程化管理（工作流、物料流、资金流、信息流、价值流），这种工作安排若实现，就会产生工作程序化，原来彼此相对独立的各个工作环节因为被置于流程中而具有了即时互倚性。由此，可能会改变同事间的合作模式，增进同事合作，且使得合作行为规范化/角色化；合作行为的加强会进而让员工重新定义同事关系。新的信息技术条件下的工作规则赋予了组织活动、人际关系“应该”如何进行的新的理解。这些工作规则的实践越深入，遵守它们越来越成为组织成员的自觉行为，则这些新的“应然”就会越多地得到组织成员的认同，其在组织的扎根就越深入，直至最后，潜入大部分组织成员的“潜意识”，形成新的“未经追问难以察觉”的组织文化。

从调查问卷所收集的资料来看，笔者对 ERP 所具意义内涵的预设与该企业员工作为“内部人”对 ERP 的理解比较一致，当然后者更丰富。根据对该开放式问题的回答，并结合访谈中所获被调查者的具体认知，我们发现，信息化记录导致管理活动数据化、工作信息化。因此，组织员工感觉企业变化了，跟过去相比，变得信息透明共享、实时传递，数据准确，工作操作简便、快捷、高效、可追溯性强、可量化评估了。而 ERP

① 根据马克思主义哲学的论断，主观世界是客观世界的反映，客观世界的变化总是会在主观世界中直接反映出来，这是由人的认知能力、反思及自我监控能力决定的。在环境变迁，且个体无法改变环境的情况下，为了建立与环境之间的适应关系，个体最后必将走向对自己内在主观世界的改造。个体现象集合在组织/集体层面就将发生文化的变迁，当然这种集合并非原子式的量的集合。新观念获得一个集体的共同认可，并非一个单纯的由已知者向未知者的传播过程，而是一个交互影响、螺旋式向前推进而发生变迁的过程。

② Markus, M. L., Tanis, C. & Van Fenema, P. C. (2000). Enterprise resource planning: Multisite ERP implementations. *Communications of the ACM*, *43* (4), 42-46.

的实施促使企业的管理工作发生“流程化操作”改变，这使得组织员工认知到该企业发生了以下改变：合作增强、操作标准化、节点控制（控制力增强）、权责明确、管理精细，员工思维更具系统性特点、更有全局观等。其中，几乎所有的员工都会提到的ERP所带来的一个冲击就是“效率”。（“这个工具很有效率。”“效率太重要。”“我们现在整天想的就是如何优化系统提高效率。”）

对于信息技术在组织应用中所催生的这类新文化，不少学者称为“信息文化”，但笔者认为，用这个概念固然表明了新文化的物质载体，却并没有表明技术的文化内涵究竟是什么。

笔者更倾向于用另一个词来统合信息技术在组织中催生的这些文化因素，尤其是所调查企业中发生的情况，那就是“职业文化”。这既是因为笔者认为ERP在该企业的应用过程中所衍生出来的这些文化要素，与现代职业文化的文化内涵具有较高的一致性，也因为它隐晦地表明了这种新的文化对企业未来发展的意义。

那么，大鹏公司的被调查者所展现出来的他们对于ERP的理解，有哪些在现阶段已经典型地展现出来？或者说以ERP为主体的信息技术应用给大鹏公司带来的文化变迁，较为突出地表现在哪些方面？

第二节　个体工作行为中的文化变迁

一、从随意性到规范化

（一）信息技术将工作标准化

ERP应用促使管理岗位工作趋于标准化，这一影响在财务部和物资部都表现得十分明显。

ERP应用给财务岗带来的一个明显变化就是岗位间的分离。该公司的财务岗原来统称财务会计，在ERP应用之后，尤其是2004年，公司的信息化进入“发展期”（以ERP的全面上线和深入应用为标志），这个岗位逐渐分为财务与会计。前者的工作主要是数据分析、流程改进等，后者的工作主要是数据采集。被标准化的就是这部分数据采集工作——ERP系统给具体操作者规定了一些标准化的动作，这部分管理岗在实质上就变成了操作岗。财务部的一位副总以电子结算工作流上的工作为例，说明了这种标准化的操作可以标准化到何种程度。

> 我们在这里就是这个感觉：（工厂里面）每个人一个工位图，你就插这几个口，你面前就摆着几个元件，你就插上去，然后流走、流走，就这种，然后现在会计就是直接输入进去就完了。……比如我刚给你举例说的那个电子结算工作流，其实那个岗位上做的工作非常简单。比如说那个发票的动作，就是拆开、打开发票，（核）对，如果你的发票号金额完全一致，他就确认就完了。然后发票存档，那上面会形成凭证号，凭证号记下来。然后按照一定的规格，比如按照凭证号装订，每次装订出来都很漂亮，因为那个发票是统一大小的，直接装订一摞，每个月什么时间要交过去，就完了，非常标准！但是现在并非我们所有岗位都是这个样子，……我们仍然在经历这个标准化的过程。（这相对于信息技术应用之前的情况）改变（已经）很大了。**原来你根本没法标准。原来非标准的东西太多**，明明是很固化的一些规则，你也必须让人去做一次判断。(JH)

ERP的流程化管理实现了制度植入系统，岗位责任划分明确，强化了制度的执行力，由此促使组织成员责任心增强。

> 像我刚才说的人的那个环节的因素被控制了。比如有时候人在进行操作处理时就可能有些环节我也就给你过了，灵活一点；但是现在电脑在那里，我本身有个权限控制，那么我就要考虑，就像我们在进行一个电子工作流的时候我就要考虑，一旦超出我的工作权限了，它就要流到下一个领导那里去。我在考虑这个该不该过的时候呢，原来就没法控制。原来也是授权给你，然后出事情了再返回来查。比如你这个分公司只有三万块的权限，但是你五万块的费用你要来报，我也只有给你报了，以前没有系统的时候报了也就报了。
>
> 实际上这（之前）是个制度的执行力问题，事中没法监控，只能看事后：哦（发现）你违规了，对你进行一个处罚。但是这些都是事后的啊，现在就是系统里面设置你必须要过得了我这个审核的关，你才能报账。现在被人为限制在这块的话，那么我就必须把我考虑这个问题的真实的想法在我的电子流里表现出来。这样子更严谨、更规范了，不像以前那么随意。(SQY)

会计岗上的员工进行标准化操作，而财务岗上的人的一个重要工作内容就是思考如何让更多的财务岗位工作进一步标准化。在这种情形下，财务部提出了发展“会计工厂”的概念。会计就是电子流水线上的操作工而已，按照既定的程序做标准化的动作，不需要额外的思考。

这里要强调的是，这种由信息技术的应用所带来的普通的工作标准化操作以及标准化操作趋势（比如，表现在财务部就是人人必提、常挂在嘴边的“革自己的命”，而且财务部要做一个“会计工厂”），本质上就是要求员工不断利用信息技术来创新，把自己那部分工作标准化、程序化到可以由机器来替代人力。

物资部的情况是，通过ERP的流程管理，解决了从前的重复采购或者错位采购的问题。重复采购往往是因为库存清理困难，从而导致库存数据不准确。错位采购是因为设计或生产部门的物料清单不准，尤其是产品设计修改带来了的问题。一个产品设计对应一个物料清单，工业设计师对应设计初稿下了一个物料采购清单，后面又修改了设计，于是就要修改物料采购清单，但是在这个时间差中，采购部可能已经就“初稿”物料清单下单采购了。这就导致了采购回来的物品用不上，但是生产真正需要的东西又没有采购回来的情况。

> 这个信息系统不仅是工具的提升，而且是观念的提升。为什么呢？从PP（生产计划管理模块）可以看出来。[①] 以前大家都说BOM（物料采购清单），这个设计部门、技术部门（出给采购的），反正你叫我出BOM我就出，我这个机型做出来就行，但是到底用户需要啥子他不知道，后来（产品设计师）想起来了，反正他就改资料嘛。以前我们看资料，改得一堆一堆的。……比如他刚开始出来的BOM单是这个样子的，但是后来他认为不对，比如电阻，他把1欧的换成5欧的，他出个设计更改通知然后传到你这里来。这一传，如果中间漏了就糟糕了，他要5欧的，我还在买1欧的。那么就会不用的买多了，积压了，而他要的我没有买回来。
>
> 但以前（库房积压的后果）跟他（设计师）的关系不大，他只管资料，他写完了，不要了，不合适改一下就是了。但是（现在）整个PP系统因为BOM是要停机的，这个系统不是说你一个人就能改的，它是专门有人管的，那他们就会谨慎地对待BOM这个事情，那我们

---

① PP模块是ERP系统的一个核心模块，由物料清单、工作中心、工艺路线、生产版本构成模块主数据。创建PP模块主数据是PP模块的主要环节，主数据的创建既要合理又要符合实际业务需求，以达到简化工作流程、满足财务成本核算需求的目的。

也会很仔细地去清理我这个 BOM 单跟我的采购需求是不是对的。就是他的一个观念都会发生改变，不会那么随意了。(HC)

第一，这种岗位工作的标准化操作是通过 ERP 实现了规则解释的唯一性所致：当组织员工行动的规则具有唯一性，不需要人去进行二次判断的时候，工作就可以做到标准化。就该公司目前的信息技术应用状况而言，ERP 的应用将一部分管理工变成了操作工。该公司的员工介绍说，随着信息技术应用的深入，会有越来越多的管理岗位被标准化。

第二，组织里普遍存在规章制度和实践做法并存的情况。一个显而易见的例子就是各种“脱钩”（detach）的研究，即组织为了响应环境要求，有些情况下会支付成本增设一些与组织绩效、使命和目标缺乏直接相关性的部门，同时它们在运行中是被悬置起来的，并不会对组织实际运营发挥作用。我们这里讨论的规章制度与实践做法并存的情况不属于这种情况，而是恰恰相反，既有的规章制度（显规则）是符合组织利益的，但是在实际执行中，相关行动者对如何行动才真正有效持有自己的理解，长期反复如此行动就形成了实际的行动规则，即所谓潜规则。也就是说，组织在实际运行中，制度与实践分离开来了。在实际行动中，显规则是被悬置起来的，潜规则被执行。在既有文献中，组织实践与规章制度“脱钩”行为的基础是假定外在环境与企业利益是矛盾的，企业对环境“伪装”适应。对企业来说，外部环境是非理性的，内部是理性的，环境要求与企业的诉求是不同的。比如前者需要企业承担社会责任，而企业要追求利润以谋求生存和发展。但与之不同，本研究所看到的“脱钩”是企业组织内部的实践与制度的分离，是员工根据自己的理解去行动。制定制度的企业是理性的，依据自己的理解行动的员工也是理性的，二者目的具有部分一致性，都是为了增加企业利益。但这种潜规则的目标指向，有时候是为了达成组织目标的变通性手段，有时候则是个人利益。

后者的例子，比如，一些销售员利用销售活动与后方公司之间的信息差和时间差，谋取私人利益。

(ERP) 加强你敬业的态度。你必须认真对待。不像以前很多人胡乱搞。现在像公司的销售这块改进也是很大。以前销售员放货，就是我没有收到钱，但是我先把货放出去，然后总部看到还有这么多货，事实上早就没有那么多了。还有后付款，我现在货已经卖了但是我骗总部说还没有卖，那我就等着总部降价，本来我卖了 110 万，现在总部降价了，那批货就只需要90万了，Ok，拿90万去冲账。这他们花样太多了。还有，以前公司管理比较差的时候，你比如我同样是卖100台电视机，我收的是现金或者现汇，然后呢我拿这个去买承兑汇票，100万的现金可能就能买到105万、110万的承兑汇票，我拿承兑汇票回来冲账，多的钱就落入我的包包儿（口袋）里头。但是上了ERP之后，我的销售合同在系统里就很清楚；什么时候货发出去的，也很清楚——这是个环环相扣的东西；然后什么时候以什么方式付款，都很清楚。这中间要动手脚就很困难。(JY)

比如有些地区的销售员为了让自己负责的地区市场销售业绩最大化，会自主“变通”做法，以减轻落后管理与前方市场情况的不匹配性，但是这种地区理性与全局配置形成冲突，实际上造成资源浪费。

（一个改变）就是抢货，以前好销的货我拼命抢。比如说这个地方的市场容量只有2万台，我非要抢4万台、3万台，觉得这个东西我也知道总部对我好像是“头顶三尺帽，见面砍一刀”，好销的产品我报4万，他也就给我2万，也差不多，都这样（做）的。可是如果你实估实报，那你的市场容量就不饱和了啊，旺季你当地市场就会缺货。但实际上人的经验也不一定可靠，你跟公司货要多了，常常导致库存浪费，而别的市场又是真要货，就会真的缺货。……（但是）现在就不一样，反正你报4万台我就给你4万台。（像）海尔（公司）规定了库存时间给了2个月，如果2个月过去了，还在仓库里睡觉，那好，一台空调一天扣你一块钱。……**你现在做事情就必须很认真了，不能胡说八道。所以你说（ERP）对企业文化有没有改进，肯定有改进，它净化了一个企业**。(XL)

此外，这种随意性本质上是指跟随个人意志做事。有些情况是因为有规则存在但组织成员主观上不遵守；有些情况是没有规则留存下来，客观上难以遵守，于是在工作中不得不自创做法。所以，以ERP为核心的信息化系统有助于员工规范化操作的一条逻辑是：首先在客观上将经验从“沉淀”为制度，然后将规则嵌入系统，实施下去。因为从理论上说，任何ERP都是定制的，在公司被接受的、最后得以实施的ERP，不但整合了全球“行业标杆”的标准化经验，也整合了公司的“本土”经验。这也是信息技术在应用中相比传统技术可定制程度高、在组织中应用是一个互相建构而非单向决定的过程的例证。①

办公室的这些东西，策划、研发，那随意性就很大了，还包括我们采购，这方面的管理应该说国内都是很弱的，主要靠自觉。以前管理的漏洞也很大。以前我说过“我们公司永远就只有 4 岁”。为什么这么说呢？因为它的一些东西是积淀不下来的。每个人在每个岗位上待的平均时间就是 4 年，上一个人走，下一个人再来，然后又是全新的一套东西，完全没有经验的积累。虽然说是在一个大的集体里头，但是还是靠个人。公司每两年就会大调整，人员大变动，然后以前的全部推翻，又另起炉灶。……这样来回折腾了之后，很多以前的经验的积累啊都会消失的。

现在通过信息化，最基本的流程是保证了。不管班子怎么动，在整个业务过程中有哪些控制过程、哪些角色，这些是动不了的。信息化主要是加强了对白领的监控。还有对白领阶层有个要求，这个要求可以实时地进行监督，管理者的意志向下贯彻得怎么样，它有一个及时的反馈。那么以前呢，完全不知道，只有等到结果出来以后才知道：啊，原来这样！……现在通过信息化可以随时掌握到它的情况吧。(XL)

(二) 信息技术赋予制度刚性

所谓制度刚性是指制度的执行力强。信息系统的应用赋予制度极大的刚性，使得此前不能落实的好的管理制度通过系统流程“锁定”执行，得到落实。

ERP 是支撑管理流程的一个工具或一个平台。公司的业务流程，通过 ERP 把它固化下来，再来优化。因为在 ERP 应用之前，公司的制度不是没有，而是很多，也很细，但是在执行过程中很容易走样，很容易变样。在上了 ERP 之后，就设计了一些环节，第一步、第二步……你必须这么走，否则你走不下去。我认为这是它最大的一个功效和功能。第二个是统一了公司的管理工具，大家都用同一工具或说同一语言在说话，容易沟通了。第三个有利于公司管理数据的准确性，应该说得到了大幅度提高。我感觉到的就是这三方面。(ZGR)

---

① 邱泽奇．(2005)．技术与组织的互构——以信息技术在制造企业的应用为例．社会学研究，(2)，32－54.

现在大家基本上形成了一个观念：管理上的东西如果没有落地，很难生存下去的。而你落地的话就必须要靠信息系统来支撑。这点我觉得我们整个公司呢，经过这几年来讲，对这点认识是很深刻的。这对我们企业文化很重要。（QHL）

信息技术对制度“落地”的正向作用，笔者先以一项简单信息技术——考勤打卡制度在公司的应用为例。笔者在该公司调研期间观察到总公司上下班考勤制度的“人工”执行经验，对比下属器件公司的打卡制度，信息技术应用对公司制度执行力的影响从中可见一斑。

实行考勤制度，要求职工上班不能迟到、下班不能早退，这是最基本的公司制度之一。当笔者在公司的OA（办公自动化系统）上看到关于次日公司要执行严格的上下班考勤制度的通知的时候，感到很吃惊，因为该公司其时已经成立50年了，按道理说这些基本制度应该早就已经建立起来了，为什么现在才来强调？

当笔者跟该公司ERP项目的技术负责人QHL讨论这件事情的时候，才知道不是考勤制度没有建立起来，而是考勤制度建立起来之后执行效果一直不好，再次强调就是因为反复执行多次，始终无效之后就再次尝试。而且，他预言这次考勤制度的执行也会以失败告终。

过几天之后你可能会感受到（为什么会反复执行了）。（这几天）我们经营管理部、人力资源部、集团办公室会组织人在那个地方（出口）检查一下，检查几天就没了。（QHL）

他认为根本原因就是考勤制度的执行没有用技术来“落地”，而是依靠人，而人执行就会产生监控死角：“你总不可能天天查吧。”而且，人不仅不可能天天查，也不可能全天都查。该公司的员工们已经知道如何应付这种“检查制度”了。

你比如说查迟到，你有两种方式不会被领导抓住，……一个是你早点来上班，就是不迟到；另一个就是你晚点来，多迟到一阵子，你也可以不被抓到。比如说公司是8：30上班，我8：25来没事，因为我没迟到；但是我9：30来也没事，因为检查的人最多就站在门口检查半个小时是吧，我就等他检查的人撤岗了再来，也不会被抓住。所以有时候有的员工要是迟到了又不愿意挨批评，就干脆待到更晚一点来。（QHL）

可见，因为制度的执行主体是人，而人的监控能力是十分有限的，所以有时候反而产生了反效果。

而如果用技术的话，考勤制度就很容易执行："就是一个打卡技术就行了。"该公司下属的一家器件公司就是采用打卡技术来落实同样的考勤制度的，其制度执行结果是"（迟到、早退的）一个都跑不掉"。

从对器件公司与总公司之间考勤制度实施的不同效果的比较来看，执行同样的考勤制度，器件公司利用电子打卡技术，能够严格实施，而总公司采用几个部门的人联合来"盯"的办法，仍然是盯不住，甚至产生了反效果。而且，我们也看见没有技术保障而实施的制度是如何屡次被"执行"却屡次无法执行的。

可见，企业的规范化不是单纯靠制度规定就能实现的，关键是必须有信息技术的支撑，从而将此前制度执行中的"变通"空间控制起来。信息技术的应用在两层意义上挤压了企业制度执行中的可变通空间。一是管理制度依靠信息技术来执行"落地"，技术的应用锁定了制度解释的唯一性，解决了之前制度解释的模糊性问题。二是技术作为制度执行的监督主体具有公正性，避免了之前制度执行中"因人而异"的情况，也消除了制度执行中因为制度执行主体是人而产生的变通空间。**这里的变通空间既包括人为故意制造的变通空间，也包括因为人的监控幅度有限产生监控死角从而让被监控者有了钻空子的空间**。如果制度的执行不依靠信息技术，而依靠传统管理技术条件下考核部门的"监督"，那么制度的执行力就会大打折扣。

再以公司里的"自动清账"规则实施为例。有一条规则是"前款不清，后款不借"，是指企业员工向财务部借款后，未还清此款之前，不能再次从财务部借款。员工出差费用的管理是公司财务管理工作中的很大一块工作。在上 ERP 系统之前，常规工作流程是报账、审核一、审核二，看起来是相互监督，但实际上权责难以落实到人，导致权责不清楚，而且查询和落实制度都与把关员工的态度有关。上 ERP 后，通过 ERP 来管理，真正实现了制度化。员工自己在系统里登录账号，填写事由、代码、借账期、还款期。这些信息就被嵌入 ERP 里面去。系统自动到期设限，到下一次借款时，如果前一笔借款没有归还，那么新的借款就无法借出。即实现了从人力管控到电子系统管控，财务规则从"软"约束转向"硬"约束。

上（ERP）系统之后，信息就透明、及时了，以前模糊的情况就不存在了。我印象很深刻的是，我们刚上 ERP 系统第二年吧，当时系统性能非常差，报账估计半个多小时都不一定报得下来。后来我们去找了一个 SAP 新加坡来的顾问，请他来调系统，当时调通了以后效果很明显。"唰"一下……跟现在的正常报账都差不多了，就是鼠标一点，然后"唰"一下就过去了。当时他们财务部很惊喜，电话打过来第一句就跟我说，调通后效果很明显。因为，当时报账要报半个小时，大家都在那里闹，（他们）的确是很难受的。接着第二句话就说，"你去昆明那 5 000 块钱借款还没还"。呵呵，我这（情况）一下子就露出来了。以前通常是查半天查不出来就不查了。这个事情当时我就记忆很深刻。(JL)

信息技术增强制度刚性还体现在它对领导也形成约束。过去是领导凌驾于制度之上（领导修改制度），这被员工们形容为"朝令夕改"，而且领导级别越高，他"朝令夕改"的权力越大。而信息技术应用之后，通过把制度植入流程而固化了制度，"如果领导再要想改就很麻烦了，因为它涉及整个流程"，这样一来，就变成了领导也要服从流程（制度），制度刚性也延伸到领导群体。

只要是我们前期把我们的管理理念嵌入我们的 ERP 里面去，把我们的制度、流程、方法啊嵌到里面去，然后就算他（这个领导人想）要改变，那我说系统不行，它（制度）就有效了。——我就希望系统做不了，不是人（来说）做不了。就是说逐步想用 ERP 这种工具呢，来约束所有的……领导者和企业的经营者。(JHL)

（三）工作规范化的意识

这种工作中的标准化操作，久而久之在员工们的思想观念中演化为工作"干法"有"定规"的意识，即特定的工作应该经过一套标准化的工作程序进行，也就是工作应该程序化地进行的观念。这种意识或许还没有在企业范围内全面树立起来，但我们能够确认的是它已经萌发。当它被违背时，比如同样的工作，前一次与后一次的操作不同的时候，就会遭遇利益相关者的抱怨。

以笔者在该企业调查期间所遇到的邮箱界面修改事件为例。2008 年 8 月 26 日，该公司相关部门更换了公司邮箱界面，从笔者所在办公室的员工们的反应来看，多数人认为新邮箱界面不方便使用。到了下午，该公司的内部论坛上就出现了表达对新的邮箱界面的强烈不满的帖子。随后几天陆续有帖子跟进，表达对邮箱界面修改的失望。

就这个事情，**一位访谈对象在对笔者回顾了该公司自 2006 年以来的三次邮箱界面修改经历后指出：事实上，信息技术内在的“硬”的程序逻辑也对人们“软”的方面比如工作思维方法提出了将工作步骤程序化、标准化的要求**。这次大家对新邮箱设计界面的强烈不满也包含了对邮箱设计者工作程序不满的成分在里面。在该公司 2007 年的邮箱界面修改中，负责邮箱界面修改的员工建立了一套邮箱界面修改的工作程序：第一步，邮箱界面修改前先在 OA 上发布公告，广泛征求相关用户的意见；第二步，试验性地设计了新的邮箱界面；第三步，进行新邮箱试用，在试用期再次收集用户意见；第四步，根据反馈进行第二次修改；第五步，正式推出新的邮箱界面。但是 2008 年的这次邮箱界面修改工作的程序中却没有收集用户意见的步骤，也没有试用期，就直接推出了新界面。在传统的技术条件下，这种简单粗暴的工作方式有生存空间，是因为岗位与岗位之间的衔接相对松散，一个一般员工岗位上的工作变动较少引发大范围的影响。在传统的企业文化下，工作方式往往“因人而异”，每个人来了做工作都换一个样，大家也习惯应对这样的情况；但是在信息技术条件下，岗位与岗位之间彼此联系紧密，在技术设计上每个岗位都被置入特定的流程，所以一个岗位上的工作变动产生的影响范围大大扩散，牵扯众多岗位。此处的企业邮箱这种平台性、公司范围内的电子系统，它的变动影响更广。而且，彼时经过 9 年多的信息化建设，员工们已经逐渐建立起可预期的、程序化的合作模式，这种“不规范”“非程序化”的操作正是违背了部分员工的这种工作应该怎么做的预设，所以引发了员工们的强烈不满情绪。

这种程序化本质上是一种规则意识，即工作讲规则，也就是说，员工们期待在合作活动中，对方的行动是可预期的。信息技术的应用在员工中建立起一种彼此可预期的合作模式，每一个流程下一步该怎么走，某项任务具体在某个流程的哪个阶段上，这些都是可以随时掌握的信息。而每个人在工作中讲规则就为合作提供了可预期性。如果某个人在自己的工作中不讲规则，就会破坏他人在与他合作中对他的行为预期。如果该个体不讲规则，破坏了这种可预期性，就可能导致合作出现问题。

当然，这种规则意识的建立也是信息技术系统应用对员工们技术规训的结果。通过对员工在身体（操作行为）上的规则化规训，逐渐使规则深入到意识层面，养成“习惯路径”。这是大脑为了“正常化”一种新的刺激（新的技术要求），减轻信息处理量而在大脑中对新的工作要求进行的“模式化”处理。当认知上建立起规则化行动的模式，内心形成对规则的认同，形成与外在规则化行动的匹配，个体才会免于因认知与行为间的不匹配张力而产生的心理焦虑。

> 其实我就觉得不管是操作岗位还是管理岗位哈，大家都有一种感觉就是，原来不太注重规范和不太注重标准化流程的，现在自觉不自觉地就强制性地接受了这种要求。开始是强制的、不习惯的，不愿意，到最后演变成了正常的、常态的行为。其实这样子给企业带来的变化是潜移默化的，如果所有员工都是这种观念，对业务有标准化、规范化业务流程的认识的话，即便你的这个流程还没有进入计算机的强制性的程序里面去，可能他也会规范化操作。我觉得这是企业另外的一个收获吧。(JHD)

工作规范化除了体现于在特定的组织任务的执行中遵循一定的程序之外，也包括组织成员养成良好的工作习惯。比如企业要求员工工作有计划、有日志，这既是为了促进员工整理工作思路，使工作更有条理、更高效率，实现对工作从被动管理到主动管理，也方便上级管理人员对下属实施工作评估以及对相关工作事件进行回顾，是工作职业化的表现。在信息技术应用之前，员工们也有工作计划和日志总结，都是用手写，但是一般也没谁来检查，逐渐地大家就不写了。但是信息化之后，比如公司里上了OA，里面嵌入了“计划”“日志”的模块，则员工每日填写就成为必需的操作，久之形成习惯，进而对观念产生影响。

> 现在我们都会去做日志，我们的工作日志、工作计划、工作总结，我们都通过电子化……我们OA上我们每个人都有工作日志、工作总结。……另外就是计划，（一周）每一天都有计划，就是我们利用周末考虑，星期一来就把自己做的计划摆出来。全部是业务时间来写。业务时间去把自己的计划啊，自己的日志啊，总结啊（填出来），也就是说领导让这些（工作）动作标准化了。……之前2000年也是不可能想到的。就是想到了，但是是（通过）纸质的，大家去写，也是一样的，但你写不写反正也是无所谓，大家工作一忙，写日志就没有人去管。新生事物需要人去管去坚持，但是你要靠人去管就很难了。而（信息）系统就可以强制你去执行，不执行不行，以前你做没做没那么清楚，现在你做没做都摆在那儿，随时可以查。……所以说整个地看

> 起来，这个ERP啊，相关的信息软件啊、工具啊，它会挑战一些理念和一些惯性的管理、惯性的文化，会去挑战的。在这个挑战（过程）中它会去碰撞，如果它通了就过去了，如果没有通被（暂时）堵塞了。……目前这方面也是刚开始吧，但显然这是趋势。(JHL)

组织员工工作规范化意识的培养，跟系统将各个工作嵌入数据流程中，每个岗位上工作的后果透明化有关，这增强了员工在对待工作时的责任心，以及操作中的谨慎态度。

> 过去呢在网上挂数据，就是说我今天销售多少，回款多少，录入进去的财务人员，比如某个销售分公司的财务人员，或库管人员，他录入的今天出库的数据、收款的数据，必须是真实的。过去可能是我反正可以改，有时候不清楚就先填上去再说。现在不行了，因为他一旦传上网，那么这个信息上自董事长，下至搞销售的、搞产品开发的，他都要去看。因为这个信息是面对这个系统的所有人，所有人都可以共享它、使用它、应用它，那么你这个数据错了就导致的结果很恶劣。比如你出库数据错了，那我搞开发的就认为这个产品好呢，那我们就使劲弄；那我们搞市场的核算产量产能的时候看这个卖得好，就给生产部门下指令，给采购部门下订单、下计划等等。那你想你这个数据如果错了，后果是一连串的，是很大的。这个（ERP）系统是说你的一个数据的产生和提供和发布，你必须慎重、真实，你要考虑它的后果，跟以前不同，你现在可以很明确地看到这个后果了。这个呢我还认为它实际上呢是一种责任心。我（们）提供的数据，我们每一个信息提供者必须是认真负责地提供这个信息。(HZL)

二、从资历优先到效率优先

沙因指出，在新的企业文化生成中，它对公司管理层的注意力配置、公司资源及薪酬分配标准，以及招聘、升迁、提拔、调职等职位调整的标准具有重要意义，这属于文化的初级植入机制。[①]

ERP给大鹏公司带来了巨大的效率提升，应用前后差异巨大，对组织员工形成了最直接的冲击，并对公司原有的薪酬分配标准产生影响。以

① Schein, E. H. (1999). *The Corporate Culture Survival Guide: Sense and Nonsense about Culture*. San Francisco, CA: Jossey-Bass Publishers.

采购部的情况为例，ERP的应用，第一是大大缩短了物资采购周期。1998年（1999年公司进入信息化“起步期”），采购部的采购周期是25天到30天。而截至笔者调研的时候，采购周期平均缩短为11～12天，有些物资的采购周期最短的只要2～3天，所有物资中采购周期最长的也不超过30天。库存积压物资的资金占用，原来有15亿～17亿，而现在可以控制在2亿～3亿，降幅高达70%～80%。第二是使得采购部的资金周转周期从原来的18天，缩短到现在的10～11天。对于这些变化，该部门的员工强调说：“这是在同等条件下降低的”。(GJX)

除了使一般工作岗位上普通职员的工作效率显著提高之外，信息技术的应用对管理岗位的影响也被评估为提升了效率。以决策活动为例。管理活动与决策紧密相关，决策是管理活动的核心任务。卡耐基学派（Carnegie School）就将管理定义为将他人工作程式化的非程式化决策（un-programme decision）。[①] 艾夫斯和奥尔森（Ives & Olson）对经理人的研究表明，经理人很难控制自己的日常事务，他们每天的工作，被划分为各种各样的短时间活动，也常常被打乱。[②] 而如果经理人采用信息技术，那么他们会对自己的日常工作安排和人际互动获得更多控制，他们也会变得更有生产效率。那经理人会有更多的时间去做决策吗？明茨伯格（Mintzberg）认为并没有，因为实际上许多决策都是在互动过程中做出的。[③] 但是本研究表明，经理人认为信息技术的应用有助于提高决策质量，如果没有提高决策的效率的话。

首先，信息技术的应用把经理人从日常不定时被插入/中断、情境性回应而无法按计划执行的工作状态中解放出来，经理人的时间和工作安排可以更加“自主”，这有助于促进经理人的全局性、战略性思考，增加其深度思考。第一，信息技术的应用构建了数据库，在不同程度上增加了每个工作终端的信息可获得性，这剥离了过去经理人由于信息汇聚职能而带来的事务性判断决策工作，即过去一部分决策是因为经理人掌握信息而员工不掌握信息的信息分布不均衡导致的，而信息技术的应用释放了经理人的这部分决策性工作。第二，ERP系统结合其他企业信息系统促进办公

---

① Mintzberg, H. (1973). *The Nature of Managerial Work*. New York: Harper & Row.

② Ives, B. & Olson, M. (1981). The nature of the information systems manager's job. *MIS Quarterly*, *5* (4), 49-63.

③ 同①.

自动化以及在线沟通，大幅减少了面对面的沟通[1]，从而保证了经理人工作的连贯性，保证了经理人思考的物理空间和精神空间。第三，数据库的建设为经理人决策提供了更为坚实的数据基础，有助于提升决策的科学性与准确性。

其次，以上变化又是如何促进经理人决策的呢？虽然决策行为看起来确实是在人际互动中完成的，比如在会议中做出决策，经理人在员工就工作做请示的时候做出决策等，但是对于经理人来说，决策实际上经过了一个思虑的过程，当时当地的决策“索引”了此前漫长的一段时间内经理人对相关问题的深度思考或经验积累。经理人的经验是：第一，即使是面对面的即时决策，他们对于有相关经验积累的决策也更有把握；在决策执行及其后果上，他们也自评有更高的效率或更易得到组织配合，让组织满意。这也是常规决策比非常规决策更令他们感觉有把握的原因——常规就意味着情况经过重复形成了相对可遵循的路径、方式、方法、规则，即经验。第二，在非常规决策中，面对曾经思考过相关问题的事务比面对未进行过思考的非常规问题时更有信心。第三，对于参考了足够数据和信息的决策，经理人更有信心；在个人分析与技术辅助处理能力范围内，数据越充分，经理人越有自信做出科学、合理、准确的决策，在决策及其执行过程中他们感受到的“风险压力”也越小。

> 我现在整天就可以坐在电脑前，不像以前需要到处去走，去看，一天到晚都在外面跑。你不跑不了解情况啊，但有些情况你跑了也还是不一定了解。现在你不出去，看系统就知道情况了。也有时间坐下来想一想战略的问题……以前的工作就是老是在凑消息。(JY)

大鹏公司的 ERP 应用，一方面使领导感受到系统对自己管理效率的提升；另一方面，系统应用给公司带来大幅效率提升的例子给员工提供了直接的刺激，让员工从使用技术中感觉获益（比如，减轻了具体工作岗位上的工作量），从而促动员工努力改进工作，充分挖掘信息技术对自己所任岗位的支持作用和提升作用，追求更高的工作效率。而且，更快更好地完成任务、高效率地完成任务本身也是 ERP 的内在要求。由此，公司从上到下、从领导到员工都积极地培养更为高效地工作的意识。

---

① Olson, M. H. (1982). New information technology and organizational culture. *MIS Quarterly*, *6*, 71 - 92.

SWH 是在该公司财务部负责财务部的信息技术开发、应用和维护等工作的信息技术小组的主管。对这种由 ERP 应用驱动的效率意识的影响，他举了一个他的技术小组人员逐渐精简的例子来说明。

> **ERP 带来的影响最明显的就是效率提高了，人减少了。大家都要讲效率了，这跟信息系统是息息相关的**。领导刻意来要求我们都用信息系统来开展工作，然后流程标准化了，人就不需要那么多了。举个例子，我们那个组原来是 4 个人，后来是 3 个人，现在就两个人了。我们两个人再把有些业务标准化了以后，有些是系统可以自动完成的，不需要手工完成的，有些手工的工作逐渐把它优化了，那么就又会减员。我们最大的目的就是把自己优化掉（一个人都不剩了）。(SWH)

效率提升被认定为 ERP 给企业带来的一个直观的收益。效率也是组织员工目前在意识层面共享的，理解企业该如何组织起来、劳动报酬该如何分配等问题的指导性规则。现在，当一名员工被期待以某种方式来完成某项工作的时候，他会顺应这种期待是因为“这是有效率的做法”；做同一单位时间内的工作，当员工 A 比员工 B 的工资、奖金等收入更高的时候，员工们能够认可的解释就是“因为 A 比 B 的工作效率更高，创造的价值更多”。**但是在此前的企业里，员工们对这些同类现象的理解是不同的**。过去，当一名员工被期待以某种方式来完成某项工作的时候，他会顺应这种期待是因为“这是上级领导或师傅要求的做法”；做同一单位时间内的工作，当员工 A 比员工 B 的工资、奖金等收入更高的时候，员工们能够认可的解释就是“因为 A 比 B 的资历更老（进公司更早，或者 A 是正式工、B 是非正式员工这种身份差异），对公司的贡献更大”。

我们从语言分析中可以发现，效率标准相比于在企业运作中可能存在的其他标准，比如资历标准，已经取得了绝对优势的地位。[①] 这里的资历还包括身份的内涵，比如意识形态下的正式工身份，它所内含的工人作为企业主人的象征性意义曾经是推动该企业从无到有、从萌芽到如今繁盛的最深层动力。在该公司语境中，正式工与合同工内在的意义体系的差异导

① 当然，这或许正是一个追求盈利的企业组织应该推崇与极力追求的，追求效率正是企业的“正道”。但是我们应该警惕的是，这是站在企业的立场上来说的，而且是就企业在现时环境中的立场而言的；如果站在企业员工的角度，尤其是对那些生活在“国企”时期、被“员工即国企主人”的意识形态笼罩的老员工来说，这种用人只讲效率而不及其余的文化，只不过是赤裸裸的“资本主义”的“剥夺之道”。

致了对加班等组织行为的不同认识。根据老员工 LW 的介绍，员工是不是“正式职工”的身份差异也对应了员工在工作态度上的差异。

> 新员工怨言比较多，劳务工怨言比较多。以前的老员工还是沿袭了以前的老传统。你要说礼拜六来加个班、值个班，好像（他们）心里没有觉得不应该啊。说来就来了。有事来了，没事也来了。不存在这些（加班有没有加班费的计较）。(LW)

当笔者在访谈中提出一个问题“ERP 给企业带来了什么样的改变”时，几乎所有被访对象首先强调的都是 ERP“带来了效率的极大提升”。当被访者们不假思索地从嘴里蹦出“效率”这个词时，我相信，伴随 ERP 应用所带来的客观可见的效率提升，它也在企业员工心中树立起了效率至上的薪酬分配意识。

而效率意识在公司范围内被确立起来，是战胜与效率意识相对的那些价值观的结果。**从发生在该公司内部新老员工之间的一场关于“合同工应不应该拿得比正式工多”的争论中，可以明显地看到这两种观念之间的直接对抗。正式工与合同工之间的身份以及与之相联系的福利制度差异的消解，在某种程度上正是这种企业经营效率至上观念在公司范围内取得胜利的结果。**

> 我知道现在车间的那些老工人跟那些合同工是一致的。**这个理论上是应该的，同工同酬嘛，但是大家感情上受不了。**(LW)
>
> 他们（老员工）就说你们为啥子一个月都拿 1 000 多 2 000 块钱，我们都工作十几二十年了才每个月拿 1 000 多块钱？……我就去跟他们辩论，别人不敢跟他们去说，我就敢。我跟他们讲两个观点：第一个，这是企业；第二个你要是不满，我们两个现在来比。说句不伤你自尊心的话，我们可以比赛嘛，做同一件事情来比赛，看看到底谁的效率高，你就知道哪个该拿好多钱了嘛，说不定这个差距还会更大。我那么跟他们讲，他们就不说话了。(GJX)
>
> 国企呢有些包袱，**原来有些所谓正式工的观念，还觉得我应该有铁饭碗。其实我觉得现在还有铁饭碗的意识是很可笑的一件事情。**很可笑！……公司已经做了很大的努力（改变这种思想），但是仍然摆脱不了这个问题。就是你刚才说的，考评结果出来后，Ok，不行，你达不到我的标准。我经过一个评审团，哪怕我有一个评审团，出现一个评审结果，但还是不能痛痛快快地说：我把你给开掉。(JH)

LW 是公司里的一位老员工，目前在公司从事新员工培训和薪酬制度管理工作。他 1982 年进厂工作至今（即笔者访谈时的时间），工龄长达 27

年，是老资格的员工。他今年49岁，公司里像他这样的情况，既非高层领导，而且年龄超过45岁，还能继续留任企业的，并不多见。由此也可见，相比于那些与他同龄甚至比他年轻却被淘汰离开企业的同事们，他显然更能适应这个新的技术环境。从他的问卷填答及访谈的情况来看，他持有积极开放的心态，爱好学习新知，不但能适应信息技术条件下的工作新要求，而且在工作中正积极地谋划通过信息技术来改进自己的工作（薪酬管理）。但是他那句“这个理论上是应该的，同工同酬嘛”却反映出他内在的意识体系的矛盾性（效率意识与资历意识——我们用这个词来命名老员工心中与效率意识对立的关于工作奖罚依据的意识，其内涵既包括曾经作为正式职工的身份资格，也包括指称在该公司长年任职而做出累积性的贡献的情况），**这正是他作为两种对抗的意识体系的“跨界人”内在意识体系的矛盾性特征**。而年仅30岁出头的GJX，他的内在意识体系是没有矛盾的，他积极地行动起来，干别人所不敢为，去跟老员工们辩论。这是他对自己所信奉的效率意识的维护，是对效率意识的一次公开宣称，也是对公司里整个信奉效率至上的群体的利益的一次代言。当他在跟我描述那个境况的时候，他语气铿锵、“正气凛然”。这些都是他对效率意识的深度认同使然。

当这个话题出现之后，两位访谈对象就此延续下去的话题越发显示了他们彼此立场的殊异。至此，LW内心深层认同的意识也从矛盾走向清晰，真正显露出他内心的立场。在说出同工同酬理论上是应该的之后，LW转而开始论证正式工与合同工为什么不应该同工同酬，然后明确得出同工同酬不科学的结论，接着又带有感情色彩地批判“合同工也与正式工一样上保险”的国家政策“不科学”，最后落脚在“国家（这个）大的方面，我觉得不科学。很多（论证这个政策有理的）专家我看也是跟形势走，今天一个样，明天一个样”。

而GJX在宣称与老员工辩论之后紧接着就是对老国企现象的继续批判，而老国企那些现象背后反映的文化意识正好是与资历文化具有内在融洽性的人情文化。①

① 资历文化与人情文化的这种内在融洽性，本质上都在一定程度上内含了时间累积效应。我们可以参照公司里的一句俗语来理解——“不长你辈也要长你岁”。这说的是新老员工之间存在基于时间累积的不平等，它与GJX宣称的“效率面前人人平等”是截然对立的。事实上，我们在对该公司的中层领导的访谈中发现，他们对待那些不能适应新的信息技术工作环境的老员工的态度往往遭遇这样的意识困境——是要尊重老员工在公司的资历，容忍他的低效率呢，还是基于效率规则将他调换岗位（往往也意味着降职），甚至直接让他退出企业？这个标准究竟该如何选择？其中折中的度在哪里？这个意识之间的矛盾，是他们仍然没有完全解决好的问题。

> 有时候我会比较激进地来想这个问题。我曾经也管过一个项目，下面有很多很多业务。我很想去找领导说我宁愿我们这个团队是7个人而不是8个人，因为8个人干事情更慢，做的事情更少，因为这7个人要等他或者要去指导他。而7个人一起去指导他，他又不晓得该怎么做了，把工作都耽误了。这是个例子。我们这个企业还有些比较老的东西给我们带来些包袱，让我们不能快速发展。……多的那个人该干吗干吗去呗，他自己都应该惭愧，都不能给企业带来效益了，企业还给他工资，他还说对他不公平。(GJX)

GJX以"我那么跟他们讲，他们就不说话了"来结束他对于辩论场景的描述，具有典型的象征意义，那代表着效率意识对资历意识的胜利。

而谈到国企里的"正式工""铁饭碗"的思想包袱的那位被访者JH，是该公司财务部的一位副总，35岁左右的女性，做事风格泼辣。她的那番话是她的深切体验，因为她不得不经常面对部门人员调整的工作。所谓调整，主要是将那些不适应新技术条件下新的岗位要求的人重新安排工作。在那番话之后她给出了一个例子，某部门有一位老员工工作效率跟不上，大家都要等他，她忍受了很久就找他来谈话，叫他加强学习，但是他老是跟不上，她又找他谈话。刚开始她自己还觉得愧疚，"人家那么大年纪"，"在公司又那么多年了"，"说得人家老泪纵横"，"但是不说又不行，我心里藏着憋着难受"，"还是要说"。

相比于LW在访谈中所展现出来的内心活动——从效率意识合法转移到资历意识更合法的过程，JH在对效率低下的老员工的处理问题上则展现了相反的过程——从资历意识合法转移到效率意识更合法。

我们用一个图（图3-1）来展示这三位在不同岗位上、拥有不同年龄和生活背景的员工在接受笔者访谈时所展现出来的对于公司在管理工作中应该遵循效率意识还是资历意识的一个认知澄清过程。这是关于"合同工应不应该比正式工拿得多"，以及当一个老员工不能达到新的岗位要求时，是根据效率标准让他离职，还是根据资历标准，容忍他的低效率让他继续留岗的认知澄清。

图3-1是对LW、JH和GJX的谈话进行语义分析的图。在这个图中，两条虚线分别表示被访者谈话中所表现出来的对工作评估的效率意识取向和资历意识取向。笔者对每个被访者在该问题上的整个论述过程按照其内在表达的不同意涵来划分语段。每个语段的中心含义取向用箭头线表

示：当该语段的中心含义取向为效率意识，则箭头线处于“效率意识”的虚线上；当该语段的中心含义取向为资历意识，则箭头线处于代表“资历意识”的虚线上。其中箭头表示语义演进的方向；线段的粗细表示语气强烈程度，即语气越强烈、被访者的表达越肯定，线条就越粗、越黑。从代表每个被访者在各个语段中的中心含义的箭头线前后相对位置的变化，我们就可以清楚地看出被访者在叙述过程中澄清相关认知的路线图。

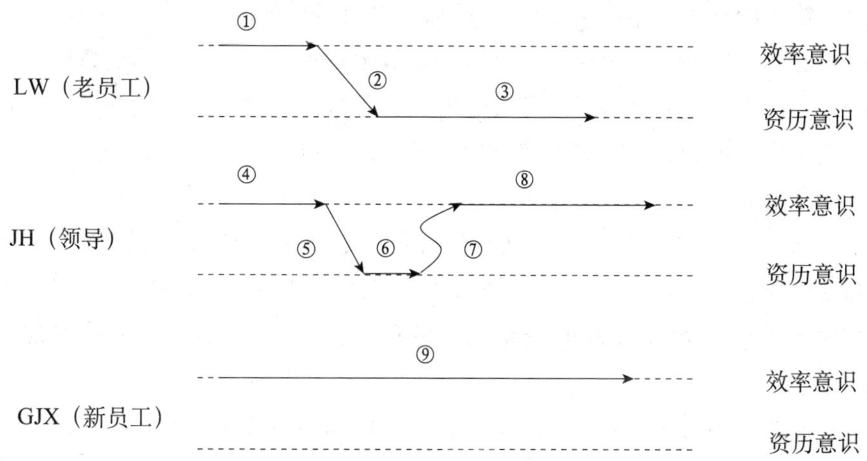

图 3－1　组织成员对薪酬分配中效率优先还是资历优先的认知澄清路线图（语义演进过程）

①②③表达了 LW 作为一个对新技术条件下的岗位工作胜任良好的老员工，在面对工作评估当遵循效率意识还是资历意识时内心的意识认知澄清过程。①他从效率取向是应然出发，转折到第二阶段②“但是感情上接受不了”，然后③他开始阐述为什么“感情上”接受不了，以及“道理上”（逻辑上）效率优先而不是资历优先是“不科学”的，然后就停留在“资历意识”的线条上，持续演进，表达了他内心的信念。

作为管理者的 JH 的语义过程就比较复杂，因为她必须面对两类员工，这两类员工代表了两种管理方式，也代表了两种不同的意识体系。她要做的不是像具体工作岗位上的一般员工那样只是表达自己的认同和偏好就行，她比一般工作岗位上的员工更清楚两种管理方式中人们在观念上的差异，并且需要协调这些差异。所以我们就看到她的认知澄清过程更为复杂。④表示她从表达自己内心认同效率意识开始，当她意识到某位老员工不能适应新技术条件下的岗位工作要求，效率跟不上时，她觉得按照效率规则就应该让他离岗；但是她内心经历过的资历意识这时候跳了出来，她的意识参照开始发生转移⑤，“人家那么大年纪”“在公司又那么多年了”，这就进行到⑥，她考虑到与效率意识相对的资历意识；但是⑦“不说又不行”“还是要说”（这个最终表达出来的过程是经历过内心的挣扎的，在图中表现为曲线），要⑧对他进行教育和实施惩罚，并清楚地认知到在绩效评估中讲“身份”、讲资历是“很可笑”的做法。也就是说，她最后落脚在效率意识那条线上。

箭头线⑨表达了 GJX 的认知过程。作为采购部的一名一般工作人员，他内心的认知很清楚，毫不犹豫地坚持效率意识。他认为公司的资源与薪酬分配，不管是升迁还是工资奖金发放，都应该是效率绝对优先，而讲资历则是应该被抛弃的陈腐观念。所以整个表达过程，他始终处于效率意识的线条上。

从图 3－1 中，**我们清楚地看到公司内部存在的针对利益分配的两种对立的意识，并且效率意识已经明显地战胜了资历意识，在 ERP 带来的巨大而显见的效率提升的冲击下，效率至上观已经在公司范围内建立起来。**

需要说明的是，效率意识战胜资历意识固然也可能有来自其他因素的影响，而且此前的组织文化中也有效率要素，但是 ERP 所起的作用是让员工们看到“效率”是可以追求得到的。他们有了赖以实现“效率”的工具，而且这种工作效率的提升让他们获益，所以对他们形成了在工作实践中追求效率、在组织价值序列中提升效率价值优先性的刺激。

三、从形式主义到价值务实

角色示范也是沙因提到的一种重要的文化初级植入机制。[①] 一个企业的文化变迁必然涉及示范角色形象的变迁。示范角色就是人们日常生活中常说的“榜样”，它往往引导群体的行为方向。

所谓形式主义是指在传统的技术条件下，员工工作评估或公司收益评估是根据外在形式、表现进行定性评估。比如对员工工作绩效的评估指标是工作时长、工作态度等，员工如果经常主动加班，就代表他是好员工；又比如，公司评估收益的指标是看销量，月度或季度销售了多少产品。而所谓价值务实，就是以终端产出的利润价值来评估前端的员工工作或进行

---

① Schein, E. H.（1985）. *Organizational Culture and Leadership*: *A Dynamic View*（1st ed.）. San Francisco, CA: Jossey-Bass Publishers.

公司收益评估。在这样的意识驱动下，公司职员的绩效评估以及公司的收益评估等都发生了改变。比如，是不是好员工主要不再看其工作时长、工作态度，而是参考其在一定时间内具体完成的工作量，从形式主义的考核转向务实的考核。又比如，公司评估收益的指标已经不再是销量，而是财务上的利润指标。这种伴随信息技术应用而产生的新“好员工”形象，为组织员工指引着工作的方向。

对比公司的研发人员在信息技术应用前后的创新行为，可以明显地看出员工们是如何**从形式主义的创新观转变到以市场为导向的价值务实创新观**的。

研发部门是公司的重要部门，它的一项重要工作就是进行产品设计创新。创新是企业活力之源，公司一直以来都有鼓励创新的激励制度。在信息技术应用之前，公司存在大量形式主义的创新。“有的创新不但毫无价值，甚至还可能造成浪费。”比如电视机的设计创新，曾经把电视机的AV端口从三角形的改成正方形的，就是一个创新；比如电视机的接口仍然是标准接口，但是把多个接口之间的摆放位置调换一下也是一个创新；还有进行螺钉创新的，“曾经我们用的螺钉有一百多种，然后还有电源线，你就觉得这个创新是很荒唐的。那个东西也要创新。多的时候也搞了一百多种花样”。(XL)

形式主义地为了创新而创新，这既跟企业的文化观念有关，比如该企业本身缺乏对价值的关注，也跟过去无法实现价值追问的绩效考核制度有关。创新是企业应对市场变化的策略，但是如果没有信息系统支撑来测量研发人员所设计产品的市场价值，研发人员通常就为了创新而创新，因为创新往往成为他们设计人员存在的意义，而且公司对创新有激励制度，创新可以带来个人收益。

公司购买的ERP是来自SAP的以财务模块为核心的软件模块包，这对公司生产经营活动转变为以价值为导向有两点影响。第一，以财务为核心本身就要求高度重视财务数据和财务标准，而财务标准的核心就是收益与成本、利润和价值。第二，通过ERP带来的绩效管理软件，直接以价值创造为存在意义的工作岗位上的员工的价值被量化，变得可精确衡量。比如，研发人员的创新设计直接面对市场考验，且市场“盈利”状况进入研发人员的绩效考核，而不是原来的研发“行为”进入考核。在建立在信息系统基础上的新的绩效制度的引导下，研发人员的行为发生转变：在创新设计链中，从原来的后端跑到了前端，从被动接受项目书在办公室设计

到主动进行市场调研，自主开发创新项目，从而逐步形成以价值为导向的创新思路。（见图 3－2－1 和图 3－2－2）

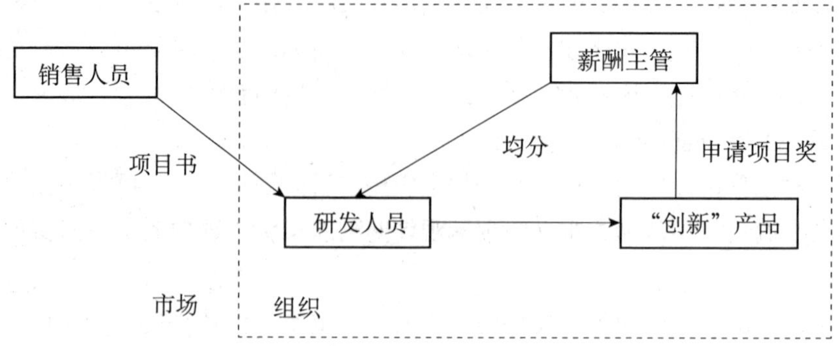

图 3－2－1　信息技术应用前的研发设计路径

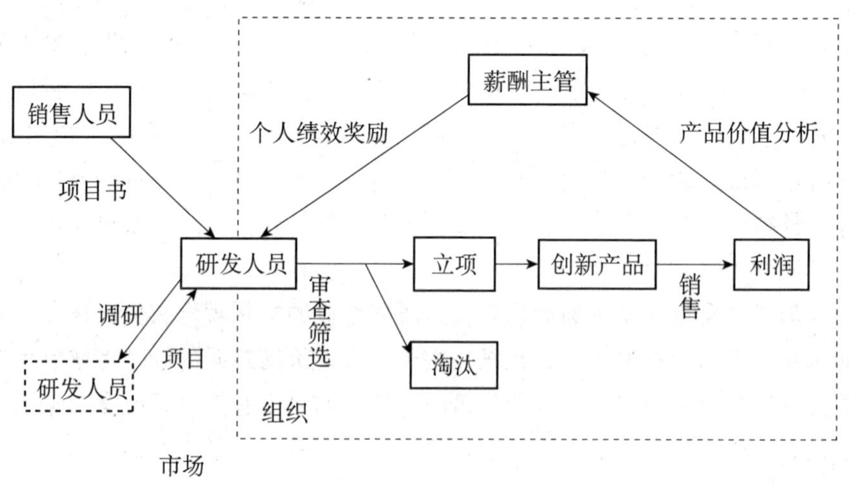

图 3－2－2　信息技术应用后的研发设计路径

这相当于把研发人员的工作方式都改变了。以前是拿项目奖嘛，前端设计输入，我们的销售人员说我要这样的外观、这样的功能，对吧？因为可能 TCL 有了，康佳有了，把它设计成一个项目书，交给研发人员。**设计人员就根据项目书搞设计**。有时候设计出来了，就落后了，人家也不用了。你自己给我项目书，**我来设计，只要达到项目设计要求，你就得给我项目奖啊，对不对？他不管市场。这个东西到底好不好卖，实不实用，他不关心。**把前端让给市场人员去做了，这是不对的。**（现在）要把研发人员放到前面去，以前是跟踪式的嘛，**

人家有什么东西我就跟着开发什么东西，现在反过来了，你自己要做开拓性的工作。你要去了解消费者需要什么东西，你要去了解市场，你要观察这个东西好不好卖，能不能挣钱。就是把研发人员从尾巴调到前端去了，从办公室赶到市场里面去了。

这一点来说，我们看到在转变，研发人员说他要跑市场了。他去搞那个消费调查，可能还要到海外去看看。以前没有。**就是系统的数据支撑了我们。这也是我们绩效考核创新的依据。我可以对每个机型每个阶段的盈利情况、销售情况都有个清晰的把握。**（LW）

对价值创新（利润）的关注，一方面是通过 ERP 系统里前端生产/设计输入—后端产品/市场表现之间的清晰可查的数据链条来展示，从而促使人们从观念上予以重视；另一方面也是通过强有力的成本控制来约束、改造之前的高成本举动。也就是说，ERP 通过责任中心的划分，包括成本中心和利润中心，加上公司相应的制度变革，包括管理思想的改变，推动了价值（利润）至上观念的确立。

再一个是必须通过物料的管理，它是比较规范的。这种规范化的管理使得在成本核算这些方面，就能做到更加准确及时。那么技术研发部门过去有什么毛病呢？他这个设计师为了标新立异，这个元器件本来可以用标准件，他非要把它整成个特殊的，他自己设计一个。比如散热板，有标准件用，他不用，他自己画一个图，来设计。那么在技术管理方面，ERP 也提供了一些规则，比如要求你设计师必须把 BOM（物料）清单给我拿出来。那么过去设计师是不提供清单的啊，他只提供给采购用。……现在必须到系统里去维护这个东西。你不维护这些东西的话，就不行。再加上 ERP 本身要求规范化的东西，对设计啊他们一些工作人员的工作方式都带来一些改变。就是你设计师设计一个产品出来，如果被市场否决了，依然显示不出你的成果。创新不是为了创新而创新，是为了创造价值。同样，销售部门不是说你把产品卖出去就是功臣，要赚钱地卖出去。（XY）

ERP 在大鹏公司的应用，有两个物理特点对大鹏公司以市场为导向的意识的确立影响巨大。第一是 ERP 的应用使得工作信息电子化，即工作在电子平台上进行，工作信息以数据形式存在，建立了强大的数据库；第二是 ERP 的价值流的设计理念使得每一件产品的成本和每类产品所产生的价值都可清晰计算。

我们看到，LW 反复强调是系统的数据支撑了研发人员绩效考核制度的创新，由此才发生了企业研发人员研发工作的导向转变：以市场为导向，从形式主义的创新观转向价值务实的创新观。而这种变化并不仅仅在研发人员中发生，下面将介绍的 ERP 中的 KPI（key performance indicator，关键绩效指标）绩效定量考核工具对销售人员工作主动性的改变，同样可以视作 ERP 在组织员工中培养起来价值务实观的例子。

在信息技术应用之前，那些拥有“肯干”工作形象的人是员工的榜样；而在信息技术应用之后，那些能创造利润的人才是新的英雄。好员工的定义不再重视劳动投入指标，而是重视产出指标。而产出同样的价值，员工投入时间越短、劳动越少，则越是好员工。

当然，信息技术的应用跟企业建立价值务实观有关，不过这个变化同样可能是另外的原因导致的。或许以市场为导向、以价值为考核指标、推行务实的工作态度，本身就是企业适应市场而计划建立的企业文化，但是如果没有信息技术的辅助，这种文化显然难以生成。可见，技术既可能是在强制或规训的意义上促发企业文化的转型，也可能是在提供辅助工具的意义上促使企业文化发生转变。这里笔者试图表达的逻辑是，ERP 与企业信息技术的转变相关，为后者提供了条件，但它也是结合制度变迁以及管理层直接的观念引导等其他因素来共同发挥作用的，甚至连组织的外在市场环境、技术环境和政策环境等都在发挥作用，即企业信息技术发生转变是多因素交互作用的结果。

四、从消极被动到积极主动

（一）信息公开基础上的工作自主

问卷调查发现，大鹏公司的员工们目前在工作中拥有较大的自主空间。员工“通常能够自主获取的信息占工作中所需信息的比例”是 65.3%。“工作中能够自己做主的情况占总体工作量的比例”的平均值为 61.4%。[①]

JL 是财务部负责采购成本控制工作的。他以前负责这块工作时，必须每天打电话，四处去问信息。因为要开展工作，信息是基础，而采购部交过来的报表中，那些数据要么需要重新核实，要么有缺失，都需要到处

① 这里所列数据是对信息技术应用环境下的员工工作方式的调查数据进行统计所得，用作大致情况的参考。样本量为 72，刨除无回答的 3 份问卷，该题上的有效回答为 69 条。

打电话去问人。而现在在ERP系统里面操作，只要属于他岗位上的工作应该了解的信息，系统都会给他配置相应的权限。他现在每天都可以看到什么原料采购了多少，这个价格跟原来比又是什么样子，是涨价了还是降价了，都可以直接从系统里看到。

而采购部的员工ZYW也感受到了同样的变化。在信息技术应用之前，他的工作就是天天打电话：要给库房打电话，询问哪些物料还有货，哪些物料没货了；要给生产计划处打电话，询问最新的生产计划以及相应的物料需求是什么，物料单是否发生更改；要给供应商打电话，询问之前的采购到货了没有，公司财务部跟供应商的结算情况如何。所有这些信息都必须通过打电话或者自己亲自去找人查询来获取。但是信息技术应用以后，这些信息都在系统里面，他要做的事情就是通过系统相关的数据入口去查询。“现在我就不用一栏一栏去问，去找谁。根本就不用了，我就能掌握我原来要通过很多道程序去查询的（信息）。”（ZYW）

信息技术应用所带来的工作信息的公开、共享和透明化，客观上为员工积极主动地工作走在“任务”前面提供了必要条件。信息技术应用使得信息以权限设置的方式进行分配，员工对于权限范围内的，通常就是自己工作所需要的信息能够自主获取，并且能够“在一定大的原则下”自由决策。

> 这（ERP系统）就要求你站到比较高的高度去系统性地思索你的采购、销售和生产之间的关系。在这个过程中，它那些管理理念对个人来说也是个提高。对个人系统思考的习惯啊就带来一些影响。从全局（出发去）看待自己的工作，在时间和空间上更有纵深。（XY）
>
> 有信息技术了，我们就能自己管理自己。这什么意思呢？我们看指标，有很多指标，（比如）整机、成本差异率这些东西。假设你看这个东西，预测下个月生产整机，投入多少费用、人力，投入多少动力啊水电气啊，都要预算进去。如果你预算进去不对，如果你预计生产四万台，结果你只生产了三万台，这个差距就非常大。那么你可以看这个指标，知道自己预测不对，那么算出来就不准。那怎么不对啊，自己就要思考，就要自己管理自己，我下次要注意了。假设预测电视机这个屏到（货）了多少，放不放假，人力资源怎么样，动力资源怎么样，这样综合考虑，预测下个月的东西，怎么做出来才对。这是大的方面啊，现在你可以自己（主动）做，不像原来的时候哦，你

三万就三万吧四万就四万吧，错了就错了。……原来（因为）你根本不知道这个东西，系统里面（前后）看不到，你要（自己估摸着）去报（预算），报呢可能啊，我觉得我做对了，但是怎么知道你做对了，过程中有没有问题。现在这个预测衔接进去，进去之后你不能改啊，到一个月之后它自动地就会产生这个指标出来啊。就说我现在体会比较深的是，哪个地方不对，做得不好，那这个指标值就不会好。它很直观地反映出来。……他就拼命地想把这个做好，更多地动脑筋，原来可能有这个“反正做三万做五万”没有什么关系（的想法）。因为你看不到前后直接的因果联系，不对了呢责任可以推出去。(CZC)

另外，信息透明化，加上制度规定，对员工行为形成客观约束，员工“必须主动”，更加负责。

它系统就这样，系统不会造假。做好这个东西，没谁管你这个东西，都是你自己做的（你必须自己负责）啊。就是通过这些东西之后，人的进步很大。原来物流啊，我们说个真心话，插件的那些就是高中生、初中生……插件嘛，往印制板上插元器件嘛，原来的那些人素质不是很高的，很高的你也给不起钱啊。你看，你不可能招个大学生来啊，（那么这些人）素质高还是低你不知道。什么意思呢？原来可能这个元器件到处散着，他就不管了，现在不管都不行。你的料领到车间，为什么不在了呢？他自己就要，从车间一层一层地主动关心这个问题。车间的财务、统计、材料班还有线长，他就主动地管这个东西。因为你缺件了的话，就是自己停产，停产就没有产量，没产量就没有工资。我们是计件嘛，一件多少钱。如果没有产量，他就没有钱，没钱就着急啊，怎么没有生产的东西呢？系统显示你要了1 000个，你的报废率只能有100个是嘛，就是操作空间特别小；还有你什么理由报废，还要在系统里把这个账做进去。说穿了就是，你拿了多少物料、消耗了多少、报废了多少、库存多少——要搞清楚，所以比较精细嘛，精细化管理的。他自己要符合这个新的条件，就主动调整（行为），主动管理（工作）。(CZC)

当然，这是从技术在物理逻辑上可能实现的员工占有信息的客观能力，而如果企业内部有决策权的公司领导并不愿意接受这种信息公开、透明、共享的安排，那么它也不可能实现。因此说，这种技术安排变为现实，既是技术的物理逻辑发挥作用的结果，也是同样是组织行动者在组织实践层面配合的结果。在后面第四章“IT 应用中的文化调适”第二节“上下级关系变迁”中，我们就可以看到领导群体是如何调适自己，以促使这种信息技术提升员工工作自主性的技术设计变为现实的。

（二）KPI 考核明确目标

信息系统提供的庞大数据及强大的分析功能实现了在人力资源管理上的 KPI 考核。绩效考核工具的计算能力大大增强，这对员工的工作行为产生了影响。

LW 是多媒体产业公司的绩效薪酬主管，他谈了自己的“新工具”是如何帮助营销人员找到正确的工作方向、厘清工作思路的。现在他所采用的 **KPI 是将营销人员的工作绩效目标分解成若干可量化的指标，比如销售规模、同比增长、盈利状况等等。而且每个指标都为营销人员提供一个方向性的、指标性的数据，营销人员可以自己去做数据分析，然后通过对比自己的任务指标来检验自己的工作绩效，哪些指标做得好，哪些做得不好，在下一阶段相应的工作应该加强。**比如可能出现一种情况，这个月销售员 A 的销售量增长了，但是分析出来，毛利却降低了。去找原因，就可能发现是销售结构不合理，高端产品卖得太少，低端产品卖得太多。这就会提示他在下一阶段的工作中应该注意想办法多销售一些高端产品。这样子就可以对销售人员的工作形成很强的实践导向。现在销售人员就会针对各个具体指标来规划自己的工作，考虑各个指标之间的平衡。“现在他们对销售规模就比较关心，利润你要关心，资金周转要关心，存货周转你要关心，你的费用要关心，还有商损机、你的样机啊之类的，你都要关心。”（LW）

但是在信息系统深入应用之前的情况就不同于此。差异最大的有两点：一是考核指标不全，往往只能关注一个，比如销量、市场份额，因为信息不全，就不可能精细地将各个相关绩效点算进去。二是关键性的考核指标总是变动的，今年是销量，明年是利润。总公司所辖全国各地分公司的指标也存在“各自为政”的情况。而且没有数据用于分析，对下一步的工作缺乏针对性的指导。“可能这个公司关心销量，但是可能还亏损，大家没有工资拿。另外一个分公司可能做利润去了，做到一定时期利润是高了，可是市场丢了，量下来了，也不行。另外一个公司就是大量铺那些低端机，把公司的品牌（形象）拉低了。”在这样的情况下，销售人员的工作“没有一个旗帜”，各自的思路不一样。“很多人不是为了一个目标去工作，而是为了一种习惯去做。或者是看自己的专长，我专长于市场开发，那我就去搞市场开发，我专长于卖低价机我就专门卖低价机。”这种情况的演变就导致了“管理无效”。

> 那么KPI指标考核体系建立在信息系统之上，没有这个信息系统支撑，我的数据没有。今年上半年我们的情况好些，但是全国整个销售状况同比比较低。那么下半年就有重点了。大家增加利润的同时，要增加销量，要增大市场占有量。就是指标关注的权重改了，根据销售的情况，可能这个时候我关注利润，这个时候我关注销量，可能我下个时候关注资金的周转。这对员工的思想、行为、观念改变非常大。（LW）

当然，员工工作态度的转变还跟相应配套的激励制度有关。也就是说，如果员工积极的后果是获益而非支付成本，而员工消极的后果是支付成本而非获益，那么便能激发员工持续积极主动的工作态度。从大鹏公司的情况来看，在信息技术应用之前，存在不少工作不积极的情形。“因为你做好了没人给你发奖”，而且在那种做对了没人表扬、做错了却有人追究的情况下，员工们的工作行为取向是消极“避害”，即工作只是要保证尽量不犯错，而不是谋求改进。在这一点上，信息技术应用前后，大鹏公司员工的工作态度发生了从消极到积极的转变，也可以说是信息系统的应用激发了组织员工们内心潜在的、被原来的不良的管理体制和企业文化束缚住的工作主动性。“因为有数据了嘛。我就可以根据你的薪酬目标收入，我们说的岗位工资，根据你的KPI数据算出你的收入，我可以算，你自己也可以算。做得好，收入高，大家不都积极了吗?”（LW）

员工工作积极、主动，还跟KPI将每个岗位的职责明确下来，责任到人有关。而且，信息共享、工作流程化，那么任何一项工作若出现问题，卡在哪个位置，或者流程走慢了是谁的责任，这些信息都能够清楚地反映出来，而且随时可以回溯查询，责任认定就清晰而且容易。这种信息技术应用带来的监控程度的提升也促使员工更积极主动地完成工作，因为“反正都是自己的事情，你做没有做，做得好不好，大家都看得见”。（GJX）

此外，绩效考核直接跟公司每年的裁员有关。信息系统的应用带来效率提升，公司范围内每年都“裁员”，这对员工形成压力，促使他们积极主动地干好本职工作，并且加强学习。

> 这个（ERP）系统让很多工作简化了，不需要那么多人员了。那你要想留在这个单位的话，你认为这个单位很好，你就要想办法多学

习，向其他岗位学习。如果优化到你的话，你不会丢了饭碗，你还可以在公司找到其他岗位。这个岗位一旦被优化掉，人家 ERP 里面取消你这个岗位了，（如果）优化掉你这个岗位了，你啥子都不懂的话，你下岗了再就业就麻烦了。（我们）潜意识里压力很大，在工作态度上更积极、更主动了。（XMJ）

可见，KPI 考核对员工工作态度的转变的影响，主要是通过以下逻辑路径产生的：一是 KPI 将每个岗位上的工作职责分解为具体指标，使得员工目标明确。二是通过 KPI 的定量绩效考核，每个员工在同类岗位中的绩效排名十分清楚，由此形成竞争，激发员工的上进心。三是绩效考评与相关的激励制度及淘汰制度配套，对员工产生激励和约束。

（三）信息技术文化的渗透

在本章第一节中我们论述了信息技术可能具有的一些文化内涵，比如进取。而信息技术的文化内涵是技术与使用者合作完成的，既是技术设计者在设计中赋予的，也是使用者在使用中的理解赋予的。

比如说，如果技术设计者设想技术的使用者是一个喜欢追求效率的群体，那么他会在技术各个环节之间设置更短的反应时间，这就促使使用者提高工作处理速度。（而如果技术设计者设想使用者是一个喜欢悠闲的群体，那么他就会把各个工作环节之间的反应时间设置得更长。）如果使用者认同设计者设计到技术中的效率意识，那么他就会没有异议地训练自己达到系统的速度要求，并且，即便他达到了要求的速度，他还会追求更高的效率。而如果使用者并不认同技术中的效率意识，他就可能会把技术要求的速度解释为“逼迫”，从而可能产生对技术的改造行为。这样，技术的应用可能就不能实现其功能。但是，这个逻辑里面有一个假设，就是使用者的观念是稳定不变的。而如果使用者的观念是可变的，那么技术就可能改造技术使用者的观念。至于其中的边界条件是什么，后面第六章“技术应用成功的组织合法性条件”将做回答。

从访谈的情况来看，信息技术在大鹏公司被赋予了学习和进取的文化内涵。

XL_2现在是多媒体产业公司负责财务数据整理工作的员工，1990 年进入公司，1992 年进入公司销售部。后来公司发生组织机构改组，原来的销售部独立出来，成立了多媒体产业公司，他也跟着进入了多媒体产业公司，也就是说，他一直就在公司的销售团队里工作，迄今已经 16 年，而且基本上一直负责财务数据的整理工作。根据我们的划分法，在公司信息化之前，他在传统的企业文化下工作了10年，在转变后的公司文化中工作了8年。[①] 从他身上所发生的转变，我们可以清晰地看到同一位员工在同一岗位上，面对前后两种技术条件，行为方式和思想观念上的差异。

XL_2向我介绍信息技术应用之前他的工作状态的时候，用了一个“混”字，他说这是最准确地说明他当年的工作思想的词。一来那个时候“好像大家都这样”，二来他每天只需要形式上在工作就行。他的工作是给上级领导提供报表，但是实际上他收集的数据是否准确，领导的决策是否真的就以此为严肃的依据，这些都没法求证，因为没有反馈。领导有时候甚至就说：“我看你那个数据也不准确。”在这种情况下，作为数据收集端而非数据输入端的普通员工，他也没法自己提升基础数据的准确度，所以他要做的就是形式上完成任务而已。

但是ERP系统在2004年真正运行起来之后，领导的要求“认真”起来了，而他仍然用旧的态度来对待工作，开始出现不胜任的现象，“混”不下去了，当时巨大的压力使他患上了抑郁症。在跟公司请假休息3个多月之后，他重新返回公司，调整了自己的工作态度和工作思路，积极投入信息技术的学习，向专家请教，工作中注重跟同事合作，跟领导沟通，逐渐再次胜任工作，并且成长为该部门的信息技术专家。

当我跟多媒体产业公司的副总经理约定访谈时，该副总因为是文科出身，之前听联系人说我的题目是“信息技术应用与组织文化”，以为我要问技术方面的问题，所以就特地带了XL_2。这让我确信，XL_2确实如同事们介绍的那样，从曾经的那个因为不胜任工作而变得抑郁的员工转变成长为部门的一名信息技术专家了。

他对自己转变过程的介绍就谈到了他对新技术的认知，他认为工作条件变了，员工们要适应信息技术的要求，就得转变观念，“信息技术要求你有不同的观念来看问题”（ZGR）。信息技术系统的价值管理思想，本质上就是一种务实的态度，要讲实效，而不是形式上做到就行；而且必须不断地学习，要有进取心，如此才跟得上技术的进步。

---

① 文化变迁是逐步发生的，并且当下仍然在发生。我这样划分是以管理技术条件的变革为依据的（公司2000年正式上线ERP，标志着信息化开始），并不是以文化特征为依据。这样划分是为了与本研究的主题切合，即信息技术的应用促发组织文化变迁，在公司文化变迁中发挥重要作用。

> 以前就认为只要我在做就行了，天天都在做；但现在的观念是要看你做得多深，多深刻。就是说不但要做，而且要去思考。哦，并不是说你每天都在做，但是每天都做得十分肤浅潦草，接触三五年，结果还是老样子。还有就是说，要与时俱进嘛，要跟踪一下程序设计的最新情况，不要只是一味地埋头工作。因为信息技术不比其他技术，它本身的更新换代非常快，这就要求我们必须不停地学习……现在才这么想，**以前哪有这些想法？以为工作就是做些事情，等着每个月发工资就行了**。……技术你不提高的话始终是层次比较低，自己感觉过去很多时间还是荒废了。以前就是，日子又混过去一天，又要拿工资了，好。(XL_2)

XL_2所感受到的信息技术内置的学习观和进取观，其他员工同样感受到了。财务部员工 CZ 谈到，从对信息技术的理解中，他感受到创新的要求。总之，特定信息技术产品的可升级性特征，以及整个行业知识的快速迭代，都促使组织成员必须加强学习，并建立持续的学习观。

信息技术应用不仅提出了要不断跟上技术的进步而进行学习的要求，而且，ERP 内置的岗位交叉的工作设置也为员工提出了更多在知识结构丰富性上的要求。比如，财务部的工作人员就提到，现在财务人员被要求既懂财务又懂业务。因为以 ERP 为例，它是对应业务流自动生成财务价值流，对价值流的安排涉及对业务流的梳理，而且现在财务上的不断创新必须依赖信息技术手段来实现。正如做业务的人必须得学习信息技术知识，做信息技术服务的技术人员也必须懂业务。因为信息化是业务的信息化，技术人员懂业务，信息化的工作才是有效益的，做出来的系统也才能贴近业务人员（后者才乐于配合），易于实施。

该组织内部的学习意识很明显。在问卷调查中，笔者以“是否喜欢参加培训”为测量企业员工是否有学习意识的一个指标。从统计结果来看，回答“非常喜欢”和“比较喜欢”的人占总调查人口的 90%。[①] 另一个配套测量学习意识的指标是：“请问您为什么喜欢/不喜欢参加培训？”该开放式的问题得到 54 条回答（近 80%的回答率），其中包括 51 条对“为什么喜欢培训”的调查（对应于上一题“非常喜欢”和“比较喜欢”的选择），以及 3 条对“为什么不喜欢培训”的回答（对应上一题中“没所谓”

① 此次纳入统计的样本仍然是被归为在信息技术环境下工作的员工，甄选条件是：（1）仍然在企业中工作；（2）于 20 世纪 90 年代后期进入企业，且年龄小于 40 岁。调查样本量为 70 份。

或者“不喜欢”的选择)。对51条“喜欢培训”的回答进行内容分析的结果显示，被调查员工们喜欢培训的原因主要是“学习新知”(包括新的思维方式和新的观念)，这个被提到的频次有25次；其次是“提升(个人)能力”，被提到的频次有19次；再次是“提高工作效率”，被提及的频次为9次；与增进创新能力相关的原因被提及5次。在3条关于“为什么不喜欢培训”的回答中，主要是觉得现有的“培训跟工作相关性不大”，“实用性不强”。

而在传统的技术条件下，员工们依靠本专业的知识和一定的经验积累就可以应付日常工作，不需要持续地学习。

> 以前培训很少。刚开始(进厂)有师傅带呢，遇到问题就问师傅、问领导，或者自己琢磨学习。你要说混的人也有，哪里都有，不是大流……一个员工进来两三年他要做的那些基本也就会了，(再)不会有大问题……现在变了。(LW)

就企业员工来说，信息技术的应用不仅要求他们“完成工作”，而且要求他们用信息技术的手段来“改进工作”(这正是组织文化接受了信息技术内置的效率意识的结果)。在这样的情况下，员工们丧失了“消极被动”应付工作的基础。新的工作要求结合信息技术自身更新换代快的特点，共同促使员工对待工作由消极被动转向积极主动。

小结

随着ERP应用的深入，大鹏公司的组织成员对工作的认知、态度及情感都在发生转变，具体表现在以下几个方面。

一、工作特征从随意性转向规范化

信息技术内置的标准化逻辑经过组织实践，促使组织员工对“工作应该怎么做”的理解发生了从随意性走向规范化的转变，即信息技术的深入应用在员工思想中确立了规则意识。一是因为信息技术的应用在部分工作岗位和制度执行中替代了人力的“判断”，锁定了岗位规则及制度解释的唯一性，从而解决了此前规则、制度解释的模糊性问题。二是因为技术作为制度执行主体，杜绝了制度执行中因为制度执行主体是人而产生的变通空间。这里的变通空间既包括人为的制度执行差异化行为，也包括因为人的监控幅度有限而产生监控死角而让被监控者有空子可钻的空间。这种规则意识表现为员工对“工作应该程序化”、“程序具有稳定性”、干工作有定规的设想。当这种工作“应然如此”的设想，在被违背，遭遇其他员工的不适应时，就浮现了出来。这种规则意识的确立既是因为信息技术“固化”了岗位间的合作，员工行为的可预期性提高了，也是因为技术对员工身体的规训。

二、薪酬分配标准从资历优先转向效率优先

绝大部分的信息技术被引入企业组织应用，是因为它具有提高组织效率的能力（潜力），对于 ERP 来说尤其如此。ERP 具有跨文化情境的效率含义。随着信息技术在大鹏公司的应用，信息技术所内置的效率意识与公司传统文化中的资历意识发生碰撞，技术深入应用的结果是确立了效率意识在员工薪酬分配标准中的优先地位，效率意识赋予新的薪酬分配方式以合法性。

当一名员工被期待以某种方式来完成某项工作的时候，他会顺应这种期待，是因为“这是有效率的做法”；完成同一单位时间内的工作，当员工 A 比员工 B 的工资、奖金收入更高的时候，员工们能够认可的解释就是“因为 A 比 B 的工作效率更高，创造的价值更多”。但在此前薪酬分配标准中资历优先的情况下，员工们对同类现象的理解是不同的。当一名员工被期待以某种方式来完成某项工作的时候，他会顺应这种期待，是因为“这是上级领导或师傅要求的做法”；完成同一单位时间内的工作，当员工 A 比员工 B 的工资、奖金等收入更高的时候，员工们能够认可的解释是“因为 A 比 B 的资历更老（进公司更早，或者 A 是正式工、B 是非正式员工这种身份殊异），对公司的贡献更大”。

三、榜样行为的内涵从形式主义转向价值务实

ERP 的应用促使员工对什么是工作中的榜样行为的理解发生变化，改变了过去工作中的形式主义（重劳动投入），而建立起面向市场的价值务实（重价值产出）的观念。也就是说，榜样工作行为不是根据工作的形式，而是根据工作最后走向市场创造了多少价值来衡量的。在过去的技术条件下，工作中的形式主义既跟该企业本身缺乏对价值的足够关注有关，也跟在技术上无法实现精细价值追问的绩效考核制度有关。ERP 的应用内置了可以进行精确价值计算的绩效管理软件，这使得对于相关岗位上的工作人员可以依据最后产出的“盈利”指标来进行绩效考核，而不像此前主要依据过程中的“工作行为”投入来进行考核。

四、工作态度从消极被动转向积极主动

信息技术深入应用前后，员工们的工作态度在总体上从消极被动转向

积极主动。这种工作氛围的改变跟信息技术的深入应用相关。一是 ERP 应用带来的信息共享，使得员工可在一定权限范围内查阅与自己工作相关的信息，提高了工作自主性，而不是像信息技术深入应用之前那样亦步亦趋地跟随领导安排。二是 ERP 应用支持对员工绩效进行 KPI 考核，以指标的方式确定了各个岗位的具体工作目标，而且绩效公示的考核方式也在员工之间形成竞争，激发员工的进取心。三是信息技术本身升级换代快的技术特征内含了对技术使用者树立持续学习观和进取观的要求。

第四章　IT 应用中的文化调适：个体间合作关系中的文化变迁

第一节　同级同事关系变迁[①]

一、从封闭隔离到开放合作

（一）合作方式的变化：从独立作业到紧密联结

ERP 在物理逻辑上能够实现工作岗位之间的工作数据无缝对接，它的深入应用给大鹏公司员工间的合作方式带来影响。

以采购部的工作安排在信息技术应用前后的变化为例，加以说明。采购部员工的主要工作是负责物料的采购，2005 年之前的采购模式是一个人独立负责某种特定物料采购的整个过程。比如一个负责采购的计划员从买东西开始，跟供应商谈判，确定采购数量、物品单价、运输方式、交货日期，签订采购合同，然后购入物品、检查物品、入库，最后给供应商付款，全部流程都由一个人负责。当 2004 年信息技术在公司范围内深入应用起来之后，该采购部门在咨询公司的帮助下建立起了新的采购模式，即把原来的一人包揽的工作打破分成两部分，由两个人配合来完成，一部分工作称为战略采购，另一部分称为操作采购。顾名思义，战略采购负责资源、招标定价和供应商管理这一块，操作采购主要负责整个订单的执行，以及支付的跟踪。整个采购工作都是根据系统来执行的。采购

① 组织中的同事间关系包括同级同事关系和上下级同事关系两部分。除非特别说明，在本书论述中出于简化的需要，我们用个体间关系指称同级同事关系及上下级同事关系的总和，而用“同事关系”指称“同级同事关系”，“上下级关系”指称“上下级同事关系”。此处在标题中列明“同级同事关系”，是为了强调它与“上下级同事关系”的区分。

物料的具体流程是：第一步，确定供应商，确定价格；第二步，在系统里创建订单，然后收货，再发生支付，按照结算规则支付，这就算完成一次采购。其中第一步工作由战略采购完成，第二步工作从创建订单开始就由操作采购负责。

把大一统的采购工作打破，进行分工合作的再安排，这大大提高了采购效率，而且战略采购有更多的精力来研究行情、寻找供应资源，在采购成本上取得了客观的降幅，也实现了相互牵制、监督。这种安排能够实现，最根本的原因就是信息技术提供了手段。因为当把采购工作分开，就涉及一个信息沟通的问题，“以前没有系统的话，两个人肯定要天天绑在一起”，否则票据不受控。一旦一个人有事离开，他所掌握的票据、资料，另外一个人就无从获知详细的信息。而现在所有的采购都从 R/3（SAP 公司开发的 ERP 软件之一，适用于大型企业）系统里面走，信息在战略采购和操作采购之间是即时共享的，战略采购一定价，操作采购马上就可以在系统里查到。如此一来，两人的合作不再受限于时空分隔。

也就是说，信息技术解决的是一个合作间即时、全面沟通的问题。沟通是合作的基础。传统的同事间合作，信息传递依靠物理沟通方式（员工们最常用的是打电话和面对面沟通），受到物理空间（比如两人在特定时间分处两地，没法交换票据）或沟通媒介本身的特性（“电话里说话容易理解得不一样”）影响，进行分工合作的难度很大，如果非要进行分工合作就必然会导致低效率，所以公司选择了让员工独立作业，降低他对他人的依赖性。而在公司应用 ERP 以后，所有的工作数据都在第一时间进入系统，并且管理工作都在系统里面操作，“不进系统你就没法干工作”，员工之间要进行信息交换可以随时进行，这就解决了信息沟通以及受制于物理沟通方式的信息交流不全的问题。

从图 4－1 看出，ERP 应用前后同事间合作模式的变迁及其与信息技术的关系。在 ERP 深入应用之前，同事之间合作的隔离度较高，往往只能进行点对点的沟通（我们是指日常工作方式，不包括会议方式的沟通），而在 ERP 应用之后，同事之间通过虚拟的电子信息系统 ERP 被联系起来，信息即时交叉沟通，而且可以在权限范围内跟其他任何岗位上的员工进行充分的信息沟通。ERP 的应用既通过技术的物理逻辑，也通过工作安排（组织实践）改变了同事间关系。

ERP 带来的紧密合作还体现在它在公司范围内对工作进行的流程化再造。ERP 的原理就是对整个公司的管理工作进行流程化重组，所有的

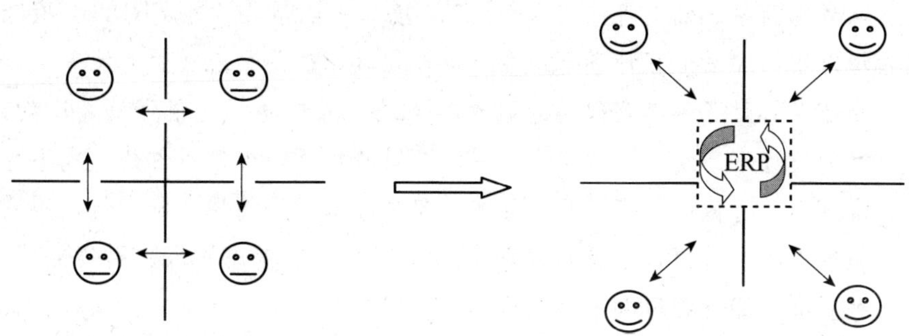

图4-1-1　信息物理沟通下的独立作业　　　图4-1-2　信息网络共享下的精细合作

图 4-1　ERP 应用前后同事间沟通及合作模式的变迁

管理工作在信息系统上进行流程化操作，这样一来，在 ERP 上线之后，各个管理岗的工作就被嵌入一个大的管理流程中去了。

从大鹏公司的情况看，以前的岗位与岗位之间也有工序的前后之分，哪件工作应该做在哪件工作的前面都有规定，一般来说，员工各做各的工作，彼此在空间上独立，在信息上也相对隔绝。而在 2004 年 ERP 深入应用之后，各类管理工作进行了流程化再造，各个岗位都被置入特定的工作流中，岗位之间实现了"即时充分的信息沟通"，联结更紧密。公司的工作从以前的单打独斗变成了以团队合作的方式进行，一件工作是否完成不再是看某一位员工是否完成了他自己的那部分工作，而是以整个流程是否顺畅地走完来评估的。假设一件工作需要有 20 个步骤、经过 20 个人的合作才算完成，那么尽管这 20 个人在这个流程中各自有分工，其中 19 个人都把自己该做的事情做好了，但是只要有 1 个人没有完成他该做的工作而使整个流程受阻，那么另外 19 个人就不能说他们完成了工作。当然，信息技术提供了清晰的责任认定，如果工作没有完成，出错的那个人固然会负责，比如可能会被罚扣工资，但是其他 19 个人却也不能因为他们其实把工作都做得很优秀而获得奖金。这种因为工作流程化而在大鹏公司衍生出来的以团队为单位的绩效考核制度，把同一流程中的若干员工的利益捆绑在一起了。

第二个就是改变大家思考问题的方式，因为信息化之前各个业务都是孤岛，你知道一个流程是跨组织的、跨部门的，那没有一块这个东西把它串起来之前呢，他考虑问题往往只是站在自己部门的角度。比如财务部门，我只是考虑财务，你符不符合财务制度。但是如果你的流程只是为了你财务制度的要求，你可能就会影响业务。业务部门只考虑业务，那么可能（会）抵触财务。那么现在有了ERP，一般来说，我们去看流程都不会站在一个点上看，都是说怎么做才能基本满足业务、财务等各个部门的职责和要求，考虑全局是最好的。比如，我们设计（系统）之前会大家一起来做，我不会专门听你的，也不会专（门）听他的，而是我们要在一起来考虑这个问题。那么他们慢慢也养成这个习惯，他有问题提出来之后，他要考虑别人、别的部门，他要去找经营管理部来协调这个事情，看他的这个想法对全局有什么影响。这是（对大家考虑工作的思维方式）很大的影响。(JLL)

我记得他们有人跟我谈过用了信息技术之后有个思维方式的改变，比如（刚才）说到的系统性思维。什么叫系统性思维？就是我在改动我这部分的时候我就要考虑到它对下游或其他部门的影响。就不能像以前那么随意了，而是说我在做我的事情，我还要考虑张三李四他们的工作了。(HZL)

对于各个在使用（ERP）的部门（的人）来说，除开他们本身的管理水平和他们效率有提高之外，最大的一个（益处）就是他们理解了很多事情是一个团体合作的事情，是一个协作的事情。不是像以前一样，你去找他，他感觉没我什么事，或者说是“没空”，“这跟我没关系的”。现在就知道，（工作）都是一体的。你这里流程不走，我下面走不了，你也要担责任，责任在谁那里都清楚对吧？比如，（财务）现在做电子账，他现在就需要靠信管处这边来做。信管处这边要做个什么改动，如果不好的话肯定会影响到财务那边，以前就没有这么……这么深的影响。特别是随着企业信息化的程度越来越高，越来越集中，那种影响是越来越深的。一个流程上的工作哪个部门都得配合，也就少了（没有了）谁求谁的问题了。(JL)

当ERP在组织实践层面将同事之间相对独立、隔离的工作模式打破，就会组成彼此之间精细分工、紧密联系，且流程化的合作模式。当同事之间的合作成为常态，员工以团队为任务完成单位和绩效考核单位，“把大家都捆在一起”，就在组织文化层面提出了建立合作文化，比如团队精神的要求。行动模式是观念模式发生改变的基础，当行动模式发生改变，行动者就倾向于在观念上进行调适，以促进知行的统一。

（二）人际关系的调适：从封闭自锁到开放沟通

上面展现的是ERP是如何通过改造员工的合作/工作安排而向组织提

出在文化层面建立合作观念的要求。员工间关系的变迁不仅是工作安排的硬性约束所致，也是员工在对新形势认知的情况下，主动做出调适的结果。XL_2经历转变的故事可以生动地说明，公司里的员工是如何面对信息技术的要求而调适自己与同事间的关系，把自己从曾经封闭自锁的同事关系文化中解放出来，走向开放与沟通的。

前面我们介绍过，XL_2是在多媒体产业公司负责财务数据整理的一位老员工。他本科是学习计算机的。截至笔者调查时，他在公司里已经工作18年，其中包括8年在信息技术条件下工作的经历。他的工作从1992年进入销售团队就定位于做数据分析，给上级领导提供报表，直到今天他仍然负责这块工作，另外兼管该公司的信息技术问题。

在信息化之前，他的工作就是手工收集信息，做些报表，比如销售回款、产品出库之类的报表，上报领导。在信息化开始之后，他的工作还是做数据报表，只不过是“从R/3系统里面把一些数据导出来，进行二次处理”后做报表。在信息技术应用之前，企业里的信息是垄断而不是共享的，信息成为权力和权威感的来源。在这种情况下，信息收集岗位的员工有一种思想，他只对领导负责，向上交报表，这些信息是属于领导的，而其他员工是不应该知道的。所以他的工作就是通过职责赋予他的权力，去向其他各个工作岗位的同事收集信息，然后自己一个人处理，做成报表，上报领导。也就是说，他的信息出口就只有上级领导。他认为，如果员工知道了更多的信息，在某种程度上就意味着“越格”，与领导分享了权力，损害了领导权威。为了避免因为信息“泄露”带来的麻烦，他便逐渐养成了不跟人多说话的习惯。而且，当时的岗位职责也赋予他一些“权力感”，这种隐蔽信息的行为正是他保持其非正式权威的需要。

2000年ERP上线之后，开始应用一直不顺畅，系统里面的数据成为摆设，这对他的工作方式影响并不太大。到2004年8月，当总公司把R/3系统推到全国各地销售分公司之后，系统真正“跑”起来了。这个时候，数据从线上大量涌来，XL_2习惯性地用老的思维方式来处理工作时，他发现自己严重不适应新情况。一是数据量巨大使得他没法处理。之前的工作也需要他收集信息，但是实际上处理的数据量小得多，当时的数据量是以任务时间和他的精力、能力为界限的，而现在的数据量是以系统的收集能力和具体业务产生的数据量为界限的——这几乎是没有界限的。二是领导在对ERP的高效率、强功能预期下，对报表工作提出了更高的要求，要求提供更精确的数据以及更高级的数据分析结果。在这种情况下，当XL_2

依然“独自”面对工作时，他发现自己开始无法胜任工作，无法完成领导交给他的任务。他形容自己那段时间的状态是“干工作干到吐了那种程度”。

这样的情况持续几个月之后，他只好找到领导提出休假。在休息的三四个月的时间里，**他觉得自己想不通一件事情：自己本科就是学习计算机的，为什么反而不适应信息化下的工作?**

当他返回工作岗位的时候，逼不得已，他告诉领导自己不胜任现在的工作，希望调岗。领导基于对他的了解，指导他说：“你现在要有一种观念：我们是一个团队在一起工作，而不是你一个人。”他突然意识到，当自己完不成的时候，为什么没有想过找别人？他反省是曾经那种“保密”的思想导致的。但是实际上，到这个时候，信息已经不保密了，它已经成为共享的，错的是自己还坚持原来的做法。当信息技术默认一项任务是一个团队来承担，而几乎不可能像以前那样一个人完成的时候，他才意识到他不能胜任工作的一个重要原因是他自己用“老办法来解决新问题”。

再次回到工作岗位后，他开始逼迫自己转变思想，寻求与同事的合作，向同事请教。慢慢地，他就发现自己重新变得适应了。当他坐在笔者面前反省他2004年底为什么不胜任的时候，还提到另外一个重要原因：在传统的组织文化里，他已经习惯了“领导至上”以及领导的不可沟通性。后来，当领导交代的任务过重，他也倾向于不去跟领导沟通指出任务的不合理性，不知道去争取让领导对任务重新做安排。这也是他没能及时地调适自己与领导的关系所致。“以前就有一种思想，尽量少跟领导接触，有什么也不敢跟领导讲，现在就觉得这没什么，有什么尽管说，都是为了工作嘛。”(XL_2)

笔者后来找到XL_2当时的领导做访谈。没想到两位领导都提到他的转变故事，谈到他对新的工作要求从不适应到适应，其观念和性格都发生了非常大的转变。

> 以前他比较孤僻……现在这位同志非常开朗。因为上了这个系统以后啊，都是一个开放的系统，数据都是公开的。而且现在很多人就对你这个，比如说原来只有XL_2一个人掌握这个东西，对这个数据的处理（不了解），现在有其他的同事都能够掌握这个数据的处理，相对来说，大家作为一个团队一起来搭建这个信息系统，一起来想办法给领导提出数据。以前他就老想着自己一个人处理，他不会做就闷在那个地方。其实他处理的数据也不是最关键的，你也不是对外部报表

对吧，呵呵。以前的人总是那么，一些看法啊、思想啊，就是更狭隘一些。也不怪他，也跟那个时候的整体氛围有关。……这些都是我们看在眼里的变化。（JH）

以前呢，怎么说呢，（总有个观念）可能觉得那是保密的东西，呵呵，可能（认为）就他一个人能来掌握这个东西。现在上了信息系统之后，感觉大家的观念也变了，就是我的数据可以公开，可以透明。……（以前就有那种想法）就是很封闭的那种想法，我这个东西是机密的，只有我的上级领导可以知道。但是，这几年呢，大家建立了一个公开的平台，数据公开、透明，当然最关键、最核心的还是只有少部分人知道。但是大家的心态变了，就是说这个数据不是只有你一个人才可以处理，其他人也可以帮忙处理，一起来做。……（XW）

图 4－2 简明地反映了在信息技术深入应用前后，XL_2在同一部门同一工作岗位上的工作模式的转变。

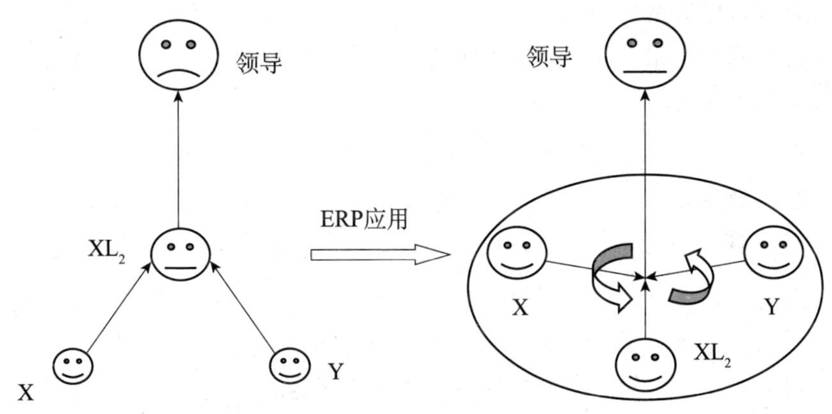

图4-2-1　ERP深入应用前　　　图4-2-2　ERP深入应用后

图 4－2　对内报表岗位工作模式的变迁

图 4－2 是根据笔者在访谈中对当事人理解的工作模式所做的模拟图，主要根据的是 XL_2及其领导、同事所表达出来的他们对当时及当前工作模式的理解。这是实际中运作的行动结构，而非职位结构。图中箭头代表信息流向。图中的脸谱标识权威。从笑脸到平脸，到哭脸，分别代表最低权威、较高权威以及最高权威，这只是简单地代表各个职位之间有权威高低之分，脸谱的大小，也代表权威大小之分。

在图 4－2－1 和图 4－2－2 中，XL_2和同事 X、Y 在职位结构上处于同级，只不过岗位有别，只有 XL_2负责向领导做报表。这个职位结构在信息技术应用前后并没有发生改变，但是其中的行动结构却变化了。在图4－2－1中，同事X和Y向XL_2汇总信息，然后XL_2根据领导的指示整理出相关报表，然后上交领导。在非正式权威格局中，XL_2向领导汇报的工作性质，以及他拥有别人不知道的信息给予人的想象空间，赋予了他非正式的权威，我们看到同事X、Y对他“笑脸相迎”。而在图4－2－2中，仍然是XL_2给领导做报表，但不同的是，大部分时候，同事们不再像从前那样把信息交给XL_2，而是汇总到系统里，XL_2自己到系统的相关存储单元去取出来做二次分析；而且，以前是XL_2一个人做报表，现在虽然仍然是XL_2负责做报表，但是X、Y可以参与其中。XL_2、X、Y在行动结构上成为平等的，因为，XL_2曾经垄断的信息现在通过ERP系统被同事X、Y共享了，XL_2因为信息垄断带来的非正式权威就丧失了。同级岗位之间的同事关系在行动结构层面也变得平等。从图4－2－1和图4－2－2的对比中，我们可以感受到，信息技术应用前后，同事之间合作模式发生了从封闭自锁到开放合作的变化。

开放合作也跟工作流程电子化之后，前后环节的互倚性、对接及时性大大加强了有关。

> 采购我这边就讲了嘛，（ERP）对公司的影响就是整合不同职能部门，实现更有效的协同，不同单元之间的协同。（这个怎么讲?）比如库房、财务、生产、销售、采购部门之间的协调，以前靠开会，很多的会，扯皮，总是需要坐在一起来协调，而且反应慢，大家的工作是救火队模式的，哪里出问题了急急忙忙去处理。而有了ERP平台以后，销售、生产、采购、财务实现有效的一体化衔接，信息就很通畅。我在ERP系统上随时都可以知道生产、销售、设计有什么变化。当然，从库房管理来说，也实现了采购和库房管理这块，还包括供应商管理这块随时信息衔接。以前的话就是打电话让供应商来提供，或者他还要去查，或者我们自己到库房去查，这个库存还有多少，或者相互之间配合，库房打电话说这个库存快没了，你是不是要赶紧买一些东西。（现在）随时都是信息零距离。还有包括财务部门，都是通过ERP平台上不同模块之间的衔接嘛，实现一体化。（ZYW）

XL_2把自己从封闭自锁的同事关系文化中解放出来，走向开放与沟通的经历，展现了ERP应用所引发的组织文化变迁，这不仅是ERP通过改造员工彼此间的合作/工作安排而自然产生的结果，也是员工在对新形势认知的情况下主动做出调适的结果。

二、合作从人情化到角色化

（一）人情化互动减少

1. 工作中的互动减少

大鹏公司作为一个有50年历史的国企，跟中国其他很多老国企一样，一个明显的特点就是工作上的合作与日常人际交往掺杂在一起，工作关系人情化。而从调查的情况来看，信息技术的应用正在慢慢削弱同事间工作合作交往中的人情化因素。

人情是在频繁的互动中积累起来的。在之前独立作业的工作安排模式下，员工间的大部分互动是因为要交流信息而引发的；而在信息系统应用之后，员工在工作中需要的很多信息直接从系统中获取，改变了以前跟人面对面接触或打电话获取信息的工作方式。员工间的合作工作模式主要是在系统中的工作衔接，当员工们在工作中"相互考虑到对方"时，与其说是考虑到"对方"，不如说是考虑到"对方的工作"。在这种情况下，员工在工作中的互动逐渐减少。

> 当然，人的工作是不可避免的，以前的问题主要是靠人和人的协调来解决，现在来说很大部分被信息的一体化替代了。（工作方式发生了）很大的改变嘛。以前上班就是到处打电话，或者是做单据。现在第一个习惯就是，你比如说我，就是打开邮件，然后打开网页上网看看各种信息。而操作员的工作就是收邮件，打开ERP去看，之前的工作有没有什么问题，新生成的又有什么需求。还有个改变就是，以前做订单就要翻生产计划多少，是不是上次开会的时候谁又说了计划有调整了，现在的话就依据系统里面的东西，库存变化了多少，生产指令有什么变化，最新的需求是什么。这些都是工作方式的变化。（ZYW）

采购部部长HC跟笔者谈到的情况是，以前同事之间来往很多，因为工作上的配合需要各个岗位间频繁联系。比如作为采购员，为了一种物资的一次采购，他需要打交道的岗位包括库房（而且库房还分收货和出库两块）、运输处，还有配套库，甚至还有搬运工。而现在的情况是，他如果想知道什么信息，就可以直接从ERP系统里查，比如库房收货和出库情况。而且，他现在也不需要跟运输处打交道了，因为只要他的订单在网上创建成功，供应商的供货日期确定，系统就会自动生成货运需求；如果按照合同约定由采购商自己负责货运，系统就会生成任务指令发送到运输处，运输处的员工在系统上接到任务，点击确认，然后到时间就会派车到指定地点。也就是说，一个采购需求中所涉及的各个环节，所需要的各个岗位上的配合工作，系统都会自动生成任务需求发送到各个责任部门。而在十几年前，他刚进大鹏公司的时候，师傅的“谆谆教诲”是“要跟各方面搞好关系”。(HC)

如图 4-3 所示，在图 4-3-1 中用笑脸表示面对面互动中存在人情因素，这就是 HC 谈到的“有关系一切好办，没关系一切照办”。而图 4-3-2 中的平脸代表按规则行事，与个人间关系无关。

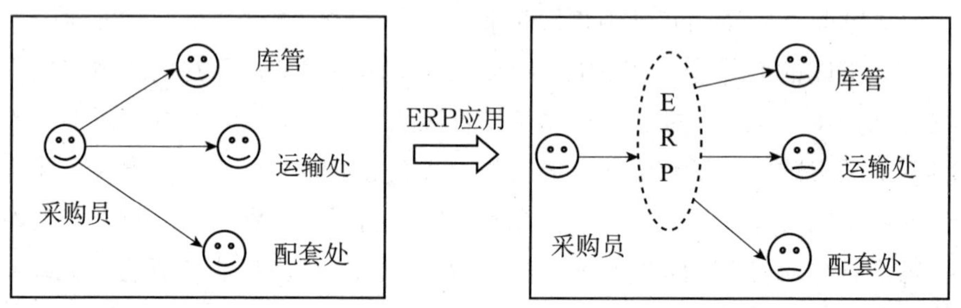

图4-3-1 ERP应用之前　　图4-3-2 ERP应用之后

图 4-3 采购员与同事的工作交往方式在 ERP 应用前后的变化

其他岗位上的工作也一样。比如财务部，笔者多次去调查，看到的情况是大家都静悄悄地坐在自己的电脑前工作。财务部的一位负责人告诉笔者，这跟以前大不一样了，在信息系统还没有真正用起来之前，财务部是“最热闹”的部门，人来人往。现在通过电子结算系统基本在线解决了内部财务业务，甚至也利用信息系统解决了与供应商之间的在线结算，所以“平时也没什么其他的人来”。

人际互动减少，削弱了人情衍生的基础，即足够频率的互动。但是我们对比图 4-3 中两幅图之间的差异，会发现 ERP 对同事间关系产生影响的根本原因是它对合作基础的改变。在传统管理条件下，同事间的工作合作基础是人际关系网络；而在信息技术条件下，合作基础转变为信息系统。

2. 沟通中的情感隔离

沟通是组织过程的核心[①]，沟通方式对组织文化有特殊重要的意义，

① Orlikowski, W. J. & Yates, J. (1994). Genre repertoire: The structuring of communicative practices in organizations. *Administrative Science Quarterly*, *39* (4), 541-574.

是文化的重要体现[①]。

杨明、李斯霞认为，信息技术内含的技术文化对情感文化产生冲击。网络尽管丰富了人际交往的渠道，但由于信息技术的虚拟性，同时也带来了人与人之间情感的冷漠和疏远。[②] 从笔者在大鹏公司看到的情况来看，工作信息化导致同事之间面对面的互动减少，此外，人际沟通的方式发生从电话沟通为主到借助网络即时通信软件（比如 QQ、MSN）的在线沟通为主的变化，也在一定程度上导致了同事间沟通行为中的去情感化。但是，杨明、李斯霞所认为的信息技术的虚拟性并不是通过信息技术进行的沟通对人际关系的影响，而是在线文字沟通中情感沟通的缺失，以及在线沟通的非私密性，因而对话难以深入。

在线沟通改变了沟通中的信息传播模式，从电话沟通中的一对一的沟通格局变成了一对多和多对一的沟通格局。这样的沟通格局，固然拓宽了员工间交流的面，却降低了员工之间交流的深度。据笔者在该公司调查期间的观察，在线沟通以交流信息为主。而即使是信息沟通，也限于简单的信息。笔者曾经屡次发现，有的人在网络上进行工作沟通，随着沟通的推进，往往会中断网络沟通而改用电话沟通，因为“这个问题比较复杂，打半天字也说不清楚”。所以，在线沟通是多了一种选择，是一种增进沟通的有效方式，但本身并不形成对此前沟通方式的替代。

以网络为主的沟通方式促进了同事关系的一般化而非情感化（比如发展出友谊）。这是因为网络沟通是一种公共沟通方式。一来主要是在 QQ 群上进行“群聊”（出于效率考虑，在群中发布信息），二来公司对网络沟通进行了监控。笔者所见的情况是，公司领导几次对员工讲话都谈到监控部门对 QQ 群聊天的监控，并发出警告不要聊与工作无关的内容。但也有员工认为每日的工作量极大，并没有时间去闲聊。不管是没有时间去闲聊，还是员工们意识到存在网络即时沟通的外在监控，都使得组织员工极少“私”聊，即使闲聊，所涉及的也几乎都是公共话题。这使得话题倾向于停留在信息传播（比如周末某两个部门的篮球队对垒，邀请本部门的女

---

① Huang, H. & Trauth, E. M. (2007, April). Cultural influences and globally distributed information systems development: Experiences from Chinese IT professionals. In *Proceedings of the 2007 ACM SIGMIS CPR Conference on Computer Personnel Research: The Global Information Technology Workforce*, pp. 36-45. ACM.

② 杨明，李斯霞.（2005）. 信息技术对传统文化的消解与调适. 理论探讨，(5)，166-168.

同事们去当啦啦队之类）或偶尔“逗趣”等表层活动。[①] 虽然这种网络沟通并不会增加个体之间的沟通深度[②]，但是反过来说，这种群聊无疑是有益于团队整合的[③]，它不仅促进工作上的信息沟通，而且使得每个成员只要愿意都可以在这里发言，使得那些在工作中联系并不紧密的人也可以变得相对熟悉[④]。所以网络即时沟通技术是促进了工作关系的，此处所谓工作关系是指向角色化的关系，而非情感关系。

（二）从感性到理性

有学者指出，信息技术内在的文化内涵就是追求科学知识和理性精神。[⑤⑥]

组织中特定岗位上的行动者总是代表特定群体的利益，因此在互动关系中有时候就可能遭遇利益之争。利益之争不可避免，重要的是以什么样的思维方式和态度来处理利益之争，比如是从感性的角度认识还是从理性的角度认识。这就是文化差异的重要思维表征。信息技术的应用培养了员工判断讲证据的理性精神。

采购部部长和员工都跟笔者反映过一个现象，就是采购部的员工对自

---

① 笔者在该公司调查期间，加入了该公司技术部门的 QQ 群，可以很容易就观察到他们的聊天行为。

② 观察网络中的员工之间的交往结构，在某种程度上就是现实结构的反映。以“WC3”——该公司的信息技术服务力量的 QQ 群代号——中的群聊为例，在群聊中，慢慢浮现出来的结构中有个中心人物“包子”。所谓“中心”，是指大家倾向于以她为对象发起谈话，或者她经常发起谈话。另一位员工“丹妹儿”也经常发起谈话，但是相对来说，别人以他为对象发起谈话的较少，他的话题出来常会遭遇无人响应的局面。“包子”与“丹妹儿”的区别是，包子是行政人员，因为日常工作经常发生与各位员工的接触（比如中秋节给大家分发牛奶之类），且性格活泼，大家与她在网络下已经较为熟悉；而丹妹儿是技术人员，虽然大家都把男性的他戏称为“丹妹儿”已表示了距离的亲近，但是毕竟他跟大家的实际工作接触少，而且日常言语中常见不文明之处。可见，公司的网络沟通结构并不独立于现实的沟通结构。

③ 但是此处的整合是技术整合，是就工作中的合作，并非基于认同的整合，并不一定会产出群体凝聚力（尽管二者之间或许具有值得检验的相关性）。这也正是说同事关系倾向于一般化，实际上就是去情感化的原因。

④ 该公司的信息技术服务力量目前分成两部分，一部分是从属于经营管理部的信管处，另一部分是 2008 年初成立的 XH 软件有限公司。两部分技术力量是分开办公的。笔者在该公司调研期间就在 XH 公司坐班。正是通过这个 QQ 群，笔者很快被信管处的人接纳，并被邀请参加经营管理部的篮球队与多媒体产业公司的周末篮球对垒赛的啦啦队。网络的这种沟通方式能够帮助分布于不同空间的人建立起认同感，有利于团队整合。

⑤ 沈阳．(1999)．论信息技术文化．云南师范大学学报（哲学社会科学版），(3)，102－104.

⑥ 杨明，李斯霞．(2005)．信息技术对传统文化的消解与调适．理论探讨，(5)，166－168.

己的岗位的认知是"对外是大爷，对内是孙子"。"对内是孙子"的主要原因是，采购作为一个花钱的岗位，信息技术应用之前，总会无端地遭受揣度：采购行为中是不是有腐败行为？"都是些莫须有的猜测，但人都爱那么想，他又没什么证据。"（HC）在信息技术应用之后，这种情况开始发生转变，采购部的员工认为信息技术的应用提高了他们内心的"坦荡度"，因为"很简单，我现在每一次采购，时间、数量、定价都在系统里有记录，你要是怀疑我，你可以交审计部门查我啊，你随时可以查。对吧？这样，你还有什么话说？就是你要怀疑我，我身正不怕影子斜。有系统，有数据在那儿，我们心里就坦荡。慢慢大家都知道系统是怎么回事，也就不会说这些没根据的话了。"（GJX）

多媒体产业公司的绩效主管LW也一再地强调，要同事们理解信息技术内含的"数据意识"。根据他的定义，所谓数据意识就是拿数据说话，本质上是证据意识，即做判断要给出证据。他向笔者描述了他自己如何从曾经"说话不讲证据乱讲"到现在"没有调查就没有发言权"的观念转变的例子。

大鹏公司是M市最大的国有企业。离大鹏公司不远的地方是另外一家大型国企二零三。几年前，大鹏公司的员工一直"传说"二零三给员工的福利待遇比大鹏公司的要高，并议论纷纷，说大鹏公司亏待自己的员工。当时LW也听了这些传闻，跟着对公司心生怨怼。等他用系统来管理薪酬后，对员工进行KPI考核发放绩效工资，遇到一些员工不满自己的工资、认为被冤屈了的情况，他就拿出数据来给员工看，让员工自己根据规则去算自己该得多少工资，很快这些矛盾就消除了。当他在工作中逐渐建立起这个数据（证据）意识，某天再次听员工说二零三的员工福利待遇比大鹏公司好的时候，他突然意识到，他应该去做个调查。"现在有了这个数据意识，我就知道没有调查就没有发言权。"（LW）于是他特地跑去二零三做了一番调查，认识到实际情况并非如此，此后他就开始反复推销自己的这种讲数据、讲证据的新观念，希望别的同事也实现这种转变。"信息技术时代了，要讲数据，要讲证据，没有调查、没有数据依据地乱说是一种不负责任的态度。那以前就是那样，遇到一点利益问题，人就不客观了。"（LW）

用数据说话，更理性地分析问题、对待冲突，这是被访者们在谈及同事间关系变化时提到的最多的情况。在上ERP系统之前，大鹏公司里没有一种统一的说法，比如核算标准、统计口径的不同都会导致不同利益团队的员工和领导之间的冲突。没有证据和数据，加之之前的工作关系中人情化色彩浓重，往往导致正常的意见分歧被解读为对方的“故意刁难”。比如，在ERP初上阶段，系统并没有真正跑起来的情况下，财务部和销售部的员工之间、领导之间因为核算方法不统一，经常出现销售部的数据显示盈利而财务部的数据显示亏损这样相去甚远的差异。在当时的情况下，如果销售部人员去财务部报账，那么，即使财务人员是因为销售人员不符合财务规则而正常地行使岗位职责，也可能会招致销售人员不良的猜度。

在当时的文化氛围下，即使在一个部门内部也会出现同样的情况。比如当时的销售部出于管控风险的需要，规定对驻外销售人员给客户的授信额度进行限制，而面对复杂的市场情况，这些规则有时候就会让驻外销售人员感觉掣肘。当他们提出修正意见而总公司销售部觉得不合理从而回绝时，驻外销售人员往往就会归因为“坐办公室的那些人官僚作风”。

笔者某天去访谈多媒体产业公司（原销售部构成了该公司的主体）的财务总监JW，正遇上这样的情况：驻外分公司的大区经理要求给一位代码被冻结的大客户解冻而被拒绝时[①]，该大区经理开始在电话里面冒火，我听到JW说：“你吵什么吵？他现在的情况不能解冻，完全不符合规定。你说他欠款只有30万，我系统里的数据显示是50万。你自己去看。”然后戏剧性地，笔者就听见电话里面的声音逐渐平静下来。JW后来对笔者说：“这要是在以前，还不知道吵到什么样子。可能他就认为我们在为难他，不体谅他。现在我就让他自己去看数据。用了这个系统呢，有了数据，大家遇到这些问题，处理起来还是更理性一些。”

在大鹏公司，销售部是公司的王牌部门，财务部是关键部门，一个主要挣钱，一个主要管钱，前面笔者已经提过，两个部门之间争论不休的状况由来已久。这一切在ERP良性运行后，逐渐改变。

> （他们）原先跟我们（财务部）争吵得就比较多。比如说原先（销售人员）到这里来，差旅费你给他算的时候是人为算的，没有系统嘛，那他觉得是人为算——（我们怎么算）实际上有制度（规定）的——他（倾向于）认为你算错了，他就会和你博弈，博弈很浪费时

① “冻结客户代码”意味着停止向该客户发货，“解冻”意味着公司可以继续供货给该客户。冻结客户代码是该公司的一种风险控制机制，比如在客户的欠款账龄超过3个月的情况下冻结客户代码，停止发货，可以控制后续风险。

间，然后也会伤大家的感情。比如说是制度不能解决（通过）的事情，但是你是人为来跟他接触的（他认为是你人在跟他使坏）。但是现在是系统不能解决的事情，他就只有去找系统。……所以说我们现在更多地把制度嵌入到系统里面去，做系统硬性的管制。我想这就是未来我们比较主要的一个方向。比如补助，原先3个补助，差旅费等补助，（有些人老是来扯皮，你给我算）少一天、少半天了……我现在不管，（我就跟他说）你自己输进去的，你自己输到系统里面去的，时间都是你输入的，错了也是你错了。都是你在搞，我们只管你的票证和你输入的东西。他就没话说了。(JHL)

可见，当技术的应用在员工中建立起数据意识和证据意识，并由此衍生出理性的精神时，员工对同事间冲突的理解发生了改变，从过去的工作冲突向人际关系主观归因转为对工作冲突进行流程、标准或制度等客观归因。

（三）人情化到角色化

所谓“人情化”是指组织内部岗位间的角色互动中存在私人关系的强介入。所谓角色化，即依据（公职）角色本来的要求行事，按规则行事。

组织是理性场域，为什么会有工作中的合作来往“人情化”的现象？有“人情”的私人关系本质上是基于资源交换建立起来的。讲人情通常是指对有关系的人有所特殊照顾，在组织中常见一方或者双方对公职资源私人化后用于交换的现象，所以根本原因就在于岗位信息垄断条件下的组织公共资源私人化。而通过信息技术应用，岗位相关资源信息公开透明化，从相关岗位人的“柜子”里转移到“系统”里，由此破除了组织公共资源私人化的基础。

改变流程从深层次来讲可能就是对一个利益格局，可能是基本利益的一种重新分配吧。比如我们企业以前存在，现在可能不存在了。比如以前我们采购方面供应商的资料我们都是放在柜子里头，它是一种资源，信息的垄断。弄了这个ERP之后呢，就要求你把它弄到计算机里头去，相当于把这部分公开了。……这个资源相当于被公司掌握了，以前放在柜子里头就相当于被个人掌握了。(ZGR)

采用ERP之后，大鹏公司内部的工作合作通过在线进行，个体间的直接互动减少，在线沟通方式的去情感化，以及个体合作中的理性认知，都成为促使大鹏公司员工间的工作关系去人情化的重要条件。

在访谈中，只要是进入公司超过 10 年、在该公司以前的文化氛围下工作过的员工，基本都会谈到该公司之前的工作关系人情化的诸多现象。“用这个系统之前，你在这个企业里头要把事情做成是很困难的，到处都需要卖面子，帮你一把，拉你一把，‘公事私办’。你要靠个人的面子，个人的关系。”（XL）而在采用 ERP 系统之后，这种情况开始转变。

以前我们去弄定额的时候，把我们弄得非常地头痛。找定额，我们要看出来没有，要去等东西，要资料，要啥子啥子，而且你去要就好像（求人似的）。本来是我正常的工作，但是你知道国企就是，（有时候出来了）他就说“没出来没出来”。关系不好，心情不好，该给你的信息他就不告诉你，你还没得法，所以要跟保管搞好关系。我们当时进来物资部，师傅就这么说，你要跟保管搞好关系。为啥子呢？你到时候就可以少跑几趟，打个电话问他库房有好多（多少）东西，到没有？现在就规范了，你到货了就必须进系统，你的管理很规范，而且人员的思维也规范。（HC）

该公司员工 XL 给笔者举了一个例子：销售员在工作中，从公司上 ERP 前需要“搞关系”到公司上 ERP 之后不用“搞关系”的例子。

销售人员 J 曾经负责大鹏公司的产品在宁夏的销售。J 发现一个问题：每年调货的时候，好销的货自己总是要不到。于是他身上就不断发生这样的事情：销售旺季的时候，他不能在当地盯市场，而要跑回总公司找调度的人吃饭送礼。第一个目的是让管调度的同事给他发货快点，因为市场要抢时间；第二个目的就是让调度发畅销的品种给他。对驻外销售人员来说，他们跟公司内部主管调度的人之间的关系非常重要，因为调度的人手上有很大的自由裁量权，这就导致他以权谋私的空间很大。后来，公司上了 ERP 之后，他就不用跑回公司请调度吃饭“搞关系”了。因为 ERP 改变了整个公司的生产模式，以前是生产了再销，而在上了 ERP 之后，公司的生产就依靠市场上的销售员接项目，直接下订单。产品出来了，谁的订单排在前面，谁先下单，从而谁就先拿货。就算销售员 X 比 Y 早哪怕一秒钟下单，X 也要比 Y 先拿到货。每个确定的时间点，生产线上的产品是哪个销售人员的货，都是对应系统里的订单的，都很清楚。这样一来，调度手中的自由裁量权就被剥夺了。销售员们就走系统跟总公司订货，不用搞关系了。销售员 J 的这个转变我们从图 4－4 可以看到。

如图 4－4 所示，在 ERP 应用前后，销售员与调度之间的关系模式发

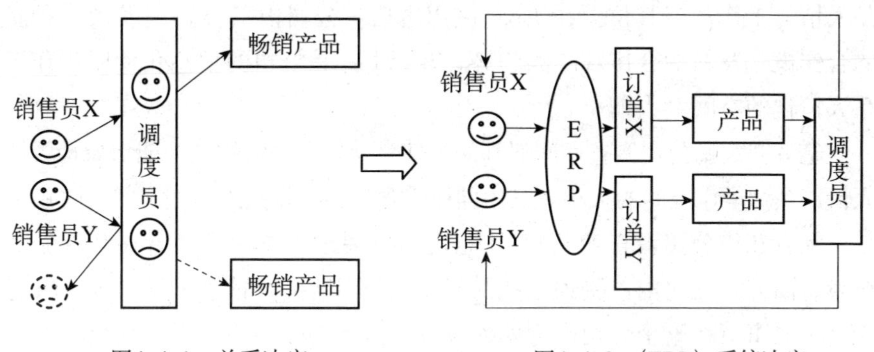

图4-4-1 关系决定　　图4-4-2 （ERP）系统决定

图 4-4 销售员与调度员关系模式的变化

生了改变。在上 ERP 之前，销售员如果想要拿到畅销产品就必须与调度搞好关系，因为把货调往何处、调多少，这些都由调度员决定。而在上 ERP 之后，销售员需要什么样的产品，就自己直接在 ERP 系统里向公司生产线下订单。先下单先生产，每条生产线上一定时间生产的产品都对应相应的订单。产品生产出来，调度员就根据产品上附着的订单信息组织发货。在这种情况下，调度员的角色就从信息化之前销售员与产品之间的“把门神”变成了名副其实的“调度员”，根据订单调度。销售员与调度员之间的关系发生了去人情化、转向角色化的变化。

在公司内部，只要信息系统覆盖到的地方，这种转变就普遍存在。

> 最大的变化是……以前大家就讲权力。有权力就特有面子嘛。**你也知道那种传统，（做点事）都是这个（人）找那个（人），那个找这个是吧，得找人（关系）。虽然说也有一定流程，也有规定，但毕竟（要得到配合还）是建立在人和人之间（私人交情上）的**。去找（人做关系）嘛，时间就流逝了，找的经历也很麻烦，有的时候做得不那么到位了，还要欠人情，感觉很不爽。有流程了，也不是说就没人情了，怎么说呢，情况会好些。工作的归工作，人情反而是真的人情了，跟工作松绑了。**现在这种信息化后，它就（对职位权力）限制多了一点。限制怎么说呢？一就是你（系统）定下来的东西你（个人）不好过多插手。二是相对来说要更透明些，有些东西就不太好操作，对个人来说不太好操作（以获得私人权力）。**当然，在某些地方，估计也还存在一些吧。……（JL）

当然，这并非绝对地说公司的同事关系完全规则化，不讲人情了，而是人情与工作各归其位。在ERP应用之后，公司内部显露出发展一种新的合作模式及新的合作观念的趋势。客观上，是公司的信息化使得工作关系人情化的空间大大缩小。

笔者在大鹏公司调查期间遇到的一件事情，在一定程度上能形象地说明人情关系可运作空间的大小，其中同样蕴含了与信息技术应用之间的关系。

笔者在该公司调查期间跟M总之间发展出了友谊。笔者在临近调查结束、离开公司之前，受人之托需要在该公司购买一种电子元器件，M总为笔者的事情在整个公司内部四处打听，终于探知到该公司下属的某个分公司有这样的元器件。

M总带我到那个分公司，该分公司的某副总C总对我们很热情。他打电话叫技术人员过来，我与他们沟通好我的需求之后，技术人员表示该物件存放在另外一个地方，他们需要时间去取过来，叫我次日再去C总办公室取。当我问多少钱的时候，C总说可以送给我。我和M总离开C总办公室后，我对M总说我应该付钱。M总很坦荡地对我说："是的。我先生跟C总关系好，如果很便宜，几块钱呢，就送给你，你不用付钱。如果贵了呢，你就得付钱了。因为他们规定，好像是到一定价值以上，10元？20元以上么？——具体我不知道——反正是少了一个物件，财务上就相应地要有钱入账，否则会作为成本计入（ERP）系统。"

这个例子形象地说明了，信息技术应用带来的数据化、透明化是如何压缩了合作关系中"人情"发挥作用的空间的，"关系好"的运作空间也只有几块钱，这是被系统规定死了的。[①]

① ERP系统里面的PP与CO模块对物料消耗控制极严，这是建立在对所有物料都被有效管理起来的基础上的。PP、CO里面总有一个基础库存数据，比如某个型号的电阻，制造一台电视机需要一个这样的电阻，该电阻的基础库存为1 000个，那么就会对应满足生产计划中的1 000台电视机。如果真正进入生产的时候发现库存只有900个电阻了，那么就只能输出900台电视机。这个时候，管理人员就会追查为什么少了100台电视机产出，往上追溯发现是因为只有900个电阻，但库存数据显示是1 000个啊，其中差的100个电阻哪里去了呢？管理人员就会继续追查，如果库存保管人员说不清楚去向，就要被问责。这中间存在一个"操作"空间，就是"报废"，即电阻坏了。但是报废率是有限的，受到平均报废率水平的限制。正因为如此，即使是公司副总的关系，库管人员也只肯给几块钱的"报废"操作空间。不论怎样，操作的空间是极小的。事实上，这家公司如果真的是要一定额度以上的物件的"消失"才计入成本的话，则已经是对ERP系统在技术上可能实现的严格控制力有所折扣了，因为ERP的物料库存这块管理实际上可以达到更精细的程度。具体多少价值额度以上的物件纳入系统管理，这本身是各个公司根据自己的具体情况设定的。而这种从库存到产出量之间的精确匹配，监察其中的差异来对物料进行管理，是ERP的物料流上自动实现的；在非信息技术条件下，物料管理与生产管理是分离的，这种精细的管理是无法实现的。

从工作关系人情化到工作关系角色化，这是该企业员工和管理者认为信息系统所带来的最有价值的文化变化之一。在员工们看来，在这个转变过程中，信息技术功莫大焉。它对文化的改变不仅是在强迫员工改变的意义上，而且也通过与组织员工的“合谋”实现。在工作关系中制度执行因人而异，违背制度，毕竟是冒风险的事情，在之前浓厚的人情文化下，很多违背制度的行为是因“碍于面子”“不好意思拒绝”产生的，而在信息技术应用之后，不少员工主动拿系统当“挡箭牌”，挡的是“人情箭”。也就是说，同事间关系在信息技术应用前后的变化的重要原理是，信息技术的应用将过去同事间合作中的人际关系依赖转变为信息系统依赖。

在组织明确赋予信息技术在组织中的合法地位后，员工群体面对信息技术而进行的主动调适使得组织文化的变迁加速进行。

> 应该说现在的氛围比以前更轻松了，虽然工作量更大了。怎么说呢，你的权限就是设置成这样，领导也不用担心你下面越级处理事情。……你比如说，我们以前在外面（分公司）的时候，基本是人在控制，以前的氛围跟现在不一样，以前销售和财务是一起的，像我们平时的时候以前系统控制也没有这么多，没有这些。当时的信用控制也没有系统（控制）这么死，然后开单的话，是否给这个客户授信、是否给他发货，基本上就是由分公司财务来判断。那样有利于同事关系，因为你给出去的都是人情嘛，表面上你好我好。但是你（作为财务人员）心理压力大啊，你要承担的职责还是在那个地方。出了问题你要承担责任啊。你找我我又不好意思不批，但是批了吧我心里又悬着。现在在系统里就好办了，不过就是不过。(SQY)

小结

在 ERP 应用前后，大鹏公司的同级同事合作关系主要发生了两点变化。

一、同事间关系从彼此封闭自锁转向开放合作

ERP 的应用在物理逻辑层面实现了组织各岗位的精细分工及高效对接，当技术能力演化为组织实践层面的工作安排，就将之前同事之间相对独立、隔离的工作模式打破，组成新的彼此之间精细分工、紧密联系且流程化的合作模式。同事之间合作完成任务成为常态，公司的相关制度设置以团队为任务完成单位，关注团队绩效，这些客观行为模式以及相应公司

制度设计的变化都促使组织成员倾向于进行自我调适，抛弃旧有的封闭自锁的观念，树立起开放合作的观念以适应新的工作环境。

二、同事间的工作关系从人情化转向角色化

ERP 在物理逻辑层面实现的信息共享和在线方式的团队合作，以及在线沟通方式中的情感隔离特点，都导致同事间的互动频率减少，互动出现去情感化的倾向。员工们通过信息技术应用培养起来数据意识和证据意识，认知趋于理性化，改变了过去将同事间工作冲突进行人际关系主观归因的认知模式，而倾向于制度、流程等客观归因。信息技术对岗位角色的职责厘清，员工出于职业安全的考虑主动利用系统刚性（规则）来脱离人情对工作关系的渗入，都促使大鹏公司的同事间关系从人情化转向角色化。

员工对同事间关系的这些变化的理解——同事之间应该开放合作而非封闭自锁，工作关系应该归于角色关系而非人情关系——是技术的物理逻辑在组织实践层面增进了员工间合作的结果，也是员工作为行动者通过反省、自我规训进行观念调适的结果。同时，公司的相关制度设置（比如关注团队绩效）也在其中发挥作用。

第二节　上下级关系变迁

一、从高权力距到低权力距

权力距是霍夫斯塔德在跨文化研究中总结出来的一个文化维度，它是指一个群体成员所感受到的领导与被领导者之间的距离远近。距离越大，则集权程度越高，被领导者越倾向于敬畏领导；反之权力距越小，则民主程度越高，被领导者与领导者之间越趋向平等。信息技术应用改变了领导群体对管理的认知。[①] 由此调适了领导群体的管理方式，包括管理的基础、管控员工的方式，改变了公司上下级之间的权力配置格局，这些都影响到公司领导-员工关系权力距。

（一）领导管理基础：从权威威慑到数据服人

在组织研究中，关于一般员工对技术应用的影响，在何种意义上发挥

① Hofstede, G.（1980）. *Culure's Consequences*: *International Differences In Work Related Values*. London: Sage Publications.

多大的影响，研究者是有争议的（有的学者认为一般员工能够影响技术的引入，有的学者认为一般员工不能影响；有的学者认为一般员工的影响主要体现在他们对技术的抵制上），但是对于管理者是否会影响技术应用的问题，研究者们却几乎没有争议。众多关于技术应用中的问题及其对策的研究，背后的预设都是这些问题需要管理，而且是能够管理的，而这些管理行为正是作为管理者的领导群体做出的。

领导与员工关系是组织结构中的重要关系，从领导群体整体上拥有更多权力的角度来说，组织以何种方式应用信息技术，信息技术会对员工工作行为产生什么样的影响，中间会经历领导层的调适。这就是为什么越来越多的研究者意识到信息技术并不会对组织结构、组织文化产生决定性影响。①②

信息技术应用对员工的影响会受到领导群体的影响的一个重要路径就是：领导群体的工作行为受到信息技术的影响，从而影响了其看待下属的观念和对待下属的行为，然后演变出新的上下级关系。

奥尔森研究预测，经理人在给定的办公室办公自动技术条件下，面对面的沟通将持续减少，可能会加深员工和经理人之间关系的正式化程度；就长期而言，公司内部的绩效评估会变得更加理性，更多依据正式规则和程序而非经理人的直觉。③

大鹏公司分公司一位领导谈到，他感受到的前后差异最大的是，ERP应用之后他终于坐回了办公室。上ERP之前，领导们的工作地点除了办公室还有很多时间是“在路上”，就是在自己的若干管辖点之间流动，循环检查：“每个领导负责一摊子事儿，下面信息不透明，你得自己亲自到现场去看。”（JY）而ERP系统深入应用之后，下面每个管辖点的变动情况，比如某个销售片区的总发货量、存货量等变动情况同步以数据的形式输入系统，领导们就可以通过系统来了解下面的情况，就可以离开“现场”，返回办公室。

一些领导是自己去现场了解信息，还有一些领导的工作就是等着员工

---

① Orlikowski, W. J. (1992). The duality of technology: Rethinking the concept of technology in organizations. *Organization Science*, *3* (3), 398-427.

② Barley, S. R. (1986). Technology as an occasion for structuring: Evidence from observations of CT scanners and the social order of radiology departments. *Administrative Science Quarterly*, *31* (1), 78-108.

③ Olson, M. H. (1982). New information technology and organizational culture. *Mis Quarterly*, *6*, 71-92.

给他打报表，通过报表来了解情况。员工们形容当时领导整天被埋在报表堆里的情形："那时候领导每天收到的报表，把桌子都堆满了，人都看不到（埋到报表里面了），你看不到领导。"（JL）坐在办公室的领导们除了每天看大量报表之外，就是不停地签字，不停地开会。签字正是领导发挥管理职能的方式，尽管"并没有起到实质性的管控作用"（JH）；开会是为了核实信息，以及部门之间进行信息沟通和工作协调。

> 那时候整天都在开会，开生产协调会，就是为了凑信息，整天凑信息。那就是当时的管理，但那不是真正的管理。（JHD）
>
> 我们（现在）什么都是网上来进行，邮件也好，OA也好，包括现在在市场管理这块我们也用微软的Project平台[①]。平时的话，你看我上班首先就是看看邮箱，然后去OA看一下，再看看ERP的运行情况。到Project平台上去看看，合同签得怎么样啊。每天反正就是在这几个系统里转，然后最多打几个电话。（JLL）

ERP系统通过流程梳理，首先明确了各个部门和岗位的具体职责、权限范围，其次就是实现了组织内部的信息共享。这大大缩减了领导们开会的时间，而且开会之前大家都掌握了信息，开会更关注达致决策，领导间的合作更有效率。这在客观上给了领导更多的时间和精力去思考企业战略、经营方向等"业务"问题，领导群体整体上从事务型领导转变为业务型领导。领导从"管人"转变到"管事"上面来了，就使得员工逐渐从领导施加的权威控制感中松脱出来。

ERP的应用对领导群体的工作来说，影响最大的是为领导提供了清晰、准确、可靠的业务信息，这成为领导正确决策的基础。信息不明对领导工作的影响，除了领导必须亲自到现场去看、每天阅读大量报表之外，还使得他们要依赖"治理之术"来管理员工。因为领导不了解真实的情况，所以领导需要做出了解真实情况的样子，来形成对员工的威慑；因为领导没有数据、证据和明确的规则来管理员工，缺乏有效的工具，所以领导只有依靠建立高权威，拉大与员工之间的距离来维持对员工的"有效"管理。JY对笔者感叹说："过去就是吼，但是吼呢，也是凭你的经验，你认为他搞错了你吼他。现在以理服人，我可以有数据，系统里面的东西说

---

① Microsoft Project，简称MSP，是由微软开始销售的项目管理软件。软件设计目的在于协助项目经理发展计划、为任务分配资源、跟踪进度、管理预算和分析工作量。

话。……（现在发火）肯定少了很多。我不必要跟你发火了，系统里面都有嘛。”（JY）

> 以前在一个系统里头，比如存货产生积压了，这个产品积压是谁的责任，那么肯定一进一出有两个方向。一个方向是制造多了，一个方向是销售少了。这在过去那套体系里面是无法区分责任的。那么领导哪天想起了要打谁的板子就打谁的板子。这在理论上分不清楚的，当然领导可能通过其他方式来了解。ERP 系统中，制造必须由销售去驱动，然后采购要由制造计划去驱动。既然是你提出来的销售计划造成的库存，那么责任就是你的。这样的话责任的划分啊，就变化很大。（XY）

如图 4－5 所示，ERP 应用使领导的管理模式发生从权威治理到数据治理的转变。这跟领导在 ERP 提供数据和分析工具的基础上，实现了管理方法从定性管理向定量管理的转变有关。领导对员工具有权威地位是因为领导的职位赋予他对员工岗位的考核权，包括对员工的业绩考核与错误责任认定等。信息技术使得领导对员工进行量化评价。在信息化之前，领导对员工的绩效或错误所造成的损失的评估都具有模糊性；而在信息化之后，领导可以通过数据对员工的绩效或错误所造成的损失进行清晰的界定。这相当于也压缩了领导的行动空间。而传统的组织文化往往赋予领导的自由意志行动空间等于非规范化操作空间的含义。在这种情况下，领导也容易招来员工的质疑，破坏员工的公平感，从而破坏领导-员工关系。

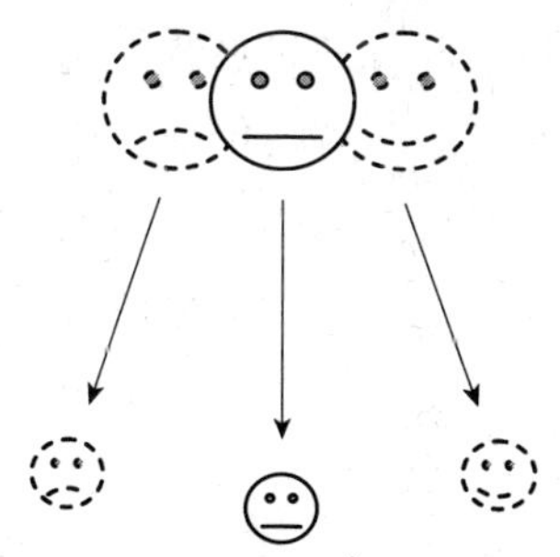

图4-5-1　管理依据治理之术

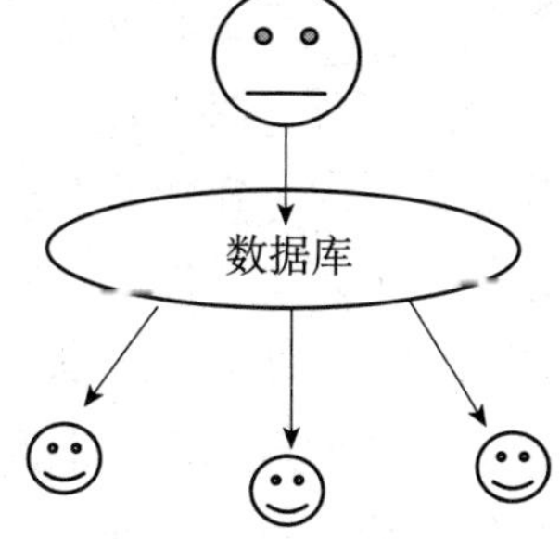

图4-5-2　管理依据系统数据

图 4－5　领导管理模式变迁

> （以前）领导说这个事情要调查一下就说明这个问题不是太大，他完全是凭感觉，凭当时的情绪。但是现在我们就可以量化了，涉及

我们的资金是 200 万，损失是 80 万，可以看出来啊，我们可以看到啊，这个量化的准确性和及时性（问题）解决了。我刚才就说了，有利于监管，第二个就是怎么监管也有了手段了。(GJX)

是啊。你看现在外面搞销售的这个非常明显啊。以前销售说哪个好哪个不好都是领导凭印象（决定）是吧，现在说哪个好哪个不好就是把数据拿出来看。它这个东西就简单了，不存在公不公平、合不合理（的质疑了）。(LW)

从依靠权威管理员工到依靠数据来管理员工，这是信息技术应用前后领导群体工作方式中的一个显著变化。在依靠权威来管理员工的领导管理模式下，领导倾向于集权，“什么都要通过我领导这一支笔”，因为集权建立权威；而在依靠数据来管理员工的领导管理模式下，领导倾向于按“明示规则、向下放权、事中检查、事后检验”的方式来管理。

上下级之间的权力距既有实质性的，比如，领导具有绝对权威，在决策上领导具有高度的独断性；也有形式上的，比如，领导可以随意跨越公私边界，入侵员工的时间和空间。时间入侵表现为领导要求员工即使是在下班时间也都处于待命工作状态，比如“那我们以前 7 天 24 小时手机不能关机的，他老板什么时候比如经常性地周末大半夜的叫我们过去开会，他有新想法了要跟我们谈，我们就得去”(JY)。空间入侵表现为领导（也包括同事）随时可以走入员工的工作空间，中断其行为，因为信息“当面”沟通是合理合法的做法。但是信息技术条件下，逐渐养成习惯，通过系统查看信息，任务也通过电子流程下达，包括部分通过系统下达、部分通过邮件下达这种情况，如此，空间入侵问题大大缓解，保证了员工工作环境的安静，以及工作任务不被中断。当然这里要强调的是，信息技术的应用为此提供了技术条件，并且也有一定的强制性，比如信息通过系统获取而非当面沟通，任务通过系统和邮件下达。这使得传统的信息沟通方式和任务下达方式变得冗余，无效率，逐渐退出“舞台”。当然，在一定时期内，它们可能并行。另外，公司的权力分布也给予一些差异化的领导偏好足够的空间。在这个意义上说，信息技术对于上下级互动中的时空入侵行为的改变具有巨大的作用，当然也并非决定性的。

（二）领导管控方式：从在场监控到信息监控

领导对员工的管理工作，一项重要内容就是监督、控制员工的工作。管理学中，X 理论认为，人是天生爱偷懒的，必须加强监控；Y 理论认为，人天生是向上、向善的，是会自我管理的，领导对员工不应该监控，而应该尊重。传统的大多数管理理论建立在X理论基础上。就笔者在大鹏公司调查的情况来看，领导群体中普遍存在"员工要管"的思想。但是信息技术的应用改变了领导对员工的监控方式，这对领导-员工关系产生了影响。

信息技术的应用改变了领导对员工的监控方式。传统的管理方式就是典型的工厂监控方式，即在场监控，领导必须到现场去监督员工们的工作。而信息技术应用以后，管理者不再需要用眼睛去"盯"着，而只需要通过工作流中的信息阅读实现对员工的监控和考核。管控方式的变革也使得管理者的管理幅度大大增加，以前是在视域范围内才能实现监控，而现在是在信息系统能够管控的地方都能实现监控。

> 以前你要了解一个人的工作情况，比如工作态度老实不老实，你就得到处去走去看，现在你想检查谁的工作，每天都在线上有数据，你可以很容易就查到嘛。(ZYW)

OA（办公自动化系统）中的在线工作日志报告也成为领导监控员工工作情况的重要技术。比如财务部正在推行"月度工作计划"。每位员工都在线填写自己岗位上的月度工作计划，然后将之分解为周工作计划，直至每天的工作量，再对应计划进行工作日志记录。这样，在计划和工作完成之间形成对比，使财务部的领导坐在办公室里面就能够了解整个团队的每个人的工作状况。在过去，主要依靠找员工谈话来了解他的工作情况，一个部门有七八十位员工，领导的监控幅度不可能那么大。而信息技术通过在线工作计划和日志的填写，帮助领导实现了随时查阅自己所管团队中任何员工的工作情况。但是实际上，真正对领导-员工关系产生影响的，并非这种技术真正实现了精确管理，而是这种技术可实现的精确管理的能力，在领导群体和员工群体中形成了"全范围监控"的"想象"，即领导如果要查谁就能轻易获得相关资料的想象。这种想象，致使员工不敢冒风险不尽心工作。

> （我们要求员工写工作计划与日志）其实就是一种检查的方式。它就是，你看看这是我的计划，我的月度计划、周计划、每天的工作纪要。这些是我可以检查的，它们的内容，他做了什么，我就可以看到。我不要求你格式，但是我可以看见内容是什么，假设你发呆了半天，这些都写不出来的。而且这些结果都是可以印证的。我觉得这是

系统很好的一个手段。……他们（员工们）也都知道这一点，没法偷懒的。(JH)

领导对员工的监控变得容易，也是因为信息技术可以依靠自身的物理逻辑来实现对员工工作行为的管理。比如 ERP 对工作进行流程化改造后就衍生出强大的监控能力。流程化控制的一个特点是利用流程的前后逻辑链条的相互印证检验，来即时地发现可能的错误或迟滞，保证流程的畅通。

领导对员工的管理是希望员工按公司制度办事、认真工作创绩效、少犯错误不造成损失，而这些工作任务都可以依靠 ERP 的流程化工作链来实现。

首先，制度规章被嵌入流程。比如具体的财务规则执行，员工报账要经过哪些步骤，各个步骤的先后顺序如何，需要哪些票据，需要经过哪些岗位的审核等等，直接在上 ERP 的时候经过流程梳理和流程设计被植入系统。员工必须走系统来报账，而如果要“规范”报账，员工就必须顺着流程一步一步走下去，不走到最后一步，不一一满足这些规则要求就不能实现报账的目的。这样系统就代替领导进行监管，保证了制度执行的刚性。

其次，具体工作岗位被设计嵌入工作流中。一件工作的完成涉及多个环节（每个岗位在这个“流”中占据特定的一个或者几个环节），这些环节是按照前一步工作是后一步工作的充分必要条件的逻辑关系串联、组织起来的。只要系统启动，员工在工作，系统内的物料流、价值流、信息流等就“流动”起来，即各个环节上的数据就会持续地变动。各个环节从前端到后端形成一个逻辑链条，只有每一个环节正常进行才能保证整个工作流程的畅通。这条链上任何一个环节断裂了，它都不能够向后延伸。而且整个流程中的信息流动是透明的，每个人在授权的情况下都可以查阅与自己的岗位相关的其他环节的工作进展情况。所以如果流程不“流动”了，这条线上的每个人都可以轻易地知道问题出在哪个环节，该环节由什么岗位上的谁负责，是什么原因。这种情况有利于员工在工作中进行自我监控，也有利于同事之间相互监控。但是这种相互监控并非对立或有敌意的，而是以完成工作为指向，因为工作流将大家的工作和绩效都捆绑在一起。（这种对同事监控的重新定义也是 ERP 的工作流设计带来的改变。）这种嵌入流程的过程控制，以及伴随这个流程出现的员工的自我监控和同事间相互监控，在很大程度上降低了工作中的错误率，也增强了员工在工作中的责任心。因为这种岗位嵌入流中的工作安排使得每个岗位上的员工不仅对自己的工作负责，还连带对同事的绩效负责。

在公司采用ERP之前，组织进行工作设计的时候，也是一项任务分成若干环节，由若干岗位来承担，这就是组织中的岗位分工与合作。但是，那样的“写在纸上”的工作流程没有真正形成“流”，各个环节相对孤立，彼此缺乏制约，“各个环节自己在走自己的”、员工“各自干各自的”，并不能出现有效的彼此监控；每个员工只知道自己的环节，却不明白自己的工作在整个工作链中的位置，也难以自我监控。这种工作方式往往导致事后控制，即通常是出现了错误，甚至是发生了大的事情，领导再来调查整个工作流，确认责任人。这并非一种有效的监控方式。因为此时一来损失已经发生，二来也可能因为工作过程中的信息不全而使得责任认定的工作做得不细致。

> 我们能够把过去那种管理的思想、管理的制度，或者人们那种自觉的行动……人们那种受制度约束的行动，被动的行动，变成一种在流程中（的行动），贯彻到这个信息化当中，变成你自觉的行动，变成你必需的行动，所以从这个角度来讲呢，产生一个根本性的变化。(CZ)
>
> 员工还是要管，但是现在不需要我们去管了，有系统去管他了，他每天该做什么，怎么做，系统里面都有。犯了错误，造成的损失有多大，该负什么责，这他自己也都知道的。所以，不再需要我们去告诉他了。我们现在就想些经营方面的问题、企业转型的问题。(JY)

信息技术的应用改变了领导对员工的监控方式，从在场监控转变为信息监控。这是通过两种途径实现的：一是技术应用通过其信息化的物理逻辑将员工工作活动转译为数据，领导随时可以监控员工即时的工作，也可以以回溯的方式检查员工此前的任务完成情况。二是技术通过其物理逻辑对组织工作进行流程化设置，使岗位之间形成逻辑互锁，由此系统本身替代领导对员工进行管控。这大大降低了原来直接的监控与被监控关系模式下的领导与员工之间的对立强度。

（三）上下权力配置：从高度集权到适度放权

关于信息技术的应用是导致组织内部更高程度的集权还是促进分权，一直是信息技术研究领域的研究者们深感兴趣且争论不休的问题。

对大鹏公司员工的调查数据表明，“工作中能够自己做主的情况占总体工作量的比例”平均为61.4%。从访谈的情况来看，大鹏公司的员工倾向于自己做主，而领导也逐渐转变观念，希望员工能够把自己的工作做好。据老员工YX反映，这跟信息化之前的工作情况相比有显著变化。在信息化之前，员工们因为工作中的信息匮乏而无法自主，因为一旦工作中出现什么新情况，他们又缺乏足够的信息来协助决策，就必须依赖掌握更全面信息的领导的指导。在信息化之前，一般员工的角色就是一个领导意志的执行者。“以前一个部门里面，都是领导说了算，领导是头，其他人都相当于手和脚，就是命令与被命令的关系。”(JLL)。

而信息匮乏只是一个表面现象，或许可以说，不是信息匮乏决定了工作决策权高度集中于领导，而恰恰是相反的因果链条更可能成立。正是因为有高度集权的组织权力结构安排，才导致了信息只能集中在领导手里，不让员工分享。而且，这种结构形成了对应的文化观念来维护其存在，这正是前面我们介绍过的销售部对内报表岗位上的XL_2总要将信息“保密”的观念的由来。

在高度集权的组织文化氛围下，事无巨细向领导汇报的行为被解读为尊重领导权威，这是正当的行为。而在信息化之后，领导放权给员工，由员工自己决定怎么工作，并且在决策时参考员工的意见。这除了与信息共享，且系统的分析功能协助提高了员工的决策能力有关之外，也与相应的观念转变有关。在信息技术深入应用之后，如果员工仍然事无巨细地跟领导汇报，这种行为的含义就变化了：领导不再认为员工是对他尊重，而是认为任何小事都来麻烦他，是对他的随意差遣。从对“向领导汇报”这件事前后的解读来看，大鹏公司的上下级权力格局发生了从高度集权到适度放权的转变。

> 对哦，（领导现在的观念就是）你把这个部门管好嘍，找我干吗？以前就是：（员工追着领导问）哎，这个怎么做？怎么做？这是说他（员工）的观念不强，不动脑筋，光张嘴。而且很多领导都是：你做任何一件事情都必须跟我汇报，我同意你，你才可以去做。领导觉得你来问我也很正常，那叫请示。现在就是你自己搞嘍，天天去问领导，他当你什么，当你秘书算了！这个观念不同了。(CZC)

这种适度分权是通过信息系统里面的权限授予，将部分管理任务下放形成的。部分管理权限下放与系统行为可回溯密切相关。比如之前的客户代码冻结，公司的限定是60天的账龄超期，一旦客户未付款超过60天，该客户就被冻结，停止向其发货。在ERP系统中这种账龄设置就非常确定，“一道闸”，不会有例外。但是市场情况非常复杂，面对客户不能过分标准化，而这个“具体问题具体分析”的权限开始是在“后方”集团相关部门领导那里，需要其审核，做一个打开的操作，系统才“放行”。但问题是“前方”的市场情况变化快，需要及时响应，而“后方”领导的工作安排有时候就与系统需求相冲突，无法做到及时响应，这就导致对“前方”市场客户要求反应不迅速而影响到销售。后来，“前方”市场分公司就要求领导将这种关键客户解冻账期、具体情况具体分析的权限下放，由“前方”市场分公司的财务来审核决定，是否打开冻结。“因为他（领导）可以进行一个事后的检查是吧？数据都在系统里面，随时可以查。”（SQY）

布卢姆菲尔德和库姆斯（Bloomfield & Coombs）的研究指出，当信息技术刚开始在组织中被使用的时候，许多观察者都认为这会带来组织权力的集中化。[①] 信息等于权力，电脑巨大的信息处理能力使其被看作管理控制的延伸。但是这只是企业计算机化的早期，即大型计算机应用的时代，随着计算机的小型化和价格降低，人们又期待计算机能够促进组织内部的分权。看起来权力问题其实就是电脑所有权和信息的接近通路的问题。拥有一台计算机就相当于拥有权力，所以如果计算能力在整个公司被普及也就意味着分散了权力。他们指出，有一个明显的趋势就是，垂直的组织体系层级越来越少，越来越多的权力被下放给下一级管理者，甚至借助网络和技术将绩效考核外包。所有这些现象都可以被看作与信息技术所提供的功能部分相关。

但是突生视角认为突生因素影响信息技术与组织结构变迁之间的关系。比如罗比指出，在不确定性强的外界环境中，计算机技术能够支持既有的分权结构；而如果外界环境简单，计算机技术则倾向于强化中央权威结构。所以计算机技术应该是个调节变量，影响到环境的不确定性和组织结构之间关系的强度，而不是技术应用导致了组织结构是集权还是分权的结果。[②]（详见第二章第二节内容）

---

① Bloomfield, B. P. & Coombs, R. (1992). Information technology, control and power: The centralization and decentralization debate revisited. *Journal of Management Studies*, *29* (4), 459-459.

② Robey, D. (1977). Computers and management structure: Some empirical findings re-examined. *Human Relations*, *30* (11), 963-976.

文献中出现的这些矛盾的变化导致了一个关于组织内部的权力与控制的迷局。部分决策权交给边缘岗位，这明显是个分权的现象；但是持续地使用信息技术操纵产出和标准，甚至建立更多的更明确的规则和程序，这些现象又让人觉得权力更集中了，控制更强了。[①] 从这些观点出发，集权和分权可能不应该被看作"对立或者非此即彼"的关系，而是"相辅相成"的关系。[②] 正是当下信息系统发展的这种双重性特点使得那些单独强调集权或分权的解释视角变得困难。这也使得计算机与权力之间的关系研究中的所有权和信息通路概念不那么重要。[③]

笔者十分赞同不能用单一的集权或者分权的视角来看待信息化对企业内部权力格局的影响，集权和分权不是"对立或者非此即彼"的关系，而是"相辅相成"的关系。但是，就既有的研究结论而言，值得商榷的一点是，布卢姆菲尔德等人认为计算机与权力之间的关系研究中的所有权和信息通路概念不那么重要。笔者认为其中的信息通路和所有权概念依然重要，只不过，这两个概念都需要修正。他们探讨的是计算机的所有权和以是否拥有计算机作为信息通路的指标，笔者认为我们应该关注的不是计算机的所有权问题，而是信息的所有权问题。[④] ——**信息化给企业带来的改变不是计算机本身，而是通过计算机操作实现的对企业的数据化管理；其中重要的是被数据化的信息，所以重要的是信息的所有权**。以是否拥有计算机作为信息通路的指标也流于表面，因为企业里 ERP 对员工的信息屏蔽并不是通过剥夺其工作工具——电脑来实现的，而是在信息系统里面为不同岗位的员工设立不同的工作权限来实现的。

笔者某次去访谈多媒体产业公司负责内部财务工作的员工 SQY，正遇到她在向有关领导申请将"客户代码冻结解冻"的管理权限下放到她所处的工作环节。笔者问她申请下来的可能性大不大——因为"客户代码冻

---

① Robey, D. (1981). Computer information systems and organization structure. *Communications of the ACM*, *24* (10), 679 - 687.

② Orlikowski, W. (1988). CASE tools and the IS workplace: Some findings form empirical research, pp. 88 - 97. SIGCPR'88.

③ Bloomfield, B. P. & Coombs, R. (1992). Information technology, control and power: The centralization and decentralization debate revisited. *Journal of Management Studies*, *29* (4), 459 - 459.

④ 笔者在该企业做调查期间发现，有部分员工因为习惯了用自己的电脑，所以每天上班都是带自己的手提电脑来用的。他们并不在乎公司给予的电脑所有权。在该文本中，所谓电脑所有权实际指称的是电脑的使用权。

结”本来就是公司为了规避风险而开发的一个制度设计，她说：“根据经验，这应该没问题。我会说明为什么我需要这个权限，如果这个权限不下放到我这里会给外面分公司的工作造成什么不便，甚至损失。那么，这也是流程优化，领导一般都会支持。”（SQY）由此也可见，大鹏公司目前的上下级在权力配置上是适度放权的格局。

正如前面所论述的，大鹏公司内部上下级权力配置格局从高度集权转向适度分权，在领导群体对员工仍然秉持 X 理论的设想的情况下，其根本原因是信息技术为领导群体带来了高控制力。信息技术应用实现的信息监控在技术上具备精确监控的能力，把领导从过去担心自己不了解员工、无法管理员工的岗位焦虑中解脱出来。也就是说，集权是领导的群体失控感导致的在公司层面对领导-员工关系进行制度安排的结果，因为觉得无法控制所以要加强控制；而放权的前提正是信息技术的应用提升了领导的控制感，放权是可监控下的放权。在对员工人性的预设不变的情况下，领导如果没有工具来实现监控，感觉不安全，就不会放权。

> 销售部当时（没有上 ERP 时）是集权管理。销售分公司，包括我们，当时还有大区，权力是很小的。包括价格权，很小的，一个特价，一个促销活动，一个广告都必须由销售部部长，乃至有些决策由大老板来做。由于全国那么大的面，200 多个销售站，100 多个库房，它的这个促销、花销都要通过报告的形式，而且报告时间比较长，就是日常办公的一些事情（都要领导来拍板）。……因为我们的整个销售管理系统，从财务系统到业务系统，到库存系统，都不透明、不公开。……你就是个（销售部）部长，哪怕你是大老板，你不真正下去看，你就不会清楚。当时根本谈不上数据公开，所以当时有些问题就是私下可能会出现风险。因为不公开。没得手段来公开嘛，没得办法。而且这个是我们当时最大的问题，本质的问题。我晓得，但是没有办法。（JY）

既实现了控制，又实现了给予员工想要的既有益于员工也有益于企业的自由度（领导对员工仍然是 X 理论的预定，但是员工却感觉领导是以 Y 理论来对待自己的，这就是信息技术应用带来的“附加收益”）。这种现象进一步启示我们，过去的权力研究中盛行的“零和博弈”的视角应该被修正。ERP 的引进，本来是为了解决长期以来管理上不透明的问题，是为了加强控制的，但是客观上却带来了企业在集权与分权两方面共同受益的情况。

在信息化前后，领导对于员工的认知并没有改变，都是“员工需要管”，但是技术的应用却促使权力配置格局发生了从过去高度集权于领导，到现在领导适度放权给员工的变化。其中有两个根本机制：一是信息技术大大提高了领导的管控能力，这种可实现的、实际的技术能力衍生的高控制感驱逐了领导群体曾经的不可控制感，使得领导对放权行为感觉“安全”；二是领导面对新情况自身所做的工作及工作方法的调适。

二、从管控到合作

（一）员工能力提升：从操作能力到思维能力

在 ERP 系统没上之前，笔者所调查的总公司里从事管理工作的员工，那些所谓坐办公室的脑力劳动者，在工作中只是一个简单的执行角色。以财务部的工作为例，财务会计之前是被没有争议地定义为“管理人员”的，但是他们所做的工作主要是单证处理，而单证处理本来有两重要求，一是整理单证进行保存，二是根据单证数据进行分析，为决策提供建议，进行“脑力”劳动的附加值创造。但是过去做单证处理，因为单据量太大，最后员工们就陷入单证管理员的角色，“把每天的单据收起来就完了”，而并没有精力来做根据单证数据进行数据分析、为决策提供建议等工作，也就是说员工并没有发挥分析的作用，以致公司董事长质疑财务岗被称为“管理岗”的合法性。

而上了 ERP 以后，单证处理这方面、可标准化程度高的大部分工作交给了系统，财务人员的工作重点转移到对财务数据进行分析、提取有用信息、为决策提供依据上来。①

> （现在的财务工作比上系统以前）是高级了很多。原来我是把每个报表弄清楚就行了，但现在工作做得还是很细，对很多业务数据的加工分析我感觉到比原来进步很多。比如最早的时候我可能只是知道客户付了多少钱，我们出了多少货。那现在我可能知道客户的规模、给我的贡献，我在你这里投入多少资源，然后我未来的市场，蛋糕在哪里，都可以知道。（JW）

---

① 当然，财务岗进行了分化，分化为会计岗和财务岗，会计岗仍然从事单证处理等操作性的类似“体力”的工作，财务岗主要从事数据分析以及信息工作流程优化等“脑力”工作。

ERP 对员工的这种工作能力的提升，通过三种途径实现：一是 ERP 通过提高工作效率，把员工从繁重的操作工作中解放出来，让员工有时间“从事思考工作”；二是 ERP 通过一定范围和一定程度上的信息共享，为员工提供必要的、翔实的数据；三是 ERP 内置了一些高级的分析工具，可以协助员工进行数据分析。

我们看到，员工的能力——从操作能力到思维能力的提升是一个发生在信息技术应用部门的普遍现象，而不仅是在财务部，也不限于财务岗。

对 ERP 带来的这种工作能力的提升，员工体会较深的有两点。

一是建立了对数据的敏感性，提高了自身分析数据的能力，改变了过去依靠“感觉”和经验做判断的习惯，养成从数据分析中得出结论、进行科学判断的工作思路。

> 现在工作……用脑子比较多了。以前数据没有，就是脑袋蒙（猜）的，不知道怎么回事，靠感觉来决策。……对数据敏感那是个工作习惯。现在看到数据，我喜欢看数据，每个分公司、每个片区的销售数据、盈利数据，包括工资分析啊，我喜欢做分析了。现在的工作来说习惯于分析了。这跟以前完全不一样。(LW)

二是它提供了一种从局部性到系统性的视野格局的变化。ERP 的工作流程化设计使得员工认识到，自己一个岗位上的变动会引发整个链条的连锁效应。在这种情况下，员工会逐渐形成将自己所负责的局部工作与整个链条联系起来看的工作习惯。进一步，这种工作习惯会扩散开去，使员工在看问题的思维方式上获得一种全局观。这种全局观既表现为员工在完成自己的单元工作后会考虑它对整个流程产生的影响，也表现为有的员工站在部门领导的高度来考虑自己的工作安排，甚至表现为有的员工直接拿董事长的精神来指导自己的工作。在这种全局观和系统性思维方式的养成中，员工们认为 ERP 的影响是最明显的。

> ERP 带来的，明显的是看问题的高度的提升。(ZHL)
>
> 现在视野更宏观了，而且能够站到领导角度去看了，因为**这个信息系统给很多人一个机会，（使）你可以站到领导的角度去考虑。因为你有这个数据分析后，你可以做判断。以前是没有的，以前领导有数据的。**以前是各个报表集中到领导那里，领导有数据，可以看大局，现在我们也可以看到报表，我也有这些东西了。(LW)

信息技术应用提高了员工的工作能力，本质上是信息技术应用把信息在领导、员工间进行了重新分配，实现了有控制的适度共享，把以前被领导垄断式的信息格局束缚住的员工工作能力解放了出来。

（二）员工参与决策：从领导决策到团队决策

如何达致决策，这是表现组织内部领导与员工之间的关系距离的重要指标。前面我们谈到因为信息技术的应用，员工工作能力得到普遍提高，但对于领导-员工关系来说，更有意义的是员工与领导之间能力相对位置的变化。在传统的管理技术条件下，领导的能力是被“默认”高于员工的，所以是领导做决策、员工执行的上下级合作模式；但是信息技术应用提高了员工的分析能力，而且员工群体相对于领导群体在年龄结构上偏低，对信息技术的掌握度更高，这种技术吸纳能力格局也导致了领导对员工依赖度的提高。在这种情况下，部门决策逐渐由领导个人决策转向领导广泛依靠部门员工的团队决策。

> **信息技术的应用把员工的能力提高了嘛，领导在决策上就越来越多地参考员工的意见啊，而且这么做的效果也很明显**。以前可能就是领导自己拍脑袋，现在他就会问相关岗位上的人最近的数据表现出来是个什么情况呢——可以说现在部分员工对业务或者部门工作的了解可能比领导还清楚。具体地说，因为领导管人嘛，在业务方面肯定是我们天天看数据的人知道得多。那是改变很明显的。部门决策上绝对更民主了。……**以前我们是不可能提建议的。都不会想到去提建议。以前就是把工作做好，根据领导的布置去执行就是了。就是个执行。**……有了数据平台的支撑，我们也有那个能力了。以前没有支撑的时候，不会去考虑改进啊、提建议之类的，现在信息平台支撑足够了，能力提高了，而且从信心上来讲的话，也更有自信了。（ZYW）

信息技术提升了员工的能力，也提升了员工参与决策的信心以及主动性。这些主客观条件共同推动了上下级决策合作模式变迁及对应的观念变迁。

对于领导来说，决策模式的改变还与信息技术的应用改变了领导对信息的占有格局，以及他们对于信息的文化意涵的认识的改变有关。在大鹏公司，过去“信息”意味着权力，很多领导最重要的权力就来源于对信息资源的垄断。比如，开管理干部会，公司最高领导讲话要靠中层来传达，这在一定程度上就成为公司管理结构中某些管理岗位存在的意义。而现在，在公司信息化之后，情况发生了变化，公司最高领导在任何会议上的讲话都通过 OA 发布出来，公司全体员工都会知道，不再需要过去层层传达的那种方式，甚至“有些员工理解得可能比部门领导理解得还透彻些哦，因为可能领导自己也没怎么注意啊，他员工倒是自己仔仔细细地看了，因为这直接就可以指导工作啊”（ZYW）。

这种公司信息化带来的在公司范围内的对信息含义的重新界定，即从“信息/数据是权力的体现”转变到“信息/数据是工作的必需”，直接为领导向员工“请教”决策建议的行为在群体文化层面提供了合法性。

（三）上下级关系本质：从管控到合作

ERP 的应用将员工的绩效考核由领导考核转变为系统数据的 KPI 指标考核，实现了量化考核。这既为领导、员工之间的沟通提供了一个共同的数据语言的基础，同时也通过降低“领导的印象”在员工绩效评估体系中的权重而减少了之前领导-员工角色关系中的对立因素。

> **应该是这样的嘛，速度变了，思路变了，眼界也变了，考虑问题也变了嘛，以前你可能埋怨领导给的工资低了，现在你看到数据就没什么好埋怨的了**。销售员现在工资再低他不会找我们闹了，你自己挣的钱啊，有数据你自己看吧。以前总部在发工资，发高了是总部的决定，发低了也是总部的决定。这个月好像我卖得这么好为什么发这么少的工资？他没想到他没有多少利润，占用的费用太多，占用的存耗太多。这样的话，工作关系也融洽很多了，不用解释那么多了。数据就在那里你自己看。工作气氛融洽了好多。你现在都知道怎么回事，以前都不知道。现在大家都专心工作去了，不像以前都揣摩领导去了。（LW）

在传统的技术条件下，员工的绩效靠上级领导的定性评估，而这些领导的绩效又靠他更上面的领导对他的定性评估。这就造成了员工对领导、领导对更上级领导的层层“对上负责”，最终导致在整个企业组织范围内，组织成员以对上级领导的忠诚替代了对企业负责、对工作负责。在信息技术深入应用以后，这种考核体制发生了改变，组织成员的业绩不再依靠上级领导的定性评估，而是依据 KPI 指标进行量化考核。不但员工的绩效便于评定，层层大小领导的绩效也便于评定。这种考核方式不仅降低了上级定性在下属绩效评估中的权重，而且反过来让上级的绩效评估依靠其所管理团队的集体工作业绩。在某种程度上，这个评估体系中的上下制约关系由原来的上制约下（上级决定对下属的绩效评估）倒转过来，变成下制约上（下属的集体绩效决定上级的绩效评估）。

这种倒转制约关系的评估体系使得上级在处理与下属的关系上，从以维护自己的权威为重，转向以团结员工干出业绩为重。笔者在大鹏公司调查期间，员工们给笔者描述的是，在信息技术深入应用之前，上下级之间是管控与被管控的关系，而在信息技术深入应用之后，上下级之间的关系趋于平等合作。在员工面前，领导不再以不可侵犯的权威的面目出现，而是愿意采纳员工意见、接受沟通的形象。

物资部的一位员工 ZYW 曾经跟笔者讲述他对领导的认知是如何实现从“害怕领导”到现在觉得“领导也是人”的转变的。①

2005 年初，大鹏公司的信息化进入高速发展期，ERP 在公司得到深入、广泛应用，各个部门都要求员工们努力改进流程。ZYW 某天有了一个改进系统流程的想法，就去跟自己的直管领导 C 部长汇报，然后 C 部长就叫 ZYW 自己直接去找经营管理部的负责人 R 部长（信息管理处隶属于经营管理部，归 R 部长管）谈想法。当时 ZYW 就愣住了，因为他根据过去的经验，觉得这是不妥当的做法，应该是部长去找部长，他作为一个小主管是没有那个职位资格去跟部长级的领导沟通自己有什么信息化需求的。但是他作为一个下属也不敢跟自己的领导争辩，于是就把工作停了下来。C 部长后来发现 ZYW 没有继续推进工作，就再次敦促 ZYW 去找 R 部长。ZYW 被自己的领导“逼急了”，只好硬着头皮去找 R 部长。他本来预料会遭遇冷遇、怠慢或批评，没想到 R 部长“也没有那么可怕”，而是很耐心地听取了他的想法，然后把信息管理处当时针对他那个项目能做的和不能做的条件都解释给他听。后来，ZYW 发现“其实说我们现在系统遇到了问题他肯定也很紧张，毕竟他负责信息化工作嘛”；后来又发现，如果信息管理处的工作太多，对他的需求不能及时响应，R 部长会亲自给他一个解释，同时给他具体而明确的时间表。他形容当时自己的感觉是“什么时候天变了”。自那之后他就发现其实各位领导都不可怕，“现在有事情就（无所畏惧地去）找领导了”，“因为都是为了工作嘛”。

ZYW 的故事说明“都是为了工作”已经替代“都是为了领导”成为领导-员工关系的基础。“都是为了工作”很好地体现了公司工作文化从之前的人情主义向事本主义、由人情化向职业化的转变。

LW 是位进入公司 27 年的老员工，他对于公司这些年来的文化变迁

① ZYW 1999 年进入大鹏公司。

感受十分深刻，总结也很精辟。他指出，以前员工在工作中唯领导导向，所谓“干正确的事”，而“正确的事”就等于“领导的意图”；现在员工们工作就转变为以工作为重，所谓“把事干正确”，而“正确的事”是依据数据及科学计算得出来的判断和决策。

图 4－6 展现了公司在深入应用信息技术之后，领导和员工对彼此关系的认定发生了从“员工以领导为重”到“领导-员工合作以工作为重”的变迁。

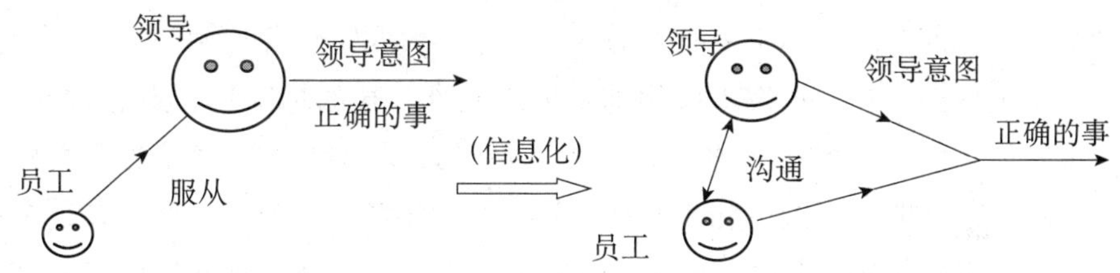

图4-6-1　员工以领导为重　　　图4-6-2　领导－员工合作以工作为重

图 4－6　上下级关系行动模式

图 4－6－1 中代表员工和领导的脸谱的大小差距代表了在信息化之前，大鹏公司的上下级关系的权力距高。对于员工来说，领导权威高，高高在上；而在领导眼中，员工的地位很低，地位渺小。员工的行动取向是“领导意图”，“领导意图”就等于“正确的事”。图 4－6－2 中，领导的脸谱相较于图 4－6－1 中的脸谱变小，员工的脸谱相较于图 4－6－1 中的脸谱变大。这代表信息化之后，大鹏公司的上下级关系权力距低，领导与员工之间的地位差异在缩小，趋于平等。员工与领导的行动取向是“正确的事”，而此处“正确的事”是通过信息系统里面的数据分析得来的工作指导。

> **以前是干正确的事，现在是把事干正确嘛。这肯定不同啦**。干正确的事就是你叫我怎么办我就怎么办，领导就是正确的，就按照领导的意思去办嘛。现在把事干正确。这个正确的事，领导有可能是错的，但你也得把它办对，根据自己的分析，按照事情本来的规律。现在的结果是，以前是领导说一件事情，我把它按照领导的意图办对，干正确了，领导高兴了。可能这个事情本身是错的，但领导也高兴啊。反正你要听话。现在是干正确的事，领导没说对，你可以不干，你跟领导去说啊，领导不对啊。你数据给他的话他相信的。他不会说你这个怎样怎样。他不会。相对来说，领导的管理风格改变了。他尊

重事实、尊重数据嘛，在决策上是以数据为准了嘛。(LW)

与绩效考核挂钩的利益分配制度和升迁标准变迁了，才从根本改变了上下级之间的关系。

以升迁的规则为例子。LW告诉笔者："现在大家都专心工作去了，不像以前都揣摩领导去了。……这是个很大的转变，从揣摩领导到揣摩市场，揣摩自己的经营和自己的行为，这是个本质的转变，以前是没有这个概念的。……现在就是领导想用你了，就看看你对数据是不是敏感，会不会做事，以前就是看你听不听我的话。这是很大的转变。"

由上可知，在信息技术应用前，组织成员升迁的标准是"效忠领导"标准，而在信息技术应用之后，组织成员升迁是以绩效为表征的能力标准。这对于一般管理人员和各非高层领导的领导群体来说都一样。在这个意义上，各位领导与其团队成员的利益是一致的。由此，领导群体对自己与员工的关系做出调适，对员工从管控为主到团结为主。

小结

ERP应用前后，大鹏公司的上下级关系发生了以下两点变化。

一、上下级关系特征从高权力距转向低权力距

高权力距意味着集权以及高权威的上下级关系，低权力距代表着偏向民主及低权威的上下级关系。ERP将组织活动进行数据化的转译以及工作流程中前后环节的逻辑互锁，提供了对组织员工的强大监控能力，信息系统替代了领导对员工的直接监控，使领导的注意力从"管人"转变到"管事"上。这就使员工逐渐从领导施加的权威控制感中松脱出来。

ERP应用为领导的管理工作提供数据基础，领导群体调适自己的工作方式，使管理方法从定性管理向定量管理转变，治理方式发生从利用权威之术到依据数据之理的转变。这增强了公正感和员工对领导的信任感。

ERP应用带来的巨大管控能力增强了领导对组织的控制感。在此基础上，为了提高工作效率，领导对上下级权力格局进行了重新配置，从原来的高度集权转变为适度分权，赋予员工一定的工作自主性。这些由领导层所做的制度安排和在管理行为上的主动调适都促使大鹏公司的上下级关系在信息技术应用前后从高权力距特征转变为低权力距特征。

二、上下级关系本质从管控关系转向合作关系

ERP的应用通过提高效率把员工从繁重的操作行为中解放出来，并

提供数据和分析工具、升级岗位要求，从而提升了员工的工作能力，使员工发展出了数据敏感性和领导思维（全局思维）。

ERP内在的信息公开、透明的物理逻辑改变了公司内部对信息的认知，从信息是权力转变到信息只是工作的必需条件。在此基础上，技术重置了公司内部的信息分布，从原来的领导垄断信息格局转变为领导-员工间有控制地适度共享。信息共享带来平等感，以及上下级之间的分工合作感，这也使过去建立在信息的等级分布格局上的领导-员工群体间的能力差异消失。领导因此改变了过去"向员工问建议代表领导无能"的观念，建立起"向员工问建议是工作所需，且代表领导开明"的新观念。部门决策由此从领导决策转变为团队决策。

ERP应用之后，公司对员工的考核从依据领导的定性评估，转变为基于系统数据的KPI定量考核。员工的绩效考评中领导的权重降低，而领导的绩效却需要依赖员工的集体绩效。这种技术应用带来的考核体系的前后倒转改变了上下级的关系模式，从曾经的"员工以领导为重"转向"领导-员工合作以工作为重"。新的情况促使上级领导调适自己与下属的关系，从以维护自己的权威为重，转向以团结员工干出业绩为重，上下级关系从管控与被管控的关系向分工与协作关系转变。

第五章　组织文化变迁及其变迁机制

信息技术与企业文化联系起来是因为信息技术在组织中应用。组织文化的变迁本身可以有多种原因，比如说组织外部环境的变化、企业领导的风格变化（包括领导更换）等因素。在本研究中，我们要探讨的是那些与信息技术应用相关的组织文化变迁是如何发生的。信息技术的应用重组了组织实践，对组织员工的行为规则和观念认知提出新的要求，这种要求通过技术应用本身伴生文化以及技术应用中组织成员面对新技术的主动调适（包括领导的文化调适和员工的文化调适）两条路径促发组织文化变迁。我们看到，大鹏公司的组织文化确实是伴随信息技术逐步深入应用的过程而发生变迁的。那么，信息技术应用与组织文化变迁之间的关联机制是什么？在论述变迁机制之前，笔者先总结一下组织各种文化现象的变迁。

第一节　组织文化变迁：从人情文化到职业文化

调查资料表明，在大鹏公司，伴随信息化的过程，组织文化也发生了转变。组织文化变迁是信息技术在企业组织中成功、深入应用的一个重要产出。

ERP 作为一种管理软件，在企业中被引入的主要目的是提升基础管理水平，堵住传统的管理技术条件下的管理漏洞，使企业从管理中获得效益。从组织实践层面来讲，ERP 对公司各管理工作岗位及它们之间的关系进行了重新设计，但是它同样内含了对使用者特定的文化要求，使用者所拥有的解释体系与信息技术内含的解释体系之间具有足够程度的匹配度，ERP 的技术功能才能发挥出来。正如该公司一名被访者说："把这个系统上上来，如果人的观念不变，那只是成功了 5%，另外的 95%需要一群在观念上和这个技术匹配的人。”（GJX）这是 ERP 的深入应用会引发企业组织文化变迁的根本原因。[①]

除了多尔蒂等学者的研究，截至目前，我们并没有看见明确的对实际发生在组织内部的、由信息技术应用带来的文化变迁的经验研究，不过或许李（Li）的一个研究可以给予我们一定的启发。[②] 他在《信息技术对关系取向的治理系统的影响》一文中提出一个理论框架，即按照国家和组织的运行主要是依据公共规则（public rule）还是依据私人关系（personal relation）来将国家和组织划分为规则取向和关系取向的治理系统两类。他总结既往研究，发现在规则取向的治理系统中经济发展较快，而且应用信息技术（研究以 MIS 管理信息系统为例）成功率高；而在关系取向的治理系统中经济发展较慢，而且应用信息技术的成功率低。在关系取向的国家和组织中遭遇的阻碍，要比在规则取向的国家和组织中遭遇的阻碍更大。他期望信息技术为规则取向的国家和组织带来巨大的经济效益，然后对关系取向的国家和组织形成巨大的压力，迫使后者采用信息技术，从而加快后者的文化从关系取向向规则取向的转变。在李这里，规则和关系的本质是系统行动被组织起来所依据的行动规则，跟我们此处的文化维度的内涵具有一定程度的一致性，我们可以从李的概念中受到启发。

笔者发现，在信息技术应用前，大鹏公司的文化主要是其历史传统延续的结果，信息技术对企业文化进行改造就是打断公司的历史人文传统。在既有对中国国企文化的研究文献中，有学者把国企源于其历史传统的文化称为“单位文化”[③]，还有学者称之为政本文化[④]。根据他们对这些概念的剖析，其中都包含了非经济取向、非理性以及关系性的特征。但是他们主要是从国企的体制特征出发来建构文化概念。笔者认为，如果就研究企

---

① 另一位被访者用一个比喻更形象地说明了这种组织成员的观念发生转变而不仅仅是组织流程改变的重要性。“这好比你去住酒店，服务员来给你提箱子，他们把你的箱子从门口提到你房间，但是一个笑容满面，另一个却从头到尾马着个脸，把箱子给你丢房间招呼都不打就走。你看，这两人行为都是一样的，但是给你的感觉一样吗，不一样。这就是酒店文化的不同。信息化是一样的，都那样操作，但是你态度主动不主动、观念匹配不匹配，同样的 ERP，用出来的结果是大不一样的。”（GST）

② Li，S.（2005）. The impact of information and communication technology on relation-based governance systems. *Information Technology for Development*，*11*（2），105－122.

③ 曾亚强.（1992）. 国有企业：单位特质和单位文化现象——国有企业文化环境认识. 学习与探索，（1），91－96.

④ 韩康.（2004）. 企业文化变迁与制度创新——兼论中国国有企业文化创新的路径. 新视野，（5），28－31.

业文化而言，就文化本身的总体性特征来建构概念或许更适宜。

那是否李的关系文化和规则文化适用于称谓大鹏公司在信息技术深入应用前后两种差异化的意义体系?

前面第二章和第三章的翔实描述显示，大鹏公司在信息化之前的文化总体确实具有关系性特征，这与曾亚强对传统国企文化，即他所称"单位文化"内在的一些特征一致。在单位文化中，个体呈现单位人格特征，极其注重人际关系的处理，奉行的主要原则是向上负责、伦理优先和亲近优先。"能依据这些原则把人际关系处理得和谐和协调，几乎是单位人格最完善的表现。"这跟笔者所看到的大鹏公司的传统文化在同事关系中遵循"亲近"原则、在上下级关系中遵循"对上负责"原则是一样的。

然而，从笔者的观察来看，虽然大鹏公司信息化之前的文化有关系性特征，但是如果用"关系文化"概念来称谓作为老国企的大鹏公司的传统文化，却不尽准确。

在访谈中，笔者常常听被访者以含义丰富的语调提到一个词"老国企"。

> 不敢管理。就像一个劳动纪律的事情，一个着装的事情，每年都要强调，但是没一个人去管。领导都是少栽刺，多栽花，老国企嘛，因为领导既不想管你，也不想咋的，就是说跟员工接触很少。不是说不做事，而是尽量少得罪人。一些事情虽然对公司有好处，也会对他的业绩有提升，但是得罪人太多，他不会做的。这样的话，一个企业上下级关系肯定很和谐了。(XL)
>
> 以前领导可能也是碍于面子不好说，尤其是在国企里头，觉得我要给你说出来好像我比你还难受。就是我最多抱怨：哎呀这个人怎么这样不思上进啊？但是都不敢面对。但是现在就不是这样，必须！必须！(JH)
>
> 往往看见一件事情（被）耽误了，事实上它耽误的远远不是一件事情。但我们的管理者更多的解决办法是什么？是让这个问题尽量不成其为一个问题，至少说不要处分人，而不是想办法让这个问题不要发生。这是我们老国企很大的一个问题。(GJX)

在上面各个语境中，"老国企"的基本含义是，即使没有关系也给面子，维持普遍和谐；而"关系"是带有特殊性的概念，"有关系一切好办，没关系一切照办"，有关系给面子，没有关系不给面子。所以笔者认为，

“关系”概念在概括传统国企文化的特点上不及“人情”概念准确。人情概念包含了关系，但是比关系的内涵更广。在大鹏公司以前的文化里，固然有关系更好办事，比如跟领导“亲近”或者有“伦理”关系（裙带关系）会得到升迁，或者犯了错“大事化小”受到庇护，但是，即使没有“关系”的人之间也会普遍彼此给面子。比如上面GJX谈到的，员工在工作中出现问题，领导的处理方式是尽量不要处分人。在这里，并不是说犯错误的员工跟领导之间有什么特别关系，而完全有可能是领导“我要给你说出来好像我比你还难受”，碍于面子。① 而当绩效考核出来，按照制度规定，不符合要求者应该被淘汰出岗位，但是“还是不能痛痛快快”地“请他走人”的原因，也并不是说领导与该不合格员工之间有何特殊关系，要给予特别的照顾，而是“碍于面子”。**维持普遍的和谐，或给予特别的人特别的关照，这就是人情文化与关系文化的本质区别。**在这里，笔者倾向于用“人情文化”来标识大鹏公司在传统人治管理技术条件下的文化而不用“关系文化”的概念，这也有利于将其与社会学中的一个大的“关系文化”概念区别开来。

当然，我们认为关系性是人情文化的核心内涵。在人情文化中，员工对企业的理解是，个体的组织活动以经营关系为中心，企业内部的岗位间关系（包括同事合作关系与上下级关系）人情化，岗位间合作的基础不是职位角色关系，而是人际关系。同级同事间的合作关系被赋予人情交换的含义。上下级关系的本质是等级关系，领导的高权威导致下属的对上负责，对领导的忠诚高于对企业做出绩效贡献。人际关系的重要性反过来影响个体的工作行为，个体工作的方向是服从领导意志，干好工作的条件是与合作职位上的人建立私人关系。

在大鹏公司的传统文化中，员工们在面对工作时，自由度大，随意性强，企业制度执行不力，重形式，态度消极被动；在同事合作中刻意经营私人关系，在上下级关系中员工“害怕”领导。②

---

① 笔者在调查中也听到过这类实际案例。在2002年，信息化工作几乎陷入停滞的时期，信息管理处的一位员工因为擅自误操作丢失了整个系统一天的数据。要弥补这个损失就需要麻烦所有的相关部门重新输入半天的数据，这对当时处于一片反对之声中的信息部门来说，几乎是个不可原谅的错误。据当时在场的员工回忆，“部门几个头儿什么话都说不出来，Z部长当时脸色卡白卡白”，但是即使如此，“领导也不好说什么”。

② 在人情文化中，即使想干好工作也要以经营和谐的上下级关系、同事关系为前提。这种情况到最后往往也发生手段（经营人际关系）对目的（干好工作）的置换，更何况更多的时候经营人际关系就成为工作本身。

在信息技术应用中，组织成员树立起来规则意识，是前后文化之间的一个重要差异。但是笔者认为，转变后的文化的内核与其说是规则化，不如说是角色化。规则化描述的是行动依据，而角色化也包括了主体性在其中（角色是主体扮演中的角色，而不仅是对主体行动的期待或规定），所谓“在其位谋其职”。角色是个大概念，而此处的角色就是个体作为企业中的职业行动者。所以，笔者倾向于用“职业文化”来表称信息技术在大鹏公司的应用所带来的这些变化。这个词也来自被访谈对象的理解，属于“当地人”的“地方知识”。

职业文化相对于人情文化的内涵是，个体的组织活动以胜任工作为中心，企业内部的岗位间关系倾向于遵从正式的角色规定。同级同事合作关系角色化，个体倾向于将工作关系与私人关系分离。上下级关系中权力距低，呈现相对平等的分工与协作关系。员工的工作目标是为企业创造利润而非流于形式主义①，干好工作的条件是不断提升自身的能力。

从人情文化到职业文化的转变，最核心的是：个体组织活动的中心是以经营人际关系为重还是以追求工作业绩为重，个体间的任务合作活动是以私人人际关系为基础还是以岗位间的合作制度为基础；同事间的基本关系是人情关系还是工作关系；上下级的关系是等级关系，还是趋向岗位间的协作关系。（详见表 5－1）

> 就是我如果今天在这个（工作）位置上，我对在这个位置上应该做什么样的事情，应该从什么样的角度考虑出发，我就要清楚。我如果明天坐在你的位置上，我就要从你的位置上出发。这就是职业精神的表现。这点转换一定要做得到，现在的（信息管理技术）条件下也让我们能够做到。一切按照规则来，可以量化，你做什么，做到什么程度，曾经做过什么，都是透明的。（GJX）

我们看到，信息技术深入应用以后，大鹏公司的组织文化发生了变化，表现在员工对待工作的态度积极主动、追求价值贡献、工作讲规则、追求效率；在同事间趋向于工作中的开放合作，工作与情感的分离；在上下级关系中，员工敢于向领导提建议，因为“大家都是为了工作”。

---

① 从调查情况看，很多职工的工作目标还立足于自身的发展，但是这里面有个参照系。如果参照人生的发展，具体在大鹏公司的工作可能不是目标；而如果就具体岗位的工作而言，工作的目标，或说员工自身价值的体现就在于为公司创造利润。这里谈的文化局限于考察员工如何理解工作，如何理解工作中的人际关系。

表 5-1　大鹏公司从人情文化转向职业文化

	个体维度			个体间维度		
	个体组织活动的本质	工作的导向	工作的基本条件	合作的基础	同级同事间的基本关系	上下级关系
人情文化	经营人际关系	领导意志	建立人际关系	私人人际关系	人情关系	等级关系
职业文化	追求工作业绩	创造价值	培养个人的职业能力	岗位间的合作制度	工作关系	协作关系

我觉得信息技术时代了，人的观念应该转变。……**这些人不但要会用计算机，还要有一种观念，一种能够科学地、现代地去看待现代事物的观念。你不能说（以前）那种观念是错误的，（确实）是落后了一点，但有的时候落后了就是错误的**。(GJX)

第二节　IT 应用引发组织文化变迁的三重机制

信息技术应用为什么与组织文化的变迁有关系？因为不同的技术对应了不同的使用习惯，组织成员在新技术条件下有一个学习并逐渐与技术要求实现匹配的过程。但是人们内在的学习究竟是如何发生的？人们为什么要去适应？可不可以抗拒？对这些问题的回答，使我们意识到，技术应用过程中，根植于组织成员的工作行为和人际关系中的组织文化的变迁，既是一个人们内在的自然的认知转变过程，也是一个外在组织制度设计甚至更大范围的相关制度环境发挥作用的结果。

根据行动者网络理论（actor-network theory），既往的社会学理论只关注人类行动者（human actor），而排除了非人类行动者（non-human actor）的力量。[①] 但实际上二者是共同发挥作用的，非人类因素也有主体力量，比如技术就是一种显而易见的、持续发挥作用的非人类主体因素。所以，本研究既关注人类行动者也关注非人类行动者在大鹏公司组织文化变迁中的作用，探讨其中从信息技术应用到组织文化变迁之间的可能机制。

① Latour, B. (2005). *Reassembling the Social: An Introduction to Actor-Network-Theory*. Oxford: Oxford University Press.

一、技术的强制改造

伍德沃德（Woodward）指出，技术决定了组织结构，不同的技术对应不同的组织结构。[①] 这个结论同样可以移植到我们此处的信息技术与组织文化的关系中来。信息技术的技术逻辑内含了对操作者的价值观念的要求。技术的应用通过对组织结构的改造，改变了员工的操作习惯，进而强制性地改造了组织文化。组织文化在一定程度上的变迁，是信息技术应用成功的必要条件。

ERP 在功能上要实现的是规划和监控企业的销售预测、订单、采购、制造、财务和人力等资源，通过信息流指挥和控制物料流、资金流的流向。它要改变的是整个组织的运行方式。当 ERP 进入企业，最直观的就是要对应用组织的实际业务流程提出改造要求。所以，ERP 系统的应用常常和 BPR（business process re-engineering，业务流程重组）联系在一起，甚至 BPR 就成了 ERP 系统应用的必要条件，所谓"BPR 就是对企业的业务流程进行根本性的再思考和彻底性的再改造"。通过"根本性"和"彻底性"两个词，就可以想象 ERP 对组织在实践层面的改变是深入而广泛的。

ERP 改变了组织的工作设计，自然也改变了组织员工的操作习惯和工作方式，比如前面第三章提到的，ERP 的应用使员工工作趋向规范化、程序化，第四章谈到的 ERP 改变了原来岗位独立作业的工作模式而变成了精细分工下的紧密合作。那么，从技术改变组织结构、员工的工作方式和操作习惯等等实践层面的东西，又是如何演进到改变组织文化的呢？

回答这个问题的逻辑有两层：第一层是在组织层面界定组织实践与组织文化的关系，第二层是在个体层面解释从实践的改变到观念的改变是如何实现的。

前面在第二章中给出文化定义的时候讨论过，在既有的文化定义中，常见的是文化的多层模型，即组织文化被视作一些同心圆。每一层指称不同的文化构成部分，比如物质、行为、制度、价值等等。学者们通常将外面三层视作处于中心的"价值"的表现物，所以在文化的多层模型中是内层决定外层的关系（见图 5-1-1）。但是笔者认为，与其说这些外圈层面的组织现象，所谓文化的表象是内在文化——不论是霍夫斯塔德所谓的

---

① Woodward，J.（1965）. *Industrial Organization：Theory and Practice*. London：Oxford University Press.

"价值"，还是沙因所谓的"深层假定"，抑或本书的"意义体系"——的体现，不如说它们与内在的文化之间是相互"建构"的关系。也就是说，不仅文化（内在的意义体系）的变迁会导致文化的表现物发生变迁，文化的表现物本身也可以对文化发挥建构作用（见图 5-1-2）。如果有任何外力因素试图改变组织文化，有一条重要途径就是从改变这些外部的表现物开始，层层渗透。我们看到，一般企业文化的建设工作都从改变外部情境，比如办公室的格局、工作制度等开始。外在的行为、制度、物理空间布局等可以通过建构人们的行为进而建构文化。正是在这个意义上，企业文化建设才是可为的。

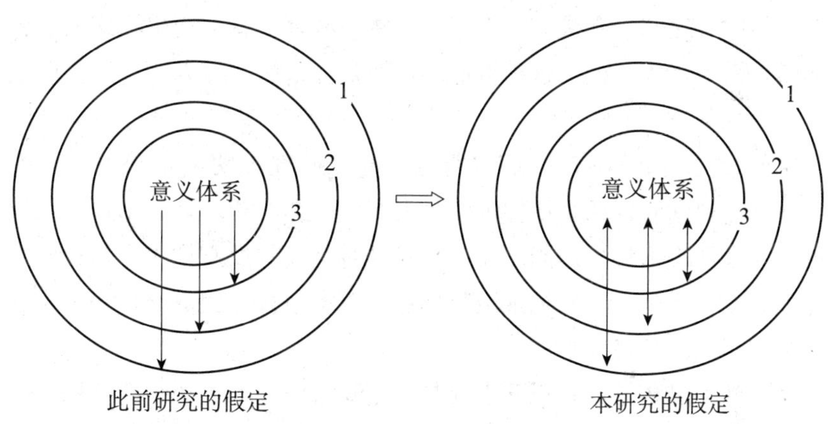

1.物质，如物理空间布局等
2.行为、制度等组织实践
3.价值

图 5-1-1　组织文化内核决定外层表现

图 5-1-2　组织文化内核与外层表现相互建构

图 5-1　组织文化各层内涵之间的逻辑关系

所以，从外在的组织结构、制度、工作安排等"文化现象"与内在作为"意义体系"的"文化本质"的建构与反建构的关系来看，组织结构、制度、工作安排等组织实践的改变会反过来建构人们的观念和价值体系。当然，我们并不否认内在的意义体系独立于外在行为的可能性。但是，这二者间的分离有一定的条件限制，比如时间就是其中一个重要变量。当一个群体的工作模式、行为方式被固化下来，经历足够长的时间，我们就可以比较有把握地推导说，工作模式、组织成员实践的改变会导致组织文化发生变迁。这样推导，跟微观层面的个体行为方式与其内在观念体系之间的关系有关。

那么，在个体层面，从实践的改变到观念的改变又是如何实现的?

心理学的认知失调理论（cognitive dissonance theory）很好地解释了个体从行为、实践层面改变到观念层面改变的原理。

认知失调理论是心理学家费斯廷格于1957年出版的《认知失调理论》一书中提出的。他的假设是，人的认知体系由许多认知因素组成，这些认知因素之间有些是相互独立的，有些是相互关联的。而相互关联的认知因素之间又存在两种情况，一是两个关联因素之间呈协调关系，二是两个关联因素之间呈失调关系。认知因素是一个人意识到的一切，比如个体对自己的行为状态与自己的心理状态的认知就是两个相互关联的认知因素。当两个关联因素之间呈现失调关系时，个体在心理上就会产生焦虑或痛苦等不适感，而个体为了减少这种不适感，通常会采取三种方式：(1) 改变自己对行为的认知；(2) 改变自己的行为；(3) 改变自己对行为结果的认识。比如，"我平时抽许多烟"（行为）与"研究证明吸烟很可能引起肺癌"（知识/观念）这两个认知因素是失调的。那么相应地，个体可以通过三种方式来解决这种失调问题：(1) 我平时其实并没有抽多少烟；(2) 从此少抽烟或者戒烟；(3) 抽烟患肺癌那是概率事件，我的身体很好，这种概率事件不会落到我头上。

这个理论最核心的意思是人会趋向于知行统一，不统一的认知与行为会使得个体在心理上产生焦虑、紧张、不愉快等等负性心理情感，这些负性心理情感会驱策个体去采取行动，改变其中一个认知要素来解决或减少这种不协调。

这种内外不一致的张力，不仅来自内在传统的观念与个体新的行为模式之间，也来自个体身处的周边环境或与他人的关系。也就是说，环境中的他人的行为会对我们的新行为习得产生影响。群体归属感、与群体保持一致行动的压力以及奖惩制度，都会驱动员工"学习"被各级领导标记为"未来趋势"的因此是"好的""更适应的"行为模式，从而实现自身在行为模式和思维模式上不同程度的转换。

> 第二个例子是下面厂里班组的例子。假设一个生产厂，它怎么做呢？原来就是物料给我，我就生产是吧？你没有物料我就无法生产。现在不一样了。现在假设一个电阻RT13，就是1/4瓦电阻，他说上PP、CO的时候必须盘这个基础库存，假设1 000啊，我下个月的产量就是1 000，每个整机的用量就是1嘛，就不需要另外买，就不需

要跑流程，系统里的术语叫跑，采购申请、采购订单，不用跑了。但是他就说我盘 1 000，其实这个根本没有 1 000，只有 800 或者 500，到生产的时候就缺料。哎，我没有啊。那我就只能生产 800 个。为什么只能生产 800 个？我就要查你。你明明盘的是 1 000，那 200 到什么地方去了?! 他开始体会不到，第一次体会不到。第二次的时候，（我就要问了）你为什么要这么做？是你自己不盘存。啊，原来这样啊，它就是要我的计划减去库存，然后缺的就要去买啊，那么下次……哦，对不起啊下次我会注意。那么到下个月，假如说他盘对了，修正一次后修正对了，但还是有问题，那我就查，哦，他消耗又不准。就是说我这 1 000 台电视机应该消耗 1 000，结果消耗了1 100 或者消耗了 1 500，以前就是无所谓呢，管它呢。假设啊，那么我查到他消耗有问题，他就又知道了：哦，我盘存要准，消耗也要准，我还要报废补料要准，最后系统才准。那么这种工作上追求准确、精准的观念，主动负责的观念他就一次又一次（受到刺激，加深印象）慢慢建立起来，这是人自然的一个过程。(CZC)

在这里，管理者说他查到了、说了员工，员工通过一次次的修正“自然”地就建立起追求精准和主动负责的观念。这个“自然”的过程内在的就是一个心理过程，即当自己的工作有瑕疵暴露出来，前后的因果关系清楚，他应当承担责任，这种公开透明会对他心理上形成压力，压力促使他去改变。

可见，当组织成员作为个体行动者被 ERP 改变工作方式或行为模式（比如 ERP 使得对领导的报表工作由几个人合作完成），这种新的行为与旧有的认知（比如 XL_2 曾经对信息的认知：信息代表权力，只能领导知道，跟同事要保密，因此跟同事要少接触）之间就开始产生张力，在心理层面不断产生改变其中一种认知因素，以实现与另一种认知因素协调的驱力。个体的解决方式是或者停止新的行为，或者改变旧的认知，有时候则是二者折中。但是在行为被固化，日复一日地持续、强化，无法改变的情况下，个体就被动或主动地从认知上去寻找新的行为的合法性，即在思想观念上认同、接受并维护新的行为。这就像第四章所讲到的 LW“二零三工资调查事件”前后的故事所表达的那样。在他应用 ERP 来进行薪酬管理，逐渐建立起数据意识、证据意识之后，当“隔壁二零三的工资福利待遇比我们好”作为一个“口说无凭”的认知因素再次进入他的认知时，他为了解决“口说无凭”与自己已经建立起来的证据意识之间的失调，就真的到二零三去调查他们的工资待遇情况。调查的结果是这个说法是错误的。然后他就开始向员工们宣传自己的“证据意识”。

从这里我们可以看到宏观层面的信息技术应用-组织文化变迁是如何借由微观层面的逻辑通道发生的。这包括两个过程：(1) 信息技术的应用提出了改变操作习惯的要求，促使组织成员个体的工作行为发生变化。根据心理学的认知失调理论，行为会雕塑内心的观念，当行为在新的模式下固定，观念则要变迁与之相适应。这种行为习惯和观念、工作态度的变化会引发人际关系改变，激发新的关系模式，从而带来组织文化变迁。比如，各个数据前端输入的操作习惯，就从之前的随意到后来的必须规范化操作。各个工作岗位被嵌入系统流程，既因为与其他岗位结合更加紧密，也因为可以谋求上下游信息增强的主动性，促使员工的工作态度从消极被动转变到积极主动；因为特定工作所创造的价值数据可获得、可计算，在工作价值导向上从资历优先转变到效率优先，从形式主义转变到价值务实。(2) 信息技术的应用改变了同事间的合作基础，促进了同事合作模式的改变，进而改变了合作观念。比如从前松散的工作岗位安排被统一嵌入流程中，工作流数据化、透明化，信息共享，使得岗位之间通过数据流即时地、紧密地联系起来，促进了员工对上下游同事工作信息的掌握，看到自己的工作在整个工作流中的位置与作用，可以更主动地调整自己的工作节奏，做出更好地配合其他工作岗位的安排。并且，基于数据说话也减少了从前信息不透明带来的人际冲突，比如人事部和其他员工对薪酬和奖金发放出现意见不一致时，从之前的彼此动机怀疑、猜疑指责转变到后来的看客观证据。又比如，报账系统的自我登录和操作，使得财务部工作人员与差旅报销人员在出现关于出差核算补贴的意见不一致时，从此前的猜疑到后来的看客观证据，公司同事之间从此前的冲突假定转变为合作假定。

总之，ERP 的应用改变了公司的工作基础：一是数据化，一切基于数据衡量并被保存，具有可回溯特征；二是流程化使得各个工作岗位间更加紧密联系，个体被强制改变了行为方式，当其行为与旧有的认知失调，且行为方式不可改变时，个体会改变认知，以促进认知与行为间的协调统一。

> 其实一开始在我看来，感觉上，它顶多就是一种工具，一开始的时候，(使得我们工作) 更便捷一些，更方便一些。后面随着慢慢做，这个工具的使用程度加深，范围拓广了。(应用) 深入了之后，有很

多的那个新的习惯、做法就要你去养成。的确（我感觉到）有些先进的思想，各种各样的元素就（随着 ERP）进来了。（这些）进来之后，慢慢在学习、在使用的过程中相当于有一个做法和想法互相促进的作用，我感觉上。(JL)

举个例子，财物系统是所有财务人员在使用，你（财务部）的一个小动作，哪怕一个程序调整了你都会影响到大家。你的信息化系统的改进过程中，你的每一个小改变都应该有个程序去走。那么这个以前很显然没有，这个完全反映了一个人治的管理。也就是说信息化建设本身有个自身的文化要形成，信息化建设中的文化本身需要一个完善，那么现在它连基本的制度（建设）都没有做到。比如邮件系统，你改动，都应该有个程序，程序一、二、三。这是硬的制度。那么软的，你有个意识：哎，我们必须按照这个来走。我相信对他的工作是有帮助的，那么就是那个人走了，不管谁来都一样。这样自然而然信息化管理的这个文化就已经制度化，通过制度化就慢慢形成习惯。(HZL)

为了进一步深化自己的这种与新的行为匹配的认知的合法性，个体开始维护、宣扬自己的新认知，甚至在群体层面展开讨论，从而促发了新观念体系与旧观念体系之间的公开正面冲突，推动了文化的变迁。大多数组织成员在 ERP 改变了自己的行为，而且新的行为被固化后，都只能通过改变自己的认知来解决认知失调的问题。由于来自同侪的群体压力机制，这种新的认知一旦被视作正当，就会很快在群体层面得到认同。

科尔曼认为好的变迁理论建构不应只涉及一个分析层次，而是涉及多个分析层次，应当“从宏观层次下降到个体行动层次，然后回到宏观层次”。马库斯和罗比认为巴利对医院放射科引入扫描技术促进组织结构变迁的研究堪称经典[①][②]，因为，这个研究展现了从宏观（技术引入）到微观层次的个体行为变迁（如技师的操作技术和片子解读），再到工作关系变迁（是技师向医生讨教还是相反），最后导致组织制度变迁（宏观层面）（见第二章图 2-2）。[③]

---

① Markus, M. L. & Robey, D. (1988). Information technology and organizational change: Causal structure in theory and research. *Management Science*, *34* (5), 583-598.

② Barley, S. R. (1986). Technology as an occasion for structuring: Evidence from observations of CT scanners and the social order of radiology departments. *Administrative Science Quarterly*, *31* (1), 78-108.

③ 在本书第二章笔者论述过研究中的分析层次（宏、中、微观）是相对的。

因为组织规模的大小不同，本案例中大鹏公司的IT-组织文化变迁涉及三个层次。即，从宏观层次（ERP引入）到引发微观层次的个体工作行为/观念（如从随意化到规范化，从资历优先到效率优先，从形式主义到价值务实）和个体间合作行为/观念的变迁（如从封闭隔离到开放合作，从合作人情化到合作角色化）。因为组织处于新旧观念冲突期，所以存在一种自然的心理倾向，新观念的拥护者要宣称新观念的有效性，而旧观念的拥护者要维护旧观念的合理性。当这种争议在群体层面爆发为讨论，问题的分析层次就上升到中观层次。而群体层面的争论会进一步澄清观念，对既有的新旧观念对立格局形成冲击，再次在微观层面对个体的行为和合作方式产生影响，最后在宏观（组织）层面发生组织文化变迁（如图5-2所示）。

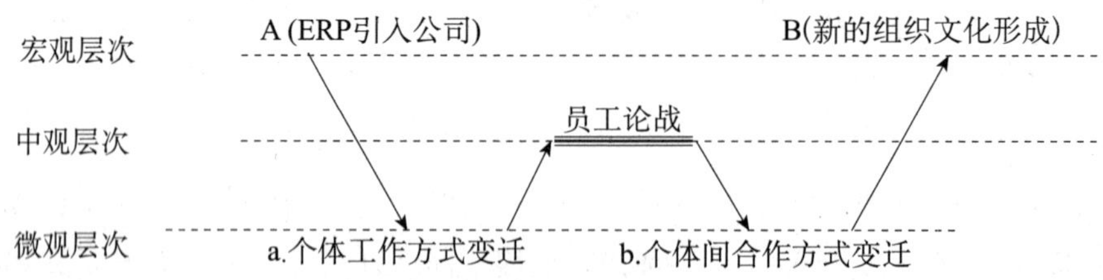

图5-2 大鹏公司IT-组织文化变迁机制的理论分析层次混合图示

除了第三章提到的公司里四十多岁的老员工与三十多岁的年轻员工之间关于绩效优先还是资历优先的公开争论，这里还有一个例子呈现了这种新旧观念之争。技术先行带来员工的实质性工作绩效提升后，在一段时间内，传统的重视形式的工作绩效管理文化仍然在发挥作用，而新的观念代言人与之抗争，最后在多因素作用下，部门文化发生变迁。与此同时，部门间文化的变迁速率不同，导致在公司里出现了传统组织文化与新型组织文化在不同部门间并存分布的格局。

> 信息技术降低了大家的劳动强度，但是仍然要加班，这是由于领导的观念问题，他们需要一个累的结果。啥子叫作累的结果呢？……这是一种形式。比如说我的观点是这样，有段时间，领导说五点半下班，但是我五点半不能离开办公室，我就去问领导为什么，他说公司要求的。公司要求的？领导再开会，你们就应该提出这个问题。本来四点钟就可以把这个工作做完，为啥子五点半法定下班时间还不能走？我觉得这个形式对公司造成很大的伤害，因为对我来说，我只要在公司里面，我是一个做职业的人，我只要从事这个工作，我就要为

公司的利益着想。公司要付给我工资啊，如果它明年效益不好不付给我工资那是另外的。既然我们现在在用网络和信息了，这点职业精神应该是有的。这是个很简单的道理，但是我们企业里头这个弯弯都转不过来，都没有几个人第一个站出去往下做，我说出来了呢，我就是个“刺头”。这就是我不能做领导的一个原因。当然，我能保持这样（自我）也是因为我不是个领导，我要是成为领导了会被（那种文化）同化。事实上我们都知道应用计算机和信息，我们的工作效率都提高了，给（领导）我们的（关于什么是好员工的）信息还是一样的。

你说非要大家每天都加班，反而不合理，那说明这个人的工作效率和质量都无法保证。还有一个，走得晚的人就一定工作干得多吗？我觉得这观念也是有问题的。刚才我们谈到系统与人之间的匹配性，这个人有可能说他一下午从上班到下班都只是在输入序号 1、2、3……而另外一个人只需要花十秒钟或者三四秒钟就完成了。为啥子说最后走的那个人该留下来，而先走的那个人该下岗，被裁掉？

当然，后来有的领导的认识跟上来了，那么那个部门的风格就改变了。但是另外一些部门，它们的领导（对新技术条件下当有什么新的观念的）认识还不到位，那么大家就还在那里装样子。其实不是说这个人不辛苦，他是辛苦的，但是他的辛苦有必要没得？没得必要，没得效益。认识到这一点是个大的趋势。(GJX)

只有在 ERP 是一项必需的组织任务、对员工具有足够大的强制性的前提条件下，新技术才能锁定员工们工作的技术条件，改变其行为方式，从而通过微观层面的认知失调心理机制，以及中观层面的集体争论、观念澄清机制，促使员工改变自己之前针对 ERP 的抱怨或不合作态度。也就是说，技术成为“必需的组织任务”，是它能够对员工进行强制改造的前提条件。

由此观之，我们可以说，技术的组织合法性越强，越能强迫组织成员改变行为和观念，进而改变组织文化。而更具革新性的技术往往需要更大范围内的组织成员更高程度的配合，也因此需要更高的合法性；但革新性的技术往往也代表着有应用风险，因此其合法性获得又比革新性较弱的技术更不确定。信息技术在组织中的强制性主要是由决策者赋予的，但即使是在威权型的组织文化中，作为“一把手”的决策者的决策行动也是嵌入在管理层的行动结构中的，被后者加强或削弱，甚至可能倒转。这些都使得在特定时代背景下的革新性技术，例如 ERP，在组织合法性获取上具有复杂性和曲折性。

二、管理层的设计

有组织就有分工与合作，就有管理。管理是组织工作的核心。管理学的信息技术-文化研究常常过度神化管理者在技术应用过程中的设计作用，其实，信息技术应用中的组织文化变迁是突生性的，通常会在事后得到分析和解释，但是这些变迁几乎不能控制或者事先预测。[①] 笔者认为，管理学的研究范式其实是受到其学科使命的影响的，不管一个组织问题（比如信息技术应用中的组织文化改造问题）是不是可控，管理学者们都要把它当作一个可控的问题去研究对策，这就是管理。从本案例调查的情况来看，管理者在其中的设计其实是十分重要的。

采用 ERP 的决策是组织最高决策者"拍板"做出的决定，但是具体的实施是中层以上管理者负责的，尤其是各个关键部门。当然，决策者的决策是可能改变的，管理层并不是铁板一块，其内部也是有分歧的。随着技术的应用推进，管理层中支持 ERP 或者反对 ERP 的分歧逐渐出现，他们彼此展开博弈，由此导致技术采用中的风险因素。本书上篇强调信息技术的应用对组织文化变迁的影响，关注的是当组织内部支持 ERP 者占据上风时，管理层是如何进行信号发送、制度设计、观念强化以促进用好信息技术的新组织文化建设的。而下篇第六章"技术应用成功的组织合法性条件"则相反，呈现的是管理层内部反对 ERP 的声音占据上风，导致 ERP 应用停滞的情况。

（一）确立信息技术的强制性地位

在前一部分，我们谈到信息技术对组织成员的强制性改造是以其获得了对组织成员的强制资格为基础的。而这种强制资格就是管理层通过确认 ERP 应用作为一项"必需的组织任务"而赋予的。

根据大鹏公司的宣传资料，该公司的信息化经历过四个阶段，但是真正意义上的信息化是从 1999 年该公司明确提出实施信息化战略以后（以引进 SAP 公司的 ERP 大型软件包为标志）开始。公司把引入 ERP 以来的信息化历程分为萌芽期、起步期、发展期及公司化运作的扩张期四个阶

① Markus, M. L. & Robey, D. (1988). Information technology and organizational change: Causal structure in theory and research. *Management Science*, *34* (5), 583 - 598.

段，如图 2-5 所示。但是，如果根据 ERP 在公司中的实际应用情况来看，ERP 应用包括两次起步——第一次“引进”和应用停滞之后的“重启”，而“起步期”也包含了引进—停滞—重启的丰富历程。基于此，大鹏公司引入 ERP 可以实质性地划分为以下几个阶段：1999 年 8 月前的技术选型期；2000 年 7 月—2001 年 5 月的技术引进期；2001 年 6 月—2004 年 6 月的应用停滞期；2004 年 7 月—2008 年 2 月的重启应用期，此时“信息化需求井喷”；2008 年 3 月，公司成立子公司鹏行信息技术有限公司，向外部市场提供 ERP 应用服务，标志着 ERP 在大鹏公司应用成功。①

ERP 2000 年被引进大鹏公司后，很快遭遇了我们在各种文献中看到的信息技术-组织文化冲突现象。根据莱德纳等人（2006）的理论建构，组织采纳技术中的文化冲突可能出现在三个层次上。第一层冲突是系统冲突，这是指特定信息技术的文化特征与使用群体成员的文化价值观之间的冲突。比如 ERP 系统的设计如果是在一个具有低权力距文化的组织中进行的，其技术设计就会自然假定 ERP 在操作中是有利于培养民主氛围的，而如果该系统被引入一个高权力距的组织中，就会引发系统冲突。第二层冲突是贡献冲突，这是指相关性/非相关性，即特定信息技术是否可以体现或完善组织文化。比如在一个关系取向的群体中，如果信息技术被当作造成人际隔离的工具，那么冲突就会出现。第三层冲突是想象冲突，是指系统的文化价值和一个群体对一般信息技术的想象之间的冲突。例如一个被定位于提高效率的信息系统（由此效率价值被嵌入系统）被一个将信息技术视为耗时的负担的群体使用时，就会引发冲突。

ERP 于 2000 年 7 月在大鹏公司上线后，很快与公司文化在三个层面上出现了冲突。第一层是系统层面的冲突。如我们前面所分析的，ERP 内置了工作规范化的要求，而大鹏公司当时的企业文化是工作是关系性的、随意性的。研发部今天发需求单给采购部，发错了不要紧，明天再改。销售员到财务部报账，今天单据不全，但是他下午马上就要出差了，财务部先给报了账，他下次再补单据。这些“灵活性”一遇到 ERP 的刚性规则就引发了员工们的普遍不适，因此遭到抱怨。

第二层是贡献冲突。ERP 的应用不是一蹴而就的，需要长时间的投入，而当时的大鹏公司，正好从 2000 年开始，市场环境恶化，那个时候公司的首要任务是争夺市场，止住销量下滑，也就是说公司这个时候没有

① 参见第六章图 6-1“大鹏公司应用 ERP 的历程”。

时间给 ERP。另外，ERP 当时在中国市场上还是被质疑的状态，公司领导也不确定它是否能够实现自己的组织目标。"老板呢，将信将疑。老板呢，只是感觉到需要效率更高的东西，但是他并不确定这个东西是否就是 ERP。我们也都一样的心态，你不能说我们的见识能比得过老板。"（JY）而且，ERP 被视作提升管理效率、减轻工作量的工具，结果初始化的工作让很多人加班加点，而且外聘了很多人来专门从事数据输入的工作，给员工额外增加了巨大的工作量。这也导致普遍的反对之声。

第三层是想象冲突。ERP 的逻辑是把工作流程标准化从而使操作简单化，而大鹏公司员工对信息技术的普遍想象是"那是高科技"，"学起来很难"。这种想象冲突导致很多员工不合作。

在这样的情况下，ERP 在公司的发展陷入停滞，成为一个"垃圾进，垃圾出"（JH）的系统。

尽管有各个层面的冲突，但是其中起决定性作用的是第二层的贡献冲突，而且这是存在于以"老板"为代表的管理者群体中的文化冲突。这三层冲突都冲击了 ERP 在组织中作为重要组织任务、具有执行刚性的合法性地位。当然，当初引入 ERP 的时候 ERP 是有合法性的，不然技术是无法引入的。但那时的合法性是大鹏公司对 ERP 想象中的技术合法性，即他们是在 ERP 能够给管理带来高效益的预期下引入 ERP 的，这是建立在 ERP 的技术能力基础上的合法性。当企业决定引入 ERP，这可以看作组织赋予了 ERP 组织合法性，即 ERP 被当作一项组织任务应该得到组织成员的配合实施。但是这个组织合法性是脆弱的，建立在想象中的 ERP 的技术能力基础上，需要 ERP 迅速发挥其技术合法性来支撑。当它进入公司遭遇各个层次的文化冲突时，它的技术能力无法像公司想象的那样迅速发挥出来，其技术合法性无法建立起来，曾经支撑其引入的那个脆弱的组织合法性也开始瓦解。从 2001 年 6 月到 2004 年 6 月，ERP 的组织合法性地位岌岌可危。大鹏公司屡次开会专题讨论要不要退出 ERP 的问题，而不是想办法推进 ERP 应用。到 2004 年 7 月，公司新的董事长上任，他以职位权力强行赋予 ERP 强的组织合法性。8 月，他对信息化的负责人说："争论我们要不要搞信息化建设的问题，这个到今天为止。如果谁还要争论，你叫他来找我。"这句话在公司范围内传播，被员工赋予"用好 ERP 是必须的"含义。自此员工们停止了"讨价还价"，不是修改系统来迁就自己的老习惯，而是改掉自己的老习惯来迁就新系统，组织文化随之加快变迁。

> 从前，我们（信息团队去）做实施，大家就争论这是你的错还是我的错，互相指责，现在耀总说了那个话之后，就变成了大家不去争论这个问题，而是大家一起来把这个问题解决掉。(ZGR)

以上对 ERP 在大鹏公司的应用历程的回顾（如图 5－3 所示），反映了管理层在赋予技术强制改造组织文化的合法性中的重要地位。而且，这个演进的方向是朝着公司管理层的希望前进的。可见，组织研究中的突生性视角如果不是走得太远，那也应当对其成立的条件有所限定。

	2000/7	2001/6	2004/7
调研，决策引入	ERP 上线	应用停滞	快速深入应用
想象的技术合法性		遭遇文化冲突，受阻	管理层赋予其强组织合法性

图 5－3　管理层赋予 ERP 强组织合法性是 ERP 强制改造组织文化的前提条件

另外，本书开篇笔者曾强调本研究的立场是“互构”立场，即技术与组织是相互建构的。在 ERP 的应用历程中，细致地考察每一个阶段，都有技术与组织文化的相互建构，但是就主调而言，从 2004 年 7 月重启后，主要是技术改变组织文化，而从 2000 年至 2004 年间的引进期、停滞期，主要是组织文化建构 ERP。

（二）塑造新观念

河野丰弘将企业文化划分为两个大类，即“经营理念”（指导理念、指导文化）与“日常文化”。[①] 其中“日常文化”与本书中的组织日常实践内涵近似。他还进一步将“日常文化”依据组织内部行动主体区分为上位文化和下位文化。上位文化包括上层的价值观、想法和行为模式，以及中坚管理者的价值观、想法和行为模式；下位文化是指一般从业人员的价值观、想法和行为模式。在组织实践中，二者存在融合，也有分离之处，各有其特点。在二者之间的动力关系上，上位文化总是力图向下位文化渗透，下位文化也会适度向上渗透。一般来说，基于上下位者的岗位职责不同，上位者承担管理，下位者多为操作，而且上位者掌握下位者的考核权以及对应的利益分配权。所以，这种组织内岗位间的职责分工结构及上下

① 河野丰弘．(1992)．改造企业文化（彭德中译）．台北：远流出版社．

位之间的权力结构就决定了一般是上位者价值观、想法及行为模式向下渗透、传递。文化会调节这个过程，比如在强调民主参与（involvement）文化的部门里面，因为下位操作者更清楚具体的情况，上位者会尊重下位者的经验，将其吸纳到自己处理问题的智慧及思路中，由此导致下位文化向上传递。但是在集体主义、高权力距的文化下，主要是上位者向下位者传递其价值观、想法和行为模式。[①] 在大鹏公司的 ERP 应用项目中，上位者在新技术应用过程中，试图主动设计层层向下传递观念的机制（见图 5－4）。

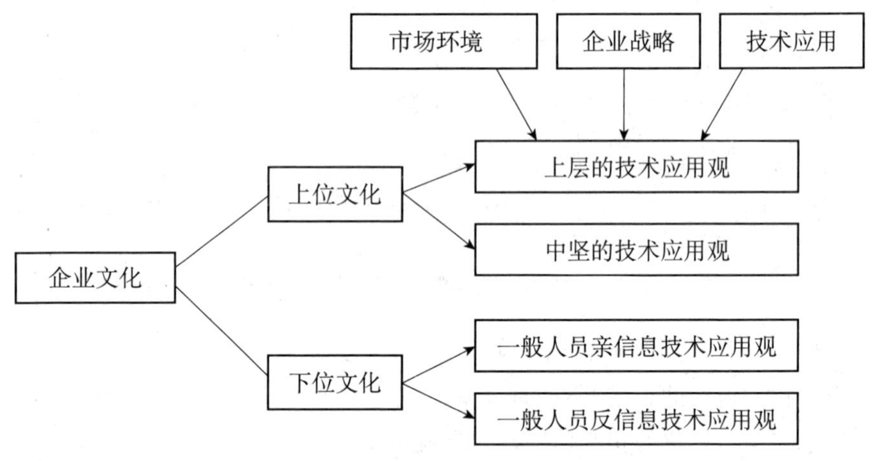

图 5－4　企业文化组织内部演变动力图

图中“市场环境”“企业战略”“技术应用”是影响企业管理理念和观念的内外部显著因素，也就是说，公司中上层管理者的技术应用观不仅是新技术应用带来的，也是企业战略设定、市场环境等要素交织作用的被动或主动选择的结果。下篇第七章中将对此进行详述。

观念改变行为。公司里作为上位者的管理层的观念，渗透到作为下位者的员工群体的观念中。员工接受了观念，就会采取相应的行动，相应的行动重复就发展成行为。这被称为员工的适应。人对环境的适应一般是从对环境的认知开始的，然后调整行为，但这个行为调整是外在要求和内在需求的一种调和，有时候只是对外在要求的形式性符合。比如某“追求上进”、讲求“实质性效率”的员工曾经谈到，他观察到一些组织员工是如何被此前的传统国企文化在形式上同化的。

① Hofstede, G. (2001). *Culture's Consequences: Comparing Values, Behaviors, Institutions and Organizations Across Nations*. London: Sage Publications.

（比如说以前我们领导就强调加班，觉得加班的员工才是好员工。）加班一两次对于员工来讲其实是好事情，积聚精神的力量。（但是）如果你天天加班，员工会产生什么心态呢？做和不做不都要加班么？人就是这样啊，不是坏人但也不是什么好人，你给他一种感受很重要。企业让员工不加班，该休息就休息，员工可能觉得为啥子我不在上班时间把这个做完呢，天天必须加班的话我做快点干啥子呢？人就是这样的，好比我以什么速度、节奏走路一样的，我走路我姐姐就觉得受不了，为啥子要走这么快，又没有什么急事。我说这就是一种习惯，为啥子你不能走快点呢？你不能说需要不需要走快点，但是我走路的习惯就是这样的。就像加班，加班加成习惯了，他就慢下来了，你说不需要加班，那么他就自然做得快一点了。（GJX）

ERP的应用需要组织成员相应地转变观念。公司的管理层塑造员工一些适应信息技术的观念，并非刻意指向改革组织文化，而是为了更好地利用信息技术，提升组织基础管理，但是在客观上，他们的管理活动促进了组织文化的变迁。

从一些被访者的描述中，我们可以清晰地看到一些与信息技术匹配的观念，比如创新观念，比如“用信息技术来解决效率问题而不是用人头来解决效率问题”的意识等，是如何通过反复、层层灌输的方式被塑造出来的。

L总回来之后，我觉得整个地给我们洗脑了。……然后对你刚才说的管理层，那些所谓白领，他们就会不断去革新自己的工作，在这个革新的时候呢，采用信息化的手段就变成一种习惯。他一开始就想如何高效，比如我们现在的方式管控人，比如说我给你定岗，定岗之后就不会让你说“哦，我忙不过来”什么的。一开始我肯定会有一个讨论和决策，让你来确认，完了之后，只要涉及这个工作上延伸出去的工作我是不会给你增加人员的。你自己用手段解决，用方法解决。我觉得这个就是一个不断灌输的过程，我觉得这个上面，财务部是做得比较到位的。（JH）

我们（ERP）的价值管理的这种思想，传导到每个人的身上，每个人工作的压力，每个人工作的主动性，较过去发生了根本性的变化。……从这个角度来讲的话，对每个人的压力很大。所以说，要革自己的命，成了一种时尚，或者说成了一个潜在的要求。所以我们领

导也在说，如果你想要提升，请你先把自己的岗位优化掉。(CZ)

领导刻意来要求我们都用信息系统来开展工作，然后流程标准化了。举个例子，我们那个组原来是 4 个人，后来是 3 个人，现在就 2 个人了。我们 2 个人再把有些业务标准化了以后，有些是系统可以自动完成的，不需要手工完成的，有些手工的工作逐渐优化了，那么它就又会减员。我们最大的目的就是把自己优化掉。(SWH)

以上三位被访谈者，JH 是股份公司财务部的副部长，CZ 的职务是处长，SWH 是财务部信息管理小团队（目前仅 2 个人了）的负责人。我们通过这种立体展示，可以看到一个以信息化手段促进创新的观念是如何实现从领导传到中层干部再传到职员，并最终产生实际效果的。[①] 实际上，JH 作为财务部负责人所传达的精神也是从公司最高财务领导 L 总那里传来的。

L 总很有（领导）艺术的，他刚回来的时候呢，对财务的现状是很不满意的，他就提了这么一个要求，他说现在的状况不怪大家，但如果一年以后仍然是这个状况，他也不说那是你的问题，他说那就是我的问题，是我的领导不力。其实那个时候他明着是说自己，但对个人来讲，大家心里其实都绷紧了一根弦。然后他就有一种传导，一层一层的，你中间不能断链。你中层领导该干吗干吗，比如你这个精神出来了，你处长该干吗，一层层传导下去。而且中间需要机制，财务用的方式就是绩效考评，就是一个手段问题。(JH)

笔者在对 SWH 这位技术职员的访谈中发现，他的思维总是很难进入笔者的话题。他始终在他自己的思维当中，不能离开他对如何改进目前的信息系统、如何推进自己团队的优化、如何“革自己的命”这样的使命的无尽的设想以及焦虑。

这种焦虑的情绪伴随工作中的忙碌，是笔者在该公司调查期间比较常见到的公司职员的状态。以笔者某天在办公室听到的对话为例。某一部门的人 F 过来找小 B 要求她做什么事情，小 B 就说：“我没得时间。”F 马上回答了一句：“哪个有时间嘛！”F 的意思是没人有时间，都很忙。员工们不断地提到学习、创新，提倡“晚饭后再过来学习”“利用下班时间自己

① 当然也可能是职员直接学习领导精神。从信息技术应用以来，“领导精神”等信息越来越不需要由中层干部来传达。中层干部做的更多的是实际地协助这种精神得以落实的工作，比如更新员工考核制度以支持“领导精神”。

学习”“尽快成长”，提到“淘汰”，提到“今天工作不努力，明天努力找工作”等等。这些话语连同领导的正向提倡和反向“敲打”，形成一个立体的氛围，促使员工不断地进行学习、追求进步。

当一种思维方式通过制度设置进入组织成员的大脑并逐渐固化，相应的观念就建立起来了。

（三）制度规训

上面JH所说的观念的塑造除了需要反复灌输，还需要一定的机制，其中相应的制度建设就是一个必不可少的实现机制。

> 举例，就好比我们公司申请（电子）邮箱，都要通过我们内部的一个互联网的管理系统。那么这个申请有程序，员工先申请，发一个指令，发到他的直接主管，那么直接主管点击一下就发到间接主管、大主管，然后才发到信管部门的业务主管，业务主管同意。那你想，小主管、大主管不在，或者今天没有上网，我作为员工我发了，怎么还没有通过呢？第一个通过了，第二个呢又等几天，那么第三个呢，他又是几天没看。那你说虽然有这个管理程序，但是呢还是有影响。但是我觉得影响不取决于你的硬件平台，搭建好以后呢你要为之设计更多的服务的一些管理流程和制度的约束。你没有这些做支撑，你必然的（也用不好）。但是假设你（有制度）规定说到你这个（特定审批）环节了，你必须在24小时内审批通过，那么这就能保证效率了。（HZL）

以上是HZL讲的公司里OA系统上一个电子邮箱申请流程的例子，它说明了建立与信息技术应用要求相配套的制度的重要性。如果没有配套制度，个人化的组织行为就会限制技术的效率能力的释放。

技术在两重意义上对制度变革产生影响。一是提供了制度变革的基础技术条件；二是提供了制度“落地”，即得到实施的手段。

技术为制度变革提供基础技术条件，比如提供了数据，使得量化绩效考核成为可能，正如前面关于员工绩效考核的例子所述。信息技术应用影响制度实施，在于它保证制度“落地”，而不是如没有信息技术之前那样“落空”，即信息技术应用保证了制度的执行力度。其中的制度落实既包括既有“落空”的制度在新技术条件下被“落实”，也包括新技术应用环境下催生新的制度，然后落实之。

当然，因为前述申请电子邮箱这类组织任务具有非重要、非紧急的性质，因而它并没有催生相关的制度，基本上就是等待相关岗位上的工作人员“自然”养成高效工作行为习惯来解决问题。但是另一些重要、紧急的工作如果遭遇这样的旧习惯，或者需要签字批示的领导受到其他活动安排的客观时间约束（比如需要他及时审核签字时他出差了），那么就会催生另外的制度来协调。比如在 ERP 系统的应用中，并没有建立这种若干小时内必须回应的正式制度，但是市场压力传导客观上形成了对各个关联岗位间及时响应的要求。相关岗位的人，比如与销售岗密切合作的财务岗，为了快速响应市场需求，在遭遇领导注意力强约束后，就会向上级领导申请权限开放，比如申请审核客户代码冻结解冻权限下放。

以大鹏公司下属分公司多媒体产业有限公司为例，在 2008 年 9 月之前，这个审核客户代码冻结解冻的权限还是在集团公司层面的，要经过各个平台（管理）部门以及相应的领导审批签字。一般来说，市场环境和客户情况非常复杂，各个客户形成长账龄有多方面的原因，并非都带来财务高风险。但是倾向于风险控制的信息系统在逻辑上进行强约束，“条件限制得很死”，“不够人性化”。系统判断难免与实际情况相冲突，这时候就需要通过人为判断来弥补缺陷，增加灵活性。当多媒体公司在外地的各分公司销售部向财务提出申请后，财务部接着向上级部门（各个相关平台部门）做出解冻申请，逐级地走批示的流程，得到逐级审批后才能解冻。但是多媒体公司要随时保持与分公司之间的同步，而分公司与市场同步，一周 7 天不打烊，一切以快速响应市场为宗旨。如果分公司晚上上班，多媒体公司晚上也要安排人上班处理这些问题，但是作为审批上级的集团公司的各个平台部门不一定上班，比如周末就可能无法进行及时处理，如此就影响对前端市场的响应速度。这就导致多媒体公司的财务部门向上级集团各个平台管理部门申请客户代码冻结解冻权限下放。“现在（ERP 系统里）数据你随时可以看得到，了解情况，所以领导是可以放心的。”（SQY）

考核制度是公司的核心制度之一。如前所述，JH 和 CZ 所说的关于“革命”的创新精神，以及依赖信息技术追求工作效率的观念的塑造，JH 提到通过“绩效考评”的手段即绩效考核制度的创新来实现。[①] 我们甚至

① 通过制度设计实现对员工的规训，考核制度的改革是关键。如笔者对该公司企业文化部的部长访谈时，该部长谈到该公司的文化建设工作难以推行，其根本原因就在于“我们不行使（这个权力），他做得好，他做得不好，我不能去考核他，我没有办法去考量他、制裁他，我就没法（推动工作）”（HZL）。

可以透过系统的运行看到人情文化如何丧失了生存空间，也看到领导与员工之间的关系本质是如何受到信息化的绩效考核制度的影响而发生从管控-被管控关系向合作关系转变的。

> 还有关系啊，说穿了还有个人情世故啊，我感觉大鹏公司这方面也是慢慢地通过这些系统啊、流程啊，还有这个观念啊、指标考核啊（发生改变）。指标考核什么意思呢？就是你这个公司今年卖多少钱，赚多少钱，给你亮红灯、黄灯，先亮黄灯再亮红灯。（考核差了就）下课啊。（下课就是下岗的意思。——笔者注）你说你全部用对你没用的人，都讲关系，行吗？他肯定不愿意啊，肯定找一帮会干活的人。假设亮黄灯，他的奖金没了；亮红灯，快下课了。他会愿意吗？现在考核透明化了……领导也有指标，他这个当老总的还希望把人团结在他周围，把事情搞好。……（现在）讲关系讲不成就不讲了。现在就是工作都完不成，没有时间讲闲话。（CZC）

笔者在大鹏公司调查期间跟X总聊天的时候听他说起，他亲戚家的孩子大学毕业后进了该公司。那个孩子进公司工作没多久就跟X总抱怨说领导对他态度不好，要作为长辈的X总帮忙跟他的领导打招呼照顾他一下。X总就教育他说："工作的事情你自己要努力，你的业绩好不好都在那里明摆着。我说你优秀，让人家照顾你发展都没依据！你这不是给我讨没趣吗？"

这里说的"业绩明摆着"是说公司实行KPI定量考核，以数据说话，而且每个员工的考核情况是公开的。这是为了表示公正，也是为了督促员工进取。从这个职场庇护失败的故事，我们也可以看见制度是如何对人的行为及观念进行规训的。

KPI绩效考核制度是对员工的绩效进行定量评估，它对员工的改造需要配合其他制度共同发挥作用，比如薪酬奖惩制度、升迁/降职制度等。

> 我们在尝试（用信息化的手段来进行）绩效考评，对你的工作结果量化，分析出一些量化的东西，然后做一些设定。就是说，我跟你玩之前我一定告诉你规则，然后玩了之后我一定公平地裁定你。对营销人员也有改变嘛。我们现在做KPI数据考核，以前他不知道方向、什么是好，他可能就是认为把销售规模做得很大，但是呢他的盈利状况可能比较差，资金的周转比较差，可能人员的效率比较低。那现在我就把很多指标量化，你的销售规模、同比增长、盈利状况，所有的

> 考核都给一个方向性的、指标性的数据，你哪些指标好，你会分析。比如这个月我的销售增长了，但是我的毛利低了；也可能说是我的销售结构不合理，高端产品卖得太少，低端产品太多……这对他们就有个引导，让他们知道他们应该关心哪些。现在对销售规模就比较关心，利润你要关心，资金周转要关心，存货周转你要关心，你的费用要关心，还有商损机、样机啊之类的你都要关心。以前就是各自为政，很多人不是为了一个目标去工作，而是为了一种习惯去做，或者是看自己的专长。我专长于市场开发，那我就去搞市场开发；我专长于卖低价机，我就专门卖低价机。这不行。我们必须按照目标去工作……包括这个指标层层分解之后下达到每个员工，他自己的工作该干什么，他就清晰多了。那么 KPI 指标考核体系建立在信息系统之上，没有这个信息系统支撑，我没有数据。今年上半年我们的情况好些，但是全国整个销售状况同比比较低。那么下半年就有重点了。大家增加利润的同时，要增加销量，要增大市场占有量。就是指标关注的权重改了。根据销售的情况，可能这个时候我关注利润，这个时候我关注销量，可能我下个时候关注资金的周转。有没有遵守这个规则，我们不玩一言堂，而且我们所有的结果见光。现在大家对这个规则（的遵守）是一种习惯，在这个过程中我们给了足够的适应期，就是希望大家能够不断地完善自己。(JH)

除了建立起各种指向培养员工的新观念的制度，真正要实现对员工的规训，还需要强大的执行力。如果像之前在人情文化下那样，制度无法执行，成为空制度，或者在执行中走样，也都不能实现规训初衷。

有些制度制定出来，被设计进入系统和流程，依靠信息系统的刚性来保证实施；有些制度就靠管理者用最原始的“盯着做”的方式执行下去。

JHD 现在是大鹏公司下属一个物流分公司的老总。2000 年公司上 ERP 的 MM 模块的时候，他正在公司物资部负责物料管理。他认识到要通过信息技术实现对库房的管理提升，就必须保证数据的准确性。而 ERP 刚上之初，公司里很多员工只是把数据录入当作一个多余的动作，并不理解 ERP 系统数据的准确性有什么意义。这也是以前随意的工作习惯延续到 ERP 系统应用中的结果。他为了在库房管理人员中建立起规范盘存、精确盘存、诚实盘存的意识，花了一个多月的时间，天天跨越大半个城市跑到库房里蹲着，“非要把这个诚实盘存、精确盘存的规矩建立起来”。每天督促库管员们盘存，录入数据，然后打印出来，他亲自抽查核对，对不上实物就重新盘存，然后再抽查，若对不上实物就再盘存。会他记忆深刻的是某天夜里加班到凌晨两点多钟，一些库管员反复盘存了三次，最后弄得有的库管员甚至哭了起来。而JHD的说法是："只有这样，他们才知道这次不是（像以前那样）走个过场了，非得这么弄了。要纠正他们以前那种'哦，又是走走过场'的散漫态度是很难的。"

但是执行刚性最强的制度，是通过系统实施的制度。当管理层希望员工拥有什么样的工作理念或采用某种更有效的工作方式时，他们会倾向于表达信息化的需求，让技术人员来实施，将这些要求植入信息系统，然后借助系统来执行，以实现对员工的规训。这相当于利用信息系统的强制性来保障制度的执行力。

制度的规训，除了通过将制度执行与组织员工的绩效考核、薪酬回报挂钩发挥作用外，还通过人事安排的后果来发挥作用。人事安排包括内部职位上下和跨越组织边界的流动。

不仅新的制度需要通过技术来实施，既有的一些制度往往也依靠技术才能"落地"。

> 你不能说现在透彻化管理严，过去管理不严格，过去管理也很严格，只是呢那种写出来的东西（成绩）可能不兑现（为业绩），自己写的。现在呢，具体呢，通过系统里面很透明的东西，任何人都可以看到你（所做）的。……以前我觉得（公司里升迁）可能更多的是靠关系吧，现在就更多地注重实在的能力。以前就是偏重关系那块，现在就是你自己必须要有真本事。工作确实要有能力，你有管理能力，领导才会器重你。不光是有关系，确实还要是有本事有能力的人。上了系统之后，你的能力也更容易显示出来。这是个变化。以前就是说要靠实力也不好说，都是领导说了算，其他人也没有什么硬的证据去说一个人行还是不行。(XMJ)

当所有的这些规训制度，包括信息技术的强制都无法使一些职员转变行为方式与思维习惯，并实现能力提升以适应新的信息技术工作环境时，管理层最后可以依靠的制度是对考核不合格员工的淘汰制度。当领导认定一些职员不能满足岗位要求时，他们就会通过换人来解决这个问题。当新的、适应信息技术工作条件以及相应的管理方式的员工进来，置换掉不适应新技术的老员工，客观上也促进了组织文化的转型。

> 我的评价就是说 ERP 首先是个起点，不管怎样，它还是在很嘈杂的声音中一直往前走。在这个过程当中，应该说一些部门的领导对它还是一个很诋毁的态度，在相当长的一段时间内。**但是因为坚持吧，到后来有了大换血，新人不断地来，他没有一个前后的对比，一开始就接触这个，人没有比较的时候往往就没有什么判断，接受就好了。这是最重要的一点。**……（你可能）更多地体验到，目前我们公司的年龄结构上偏年轻。财务部（40 岁以上的）就只有一两个吧，很少，要不就做一些不太需要（信息技术含量）的那种会计工作。(JH)
>
> （我们经营管理部）主要还是管信息化，管理人员也就十来个人。坦白地说，这个部门的人员对信息化的理解远远没有达到我的要求，经常开会，某种程度上就批判他们没有跟上整个公司的信息化进程。……可能我们这个部门涉及的具体的业务少一些，介入进去（ERP）比较难。还有信息系统本身也挺复杂的，他们工作上也没什么接触，他们有种恐惧。……**现在我们采取人员置换的方式，那些不能适应这个岗位的人，我们逐渐就把他淡化掉，找一些能够胜任的，至少思想上接受了、理解了的充实上来，这样就逐渐地把队伍带过来。**(RZG) ①

淘汰制度让那些不适应新技术、新的文化要求的员工下岗，这对在岗的员工也形成压力，促使他们加强学习。

> 都在积极地工作，因为……你不努力的话，你今天不努力，明天下岗，后天你再努力去找工作。……人员优化形成压力。这个（ERP）系统让很多工作简化了，不需要那么多人员了。那你要想留在这个单位的话，你认为这个单位很好，你就要想办法多学习，向其他岗位学习。如果优化到你的话，你不会丢了饭碗，你还可以在公司找到其他岗位。这个岗位一旦被优化掉，人家 ERP 里面取消你这个岗位了，优化掉你这个岗位了，你啥子都不懂的话，你下岗了再就业就麻烦了。（我们）潜意识里压力很大，在工作态度上更积极、更主动了。(XMJ)

淘汰不仅限于员工，也包括大鹏公司高层的调整。该公司的耀总上任

---

① 信息技术团队是后来并入经营管理部的，此处经营管理部部长说的是合并前经营管理部里的管理人员。

之后，把曾经在大鹏公司工作、后来离开了大鹏公司的L总重新“请”了回来，让他担任总公司的财务老总，协助推行“新政”，而信息化建设是新政中最重要的内容。在ERP建设中，跟ERP以财务为主线的管理思想相对应，财务部成为组织结构中的关键部门。与耀总的期望一致，大鹏公司的财务部迄今不但成为对ERP理解最深的部门[①]，而且带动了整个公司的文化向创新文化（以信息技术革自己的命）、效率文化和服务文化转型，开始注重标准化、理性化。

总体来说，管理层对组织员工的观念培训越有新的制度设计支撑，或说观念规训与管理制度设计越合一，则组织文化变化速度越快，变化越彻底。

综合以上可见，IT-组织文化变迁的机制跨越，不仅涉及宏观-微观-宏观这类跨分析层次理论模式，也涉及宏观-宏观、宏观-中观-微观-宏观、宏观-中观-宏观多种路径模式。

宏观-宏观的路径见图5-5中“3+7”，比如ERP引入，在公司层面改变了绩效考评、薪酬制度和升迁制度，三者结合，本身就直接引导全公司的员工行为，在宏观层面直接促进组织文化变迁。如果ERP促进的是部门的目标、制度改变，部门领导的观念变革，以及向下的传导，其作用范围限于特定部门，比如前述例子中所提到的集团财务部的情况，那就是

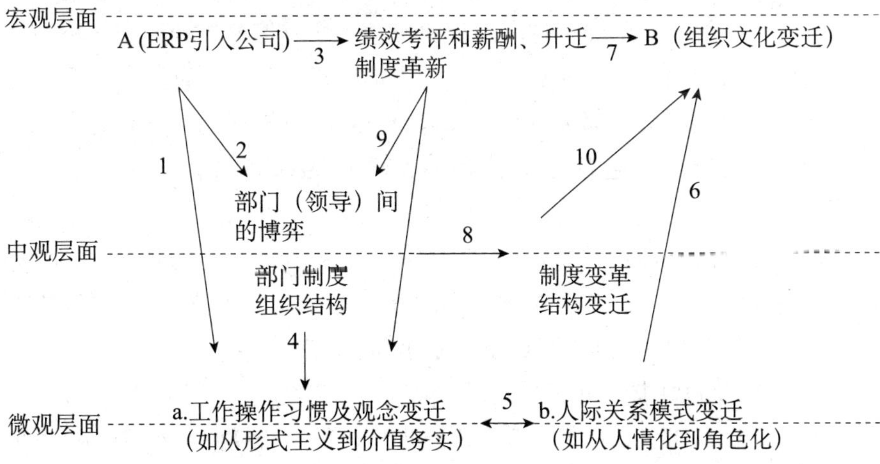

图5-5　IT-组织文化变迁的理论分析多层次混合模式

① 总公司财务总监YX认为财务部对信息化的理解比信息管理部门更深入，信息管理部门领导RZG也认为财务部在利用信息技术方面是公司里各个部门中表现最突出的。

宏观-中观-微观-宏观的路径，即图中"2＋4＋5＋6"所示。而宏观-中观-宏观的逻辑路径如图中"2＋8＋10"，包括两个机制：一是指宏观-中观（制度与观念）-宏观，即技术引入，中观层面部门领导的观念以及部门领导观念之争本身是文化变迁的一部分，产生宏观层面的后果；二是宏观-中观（部门结构）-宏观，指 ERP 的引入引发组织结构变迁，比如之前的销售为王，到之后的财务主导，这种部门间结构变迁引发公司层面财务部地位的提升，财务规则和价值导向在全公司层面得到应用，促进组织文化变迁。

三、员工群体的调适

员工在一个组织中面对的任务环境，包括非人类行动者和人类行动者两部分，前者包括技术、制度、规范、组织惯例等，后者包括上级以及同事。[①] 前面我们分析了技术作为一种非人类行动者如何通过强制机制来促使人们观念发生改变，以及领导群体是如何通过确立技术的强制地位、管理制度革新以及观念强化等来促进员工行为观念转变的，接下来我们将探讨员工群体自身是如何在感受到来自管理层（上级）和同事（平级）的合作预期，发生合作模式及观念变迁的。

总的来说，在信息技术应用的条件下，之前基于特定岗位的信息不对称、不透明而来的实质性权力关系和人情化合作，因为信息被电子化、数据化后进入系统，而削除了特定岗位因信息垄断或信息控制而来的牟利性操控空间，对应地，之前的对立性关系假定逐渐消弭，同事间关系向着开放合作与角色化发展。那么员工是如何回应新的技术环境和组织制度变革而实现改变的呢？这包括适应性学习、趋利性选择和意义性调适三种逻辑。

（一）适应性学习

适应性学习是指组织成员被外在的客观环境（他人群体）预期/要求推动的、以符合他人预期/要求为目的的学习行为。

1. 管理者的要求约束

普里斯金（Pliskin）等学者的研究指出，很多研究假定经理人和系统设计者有能力来决定组织文化、结构、流程以及他们希望通过 IT 获得的

---

① Latour, B. (2005). *Reassembling the Social: An Introduction to Actor-Network-Theory*. Oxford: Oxford University Press.

绩效等变迁。[①] 通过审慎地选择 IT 或系统如何被设计和采用，研究者们假定经理人能够取得其所寻求的任何结果。这些研究与 20 世纪 80 年代流行的组织文化观点一致，那就是经理人被假定能够依从自己的需要操纵公司文化，使其更注重合作、更关注消费者、更强调质量等等。这些组织文化研究的功能主义范式和工具主义范式总是强调管理和控制，它们赋予管理代理人强权力，秉持组织决定观。

这与人类学家关于文化的设想相反，人类学家认为文化是组织成员通过浸入其中进行解释和理解来获得的，而非被有意识地控制植入的某种东西。组织决定观最大的问题在于在实际中 IT 采用的后果并非完全可控，技术应用是否有助于组织目标的获得，员工们的动机和行动也与经理人可控范围内的决策一样重要——更不要说那些偶然性的事件。这正如科技社会学研究里的行动者网络理论所言，技术应用过程是各个人类主体与非人类主体因素不断卷入、发挥作用、改变其运动方向的流动的网络。[②]

管理学的典型思路强调组织活动中的"问题"及经理人的控制、设计和管理作用。这往往暗含了一个假定：员工群体的动机与行动总是与经理人的管理和计划是背道而驰，或者说至少是超越管理层的预期的。[③] 当管理者总是费尽心思要利用信息技术的技术能力，培养一些新的组织文化的时候，员工就应该是反对的，这样才会形成对管理层设计的偏差。事实上，这正是关注信息技术应用中员工群体行为的研究中存在的压倒性的思路。

那么，我们调查中展现的员工们在信息化过程中的行动是怎样的？他们就一定是反管理者，或者完全顺从管理者的吗？

IT-组织文化研究中的结构化视角是个令人瞩目的视角。卡斯滕（Karsten，1999）综述了群件技术在各种公司里的应用。[④] 她肯定了结构

---

① Pliskin, N., Romm, T., Lee, A. S. & Weber, Y. (1993). Presumed versus actual organizational culture: Managerial implications for implementation of information systems. *The Computer Journal*, *36* (2), 143-152.

② Latour, B. (2005). *Reassembling the Social: An Introduction to Actor-Network-Theory*. Oxford: Oxford University Press.

③ Pliskin, N., Romm, T., Lee, A. S. & Weber, Y. (1993). Presumed versus actual organizational culture: Managerial implications for implementation of information systems. *The Computer Journal*, *36* (2), 143-152.

④ Karsten, H. (1999). Collaboration and collaborative information technologies: A review of the evidence. *Database for Advances in Information Systems*, *30* (2), 44-64.

化视角的价值，指出，**有时候随着时间的推移员工们可能会改变技术的使用，有时候文化也会随之变迁。**但她坚持，**文化变迁很少是可以预测或者可以决定的。例如，采用群件技术**（group technology）**的组织并不会随着时间的推移必然变得更愿意合作（由此驳斥了技术和组织决定论的宣称），而且一个组织事先就建设好合作文化以图能够顺利采用群件技术也并非必要（由此反驳了互动主义或者"匹配"理论的宣称）。因此，组织文化中的突生变迁可能会出现并且通常会在事后得到分析和解释，但是这些变迁几乎不能控制或者在事先预测。**[①]

结构化视角的研究者们都认识到既定的IT在使用过程中会逐渐改变，因为使用者有"主观能动性"和意志来改变IT的使用形式。结构化、技术漂移（technological drift）理论以及行动者网络理论等都指出，设计者和经理人可能为IT采用和应用设定特定的目标，而IT应用的现实结果却不是决定论的，而是突生的。[②③] IT的产出是非决定性的，因为技术具有"解释灵活性"，这可能导致同一技术对不同的人而言具有不同的意义。同样的技术会被不同的使用者做不同的理解，这取决于他们特定的文化。例如，罗比及其同事的研究表明，因为不同的使用者对既定技术进行"社会性建构"的方式可能不同，所以经理人试图控制技术的影响的努力是无效的。[④] 普拉萨德（Prasad）在他的GDSS（group decision support system，群体决策支持系统）研究中得出了一样的结论，他宣称研究者试图寻找IT影响使用者行为的通则和规律基本是徒劳的。[⑤] 可以确定的是，使用结果依赖于既定的IT技术对既定的使用者的符号意义。

长篇累牍地陈述了IT-组织文化研究领域的显著视角突生视角的研究结论，笔者总结突生视角的特点是：(1) 强调使用者与管理者在文化、观

---

① Markus, M. L. & Robey, D. (1988). Information technology and organizational change: Causal structure in theory and research. *Management Science*, *34* (5), 583-598.

② Ciborra, C., Braa, K., Cordella, A., et al. (2000). *From Control to Drift: The Dynamics of Corporate Information Infastructures*. Oxford: Oxford University Press.

③ Callon, M. (1993). Variety and Irreversibility in Networks of Technique Conception and Adoption. In Foray & Freemthe (Eds.). *Technology and the Wealth of Nations: The Dynamics of Constructed Advantage*, 232-268. London: Pinter Publishers.

④ Robey, D. & Boudreau, M. C. (1999). Accounting for the contradictory organizational consequences of information technology: Theoretical directions and methodological implications. *Information Systems Research*, *10* (2), 167-185.

⑤ Prasad, G. P. (2000). Understanding GDSS in symbolic context: Shifting the focus from technology to interaction. *MIS Quarterly*, *24* (3), 509-546.

念、信仰上的差异性；(2) 使用者（与管理者相对的技术使用者，即组织员工）对 IT 的理解决定了 IT 应用可能产生的后果，包括组织文化的突生性变迁；(3) 这些研究一再强调使用者的文化独立性，管理者试图进行管理基本是徒劳的。

本案例的调查资料显示了与突生论不同的结果。回顾大鹏公司应用 ERP 的历程，在 2000—2004 年间，员工对 ERP 持不合作的态度，2004—2008 年持积极推进的态度。对应前一个时期管理者的态度，2000—2004 年间管理者对 ERP 的态度是不明朗的，公司范围内存在“要不要信息化”的争论，这个时候员工可以自由地表达抱怨、反对与不合作。尽管他们内心不喜欢 ERP 带来的劳动“浪费”（在这期间，并没有真正发挥作用的 ERP 是个垃圾系统），尽管存在争论，尽管这个时候维护 ERP 的数据是个“额外的动作”（当时的情况是，ERP 与原来公司员工自己设计的一些小系统并行，ERP 没有被用起来之前相关部门已经有自己的小系统在运行），但是他们还是把这个“额外”的动作坚持了几年。这是因为管理层始终在“争论”而并没有下“定论”——不需要信息化，不需要 ERP 了。2004 年后，公司领导层决定“从此不要再争论要不要信息化的问题”，“公司需要信息化，需要 ERP”，员工与管理层对待 ERP 的态度显然具有同步性。

相对于 IT-组织变迁研究中的结构化学派，互构论也强调技术与组织的相互建构，但是摒弃了其绝对的突生性以及不可预测论。互构论强调的是，在厘清一些基本约束条件的情况下，IT-组织变迁之间是可能存在特定的确定关系的，后果在一定程度上是可以预测的。结构化学派之所以走向突生，问题在于，其中的各个主体性要素是“平衡”“均衡”地参与 IT 的应用过程的，失去了因素之间的权重差别。这与决定论一样看不到技术应用中的实践性的表现。所以，互构论一方面否定了决定论，另一方面也指出我们要关注 IT-组织互构实践过程中的约束条件，以期辨别出 IT-组织变迁中的那些主要相关关系并阐明其机制或说理论逻辑，增进我们对信息技术应用结果的理解。

回到本案例，那么如何突破本案例中的突生视角，从互构论立场出发，找到突生性的约束条件？具体问题转换为：员工是否有独立于管理层的意志和利益？如果有，那么在多大程度上、什么条件下它能发挥与管理层同等的效用？调查资料显示，在 2004 年 ERP 重启后，员工群体与管理层保持了较高程度的一致性，这才带来了组织文化的变迁。那么为什么员工要保持与领导层的一致？员工的主体性逻辑是什么？

CZC谈到他在多媒体产业公司推行PP、CO模块的时候，刚开始也遇到过阻力："都不同意。从上到下这么麻烦要这么多人来做，人都有惰性啊。还有就是我什么都不是，在这个项目里面又要把他们厂长啊什么的都全部调动起来，必须要听课，还有就是说你要把他们的工艺方法、领料方法什么的都要改变。不容易啊。"

从这段话里我们得到两点信息：一是推行ERP的PP、CO模块是领导决定的，但是员工们不同意，说明他们确实有独立于领导层的意志。二是CZC没有较高的职位，不利于员工与他配合，如果他职位更高，员工们的配合度会更高。

> （然后CZC就思考怎么推进这个工作。）多媒体公司当时是MX任总经理，我跟他说要做好（PP、CO项目）你必须出面。他说行。然后开会说了一句话"谁挡道谁下课"，那这样才行的！那至少管它正确不正确，既然人家的公司印证了这个是正确的，那我们为什么不能做呢？那我们先推再说嘛，我们先僵化下来，他那些人认为不对嘛，那我们（不管）先僵化下来，然后才固化下来。(CZC)

从这段论述中我们清晰地看到员工们拥有独立于管理层的意志的，但这种意志存在边界，那就是遇到了总经理的那句话"谁挡道谁下课"。而且员工们接受系统"僵化"下来的方式就说明了他们自己的解释并没有发挥对整个信息化历程的影响作用。而更高级别的管理者对员工们来说意味着什么？那就是更高的权力，在这个过程中，MX总经理相比项目经理CZC权力更大，他有权力让"挡道"（不配合或搞破坏）的人"下课"（被解雇）。

> 我问一个问题，你就明白了（为啥子领导的意志很重要）。假设今天你就是北大博士生嘛，你失业了，你没有钱，谁给你？你没有钱啊。比如现在，美国就不同，还有我们也有同事出国去，澳大利亚、加拿大那些地方，他工作三天，一个月（的生活和支出）就没有问题了，或说工作十几天，一个月没有问题。还有就是，没有（工作）他有失业补助，他不怕这个（领导让他走人）。我们办公室有个人生小孩回去了，现在就是我们人也不需要，她又没钱，就去卖保险去了。现在难受得很……当然这是个例子。如果她没有钱了，最低生活保障就那么两三百块钱，那没有办法（生活）的。(CZC)

由上可知，员工在有独立于管理层的自由意志的情况下最终屈从于领导层的意志，是由于公司职位在就业市场上具有稀缺性。当然，这种职位稀缺性是相对于员工的可替代性而言的。员工的可替代性越强，则对于企业而言，他越弱势；员工的可替代性越弱，则职位稀缺性对他的约束力越小。

员工可替代性强有两方面的影响因素，一是所占据岗位的技能门槛低，二是该职位对于企业的重要性小。相比之下，那些职位技能具有较高门槛、跟企业的核心竞争力相关因此对企业而言重要的员工，则拥有更大的讨价还价的余地。但是跟企业核心竞争力有关的员工是少数群体。而且大鹏公司作为当地最大的公司，以及周边劳动力的饱和，都增强了大鹏公司职位的稀缺性。

正是在公司职位稀缺性的强约束下，员工们面对他们不能“理解”的新技术可以做到先“僵化”，再“固化”，再“优化”。由此可见，大鹏公司员工在面对陌生的新技术的要求时经历了以下适应性的学习历程：从不理解，到理解，到接受，最后到积极利用。所谓适应性学习是指员工遵循“适者生存”法则，为了继续保有该组织的职位而进行的学习。换句话说，组织的职位在就业市场上越具有稀缺性，员工越倾向于学习新的组织文化以适应新的工作条件。

2. 同侪的期待压力

除了各级管理者的意志对组织员工的约束，同事间的期待也会对组织员工的改变产生推动力，或说带给组织员工压力体验以驱策其改变。同侪压力发挥作用与两个因素有关：一是技术因素；二是组织情境性因素，即组织文化因素。

第一，技术因素。首先，ERP 的应用增加了同事之间的互倚性，强化了合作，将各个岗位更紧密地结合起来，同事间工作思维和行为的差异会给彼此带来压力。ERP 是一个信息系统，它将管理流程中的活动信息电子化，对应工作管理流程形成数据流，工作任务经过系统流动传达，工作过程在系统里实时流动，过去、现在的一切管理活动信息都存储起来，随时可以回溯；也将各个岗位更加紧密地联系在一起，每个人都可以看到自己上下游其他岗位上的一些信息，直观地体验到自己的行为对同事工作的影响，由此更加能够感受到彼此合作中步调不一致时带来的同事间的张力。或者说，因为岗位被嵌入数据流中，新技术条件下“非规范”操作的同事会感受到来自“规范”操作的同事的同侪压力。

> 包括我以前和业务单位在工作联系上，我有种感受就是说两个人在一起工作，都做得快，大家都感觉愉快，都做得慢，大家至少不会感觉不愉快，但是一个做得快一个做得慢，那是最不愉快的。企业是经营团队，是要面对对手，要发挥自己的最大能力，要有一致性，所以会有强迫。如果没有强迫性，信息系统就不会成功。你有人用得好，有人用得不好，那就痛苦。有的人不自觉，你要强迫他。那有的人自觉，那么他觉得一条线上，别人等着你，你拖人后腿不好意思，他也会调整，被迫积极起来。(XL)

其次，信息化先行者往往致力于推动系统的扩张，试图将更多的流程纳入系统。(比如："我这里跟财务部和销售部之间调通了，很好用，那我就想继续调通别的部门，到后面我们会延伸出去，向上跟供应商在系统里联系，向下游跟银行、税务等部门联系。")而后进者被嵌入这个流程中来，会逐步感受到来自其他同事的期待压力：一是系统使用先行者的"进步"期待的压力，他们希望后进者跟上脚步，做出适应新的发展大趋势的行为；二是流程上下游相关同事的"合作"期待的压力，同事都期待后进者能快速跟进，以更高效、更有效的方式完成工作，"我好你好大家好公司好"。这些来自同事的"进步"期待和"合作"期待都会激发"不同步"的同事的合作不愉快，这种不愉快的情感会促使后进者去学习、改进和提升，付出努力以重建令人愉快的工作关系。

那为什么是后进者去改变自己以谋求关系的改变呢？这是与其他因素合力的结果，包括个体层面关于信息化符合历史发展趋势的认知以及个体当致力于进步的观念合法性，还有公司在文化层面的英雄塑造，即那些在信息技术应用中脱颖而出的组织员工得到更多的升迁机会，受到更多的赞同，这些都表明用好信息技术、向信息技术要生产力，成为个人发展方向的合理选择。

结合比较此前的工作互倚性，信息技术条件下的互倚性具有两个变化：一是可见性大大增加了，"工作要求会系统推送"；二是及时性大大提高了，协调加快，导致压力体验升级。可见，工作越是被嵌入系统流程中去，组织成员感受到的来自同侪的改变压力越大。

第二，组织的情境性因素，尤其是环境中的文化。这包括组织文化但不限于组织文化，它决定了个体的思维底色，并进而影响到个体如何解读同侪压力，同侪对个体造成多大程度的压力。

关于强调情境性因素对组织心理的影响，李和崔（Li &Tsui）回顾了从1984年到1999年发表在20种国际顶级学术期刊上的关于华人地区组织与管理研究的226篇文章。他们发现，绝大多数有影响的研究都将情境性因素作为自变量或调节变量置于所建构的理论当中。[①] 组织中个体心理受到特定组织情境性因素的影响，比如组织成员个体的思维方式和行为特征受到组织文化的影响。不同组织文化环境中，组织成员发展出的"适宜"的行为策略不同。比如，伯特的结构洞（structure hole）理论认为，在公司里那些将两个或两个以上相互没有联系的人联结在一起的中介者具有较多的社会资本，而社会资本使中介者获得更多的信息和机会。但是肖和崔（Xiao & Tsui）认为，在集体主义国家文化中，结构洞并不能够使个人具有更多的社会资本。[②] 尤其在高承诺的组织中，人们被鼓励充分建立联系，互通有无，这使得中介者（broker）通过控制（control benefit）和信息（information benifit）两个机制来获得个人好处的做法会受到组织内部规范的约束和惩罚。所以，与西方个体主义文化下的理论结论相反，在东方集体主义文化背景下，在高承诺的组织中，不是掌握结构洞的中介者受益，而是试图促进大家整合、融合的整合者（integrator）受益。肖和崔的研究表明，在集体主义的组织文化环境中，发展结构洞对于员工的生涯发展不仅无益，反而有害。

在本研究案例中，大鹏公司是老牌大型国有企业，从开始的军工企业转型而来。中国社会具有鲜明的总体性特征，即社会各个行业、各个领域之间的分化程度低，包括各类组织之间的分化程度也低。所以即使是作为市场行动主体的国有企业，大鹏公司在国家和社会文化中嵌入程度高，即也具有高权力距、集体主义特征，群体的整合性强。其员工尤其看重上级和他人的评价，这成为同侪差异对后进者形成巨大心理压力、促进其改变的文化基础。相比低整合性的组织文化而言，在高整合性的集体主义组织文化中，组织成员感受到的来自同侪的改变压力更大。

（二）意义性调适

适应性学习中我们展现了那些与管理者具有不同意志的员工是如何受

---

① Li, J. & Tsui, A. S. (2002). A citation analysis of management and organization research in the chinese context: 1984—1999. *Asia Pacific Journal of Management*, *19* (1), 87-107.

② Xiao, Z. & Tsui, A. S. (2007). When brokers may not work: The cultural contingency of social capital in Chinese high-tech firms. *Administrative Science Quarterly*, *52* (1), 1-31.

到职位稀缺性的约束而跟随管理者意志的。但是另一个问题是，员工就只有与管理者对立这一个立场吗？还是我们因为某些原因而忽略了另外的可能性，即员工与管理者之间存在一致性？

从文化的视角来看，肯定存在员工与管理者立场一致的情况。因为企业文化的建设就是要建立员工对企业的认同，对领导的认同，增强企业内部的凝聚力。如果不能增进认同，那么所有的企业文化建设都是无效的。而我们看到确实存在部分员工是在对企业认同感的驱动下积极进行自我调适，以适应企业组织的要求。

由组织成员身份赋予的责任感和意义感、自尊感等驱动的，员工面对新情况进行自我学习与提升，以更有利于组织利益的方式工作，我们称为意义性调适。这些员工往往认为，掌握新的技术、提高工作效率符合企业利益或者有利于自我实现。他们面对新情况往往选择积极进行自我调适，甚至帮助其他员工进行调适。

如果说，适应性机制驱动下的员工自我调适是员工受到外部就业市场导致的组织职位的稀缺性压力，以及相关社会保障制度不完备的制约，而不得已为之的话，那么意义性机制驱动下的员工自我调适则是因为员工深信转变（组织员工的学习是基础）对企业来讲是必须的，作为企业一员是“应该”为企业的壮大而进行调适性学习的，尽管学习是一个需要克服困难的过程。适应性机制的深层预设是企业组织与组织员工是相互独立的利益结合体（合作是利益驱动的合作），而对应的意义性机制的深层预设是企业不仅是利益共同体而且是意义共同体，是组织成员身份的来源，是组织成员内心认同的来源。

> 其他好多人都走了，但是自己留下来了，还是很为自己骄傲的。这是对我能力的证明。每次经受住考核，我还是很激动的。不容易，但是更要珍惜。(JHL)
>
> 不能一遇到问题大家就都走了是不是？都走了，留下一堆“臭石头”给大鹏公司，给国家，怎么办？再难也得干。(DJH)
>
> 我就想，这是我们公司再现辉煌必须要走的路。就得这么干。这是我们每个员工该做的。(HZW)

总体来说，老员工中出现意义性调适的情况较多，这或许与老员工在企业的工作时间长有关，也与老员工经历过老国企时期，经受过公司当年的“爱厂如家”的文化熏陶有关。可见，意义共同体的意涵与员工对组织的忠诚度有关。基于此假定，结合调研可知，在学习能力无显著差别的情况下，员工对组织的忠诚度越高，则越倾向于面对企业的文化转型要求进行意义性调适。

这种意义性调适行为，既包括针对自己的——自我激励进行学习，也包括针对他人的——自发宣传一些有利于公司信息化和文化变迁的观念，或者与不合时宜的观念进行辩论，如LW和GJX的例子。

（三）趋利性选择

员工群体与管理者群体有一致的地方，还在于在ERP的应用中二者有共同的利益。既有的多数企业研究往往暗含一个假定，即管理层的利益与员工的利益是分离的，甚至是对立的。就像关于组织忠诚的不少研究就假定员工“天然”是不忠诚的，所以要研究如何鼓励忠诚；又比如新技术的应用往往伴随困难，所以会假定员工总是反对新技术应用的。所以，常见相关研究带有“问题”取向，文献不厌其烦地提示管理层将出现的“问题”，启发管理层要研究、预判，进行制度设计，以此来“管理”那些“不配合者”。

组织管理层与员工之间固然存在利益分离的一面，但是也有利益一致的一面。如果只看到前者，看不到后者，就失去了组织变迁中可资利用的一部分资源，即员工可以被激发的主动性。以ERP的应用为例，如果强调员工“抵制”的一面，则会放弃挖掘可以激发员工“积极配合”的一面。调查显示，不少员工对ERP带来的人际关系去人情化、趋角色化持积极欢迎的态度，因为它解决了过去工作中人情化操作、软化制度执行给自己带来违规风险的问题，这种风险甚至是法律风险。

比如采购部因为掌握着供应商招标权，即供应商选择权，往往成为很多供应商“钻营”之地。在传统缺乏信息技术支撑的工作条件下，不透明操作的情况时有发生，一般会假定手握实际“操作”权力的员工乐于从中牟利，但实际情况中不少员工都是因无法免于被更高级或上级的“权力操作”而被迫行事，把自己置于风险之地。而在信息技术应用之后，网上招标可以实时公开、透明化，这压缩了各级权力的“操作”空间，使得采购岗工作的职业风险大大降低。

> 我给你举个招标的例子。我们现在是通过招标网上信息系统招标，在此之前呢我们叫招暗标，当时我确实觉得很麻烦。比如让供应商把资料发过来，指定一个人收，或者发到一个传真机上，然后统一

来拆标。一般来说部长要在，处长要在，然后还有个计划员，就讨论，讨论完了，定下来。定下来后反正不晓得通过啥子渠道，大家都晓得了，就传出去了。然后过一哈（会儿），关系（人）就（找）来了。这个找那个找，有时候报价这个东西，比如你报一块，他报九毛，然后过一哈，那个报一块的，就要开标了哈，或者过一天，他就（找人）去找领导了，他价格降了，八毛五了，要不要给他中投标嘛？你这个时候根本就不晓得怎么弄，因为这边（供应商）也在找人……啊，我听说你们这个一标啥子啥子……这么一搞，领导啥子（怎么决策）都不晓得了，恼火。……因为我们没有公示的东西。暗标暗标，都在暗处。

（追问：没有一个机制或方法来公示吗？）想公示也可以，但是供应商不相信你这中间做了啥子事情。他不知道你们几个评标，因为他肯定看不到对方投的啥子价格。他看不到。他以为我们在诈他……然后就东找人西找人。哎哟，反正就是到处找人，很麻烦。网上招标就很好了喽，网上招标以后基本上这些怨言都没得了。因为网上这个东西相当于公示了，而且你是网络在竞争，最重要的这个是有记录的，哪一家在哪个时候投的哪个价格，投第一轮价格、第二轮、第三轮，我全部都有记录。所以你哪个都没法去改喽。成本降低了，对我们工作也很好喽，我们现在就说，也怕哪个跟我们打招呼，你也不想得罪哪个人对吧？而且也看到一些事情（行贿受贿的违法事情），希望这个样子好点。其实也保护他们（供应商）喽，保护我的下属，同时也是保护我。(CH)

由上可知，公司有些员工，以采购部为例，对信息技术的应用保持积极的欢迎态度，在行动上做出配合信息技术应用所要求的改变。这与管理层的意志是一致的，因为这符合其自身利益。对此我们称之为趋利性选择。

但是这种趋利性选择并非单纯为了利益，实际上也融合了规则意涵。这意味着规则意识是存在于CH们的心中的，只是此前受到“人情”和权力结构的冲击，规则无法兑现，而系统的刚性正好可以帮助实现他们工作中按规矩行事的诉求。愿意按照规则办事的人本身就对新的文化有亲近性，愿意主动配合技术要求和新制度的要求，从某种程度上说，这也属于意义性调适，即我认为这是对的，所以我积极配合新要求做出新行为。由此，我们也可以说，员工的观念与新的组织文化越契合，员工越倾向于进行意义性调适。

四、三重主体性要素的交互作用

（一）作用机制的实质逻辑

理论的实质（substantive）逻辑是指自经验资料总结、归纳、抽象而来的变量间的（变量模式）或说前置条件和结果之间的（过程模式）关系的实质规定性，即一个实证研究所建构的理论的内容（content）。根据行动者网络理论，信息技术、管理层和作为技术使用者的公司普通管理岗员工群体分别代表了信息技术-组织文化变迁这一过程机制中的三种主体性要素。其中信息技术为前置条件，组织文化变迁为结果。这三种主体性要素在组织深入应用信息技术，引发组织文化变迁的过程中交织发挥作用，如图5－6揭示了三者是如何交织发挥作用、推动组织文化变迁的。

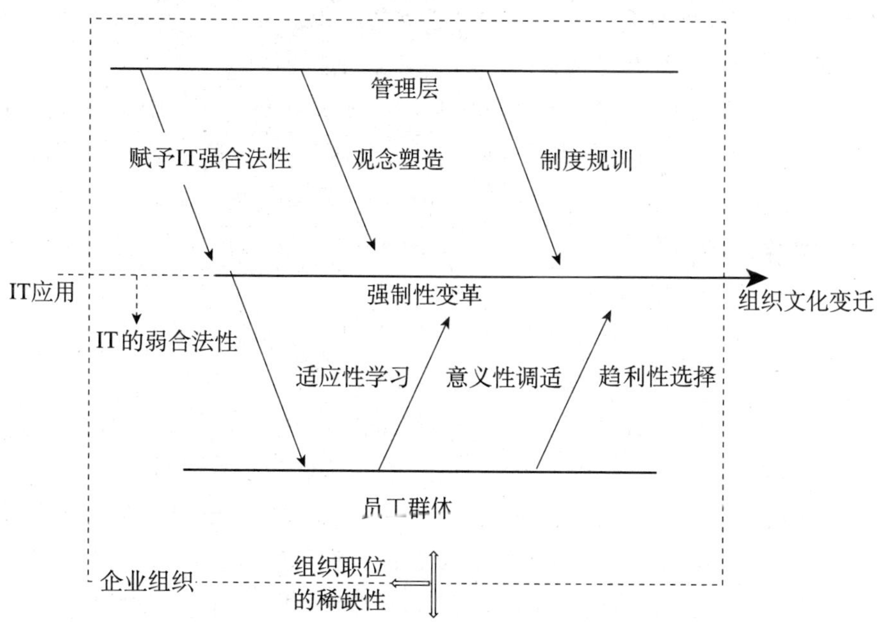

图5－6　IT、管理层、组织员工交织作用，促进信息技术应用中的组织文化变迁

此部分解释经验实质逻辑，即从案例经验资料中抽象而来，是本书理论建构的内容，但是个案中包含普遍的因素。正如每个引入、应用信息技术的国有企业组织都如本案例中的大鹏公司的情况一样，有信息技术进入组织，有管理层与普通员工的两大群体区分，而且这一过程中可能发生管理层表达实施信息技术应用项目的意志，进行管理制度变革，并通过“开会”和“讲话”传导、培育观念，而国有企业的员工群体会进行不同程度的适应性学习、意义性调适和趋利性选择，从而跟随技术的要求改变自己的工作行为和观念体系等。笔者强调个案中包含普遍的因素，目的不在于对案例结论做总体推论，而在于阐述本案例研究何以可能提供启发性的学理基础。

在图 5-6 中，左端是前置条件 IT 应用，右端是组织文化变迁。大的虚线框代表相对的组织边界，虚线框也表示组织内部与外部环境之间具有沟通性，即组织是环境中开放的组织，组织与环境之间的边界是具有渗透性的弱边界。图形下部的空心箭头代表企业组织与外部就业环境之间相互作用，产生了“组织职位的稀缺性”，这成为组织成员进行组织行为选择的外部约束条件。

在来自管理层设计的三种作用方式中，管理层首先赋予 IT 强组织合法性，即 IT 被明确地定位为一项“必需的组织任务”。（案例资料显示，当 IT 进入企业，没有经过管理层的组织合法性确认的时候，其合法性是脆弱的，是否使用 IT 以及怎么使用 IT 在一般组织员工群体中是较为自由的选择，图中部横轴上虚线段及虚线箭头所示意。）当这个信号传递到作为信息技术使用者的普通管理岗员工群体中，受到外部“组织职位的稀缺性”条件约束的组织员工选择接受 IT 的强制性改造。由此 IT 对组织文化的强制性改变机制开始发挥作用。

管理层在组织员工群体中进行思想动员和观念塑造，激发员工群体对 IT 的认同，即深入应用 IT 的意义感（意义性调适）。与此同时，管理层针对新的技术条件（信息技术）进行新的制度设置，并通过“讲话”层层传递新观念，加强观念塑造，促进员工形成新行为、采纳新观念。IT 应用增强了制度的执行力（规训强制性），在技术带来的改造要求、管理层的制度规训、观念塑造以及组织职位的稀缺性等外部约束条件共同作用下，员工或因适应需求进行学习，或因理性趋利做出选择，或因组织身份认同意义感展开调适，试图跟上信息技术条件下的工作要求。当组织范围内的工作实践发生改变，组织成员共享的内在观念体系发生变革，组织就在 IT 应用中衍生出新的组织文化。

需要说明的是，本书采取过程理论/模型，即强调信息技术应用是大鹏公司组织文化发生变迁的一个必要条件而非充要条件。模型所展示的也是信息技术应用条件下组织文化发生变迁的一种可能的经验路径。该模型具有一定的复杂性。因为既然是过程理论/模型而非变量关系/模型，就会丧失后者的理论简约性（simplicity and parsimony），但是同时过程理论/模型也提升了“经验保真性”（empirical fidelity）。所以过程理论/模型和变量关系/模型各有其优势，而且在这个本身十分复杂的观察对象上，比如新技术应用于大型组织，强调经验保真性的研究会更好、更多地刺激后继研究。①

在此，笔者想就定性研究探讨变量间关系的逻辑问题做一点延伸讨论。通常认为，定性分析跟定量分析有一个区别就是，定性研究无法确定因果关系，但是所谓社会科学，主语是“科学”，定语是“社会”，而科学的逻辑就是要追问因果，A 变量决定了 B 变量，如此我们可以做预测。那么，定性研究方法得来的描述性资料在研究中运用起来怎么“控制”其他因素的干扰，分离出干净的因果关系？面对这个难题，学者中逐渐出现了三种处理策略。

第一种策略是划定界限法，阐明社会现象的因果关系是复杂的，在时间上 A 发生于 B 之前，但同期也有 C、D 因素发生于 B 之前，特定的一个研究关注揭示 A－B 间关系，不涉及但不否定其他因素的存在，只是本研究选择此视角，不选择彼视角。

第二种策略是整合法，比如王天夫指出，“不论是定量研究还是定性研究，都理应遵循因果分析的逻辑和过程”，社会研究方法上的定性和定量两种研究传统之间的区隔“远远没有冲突的双方所声称的那么巨大”，“它们之间的差异更多的是在研究风格和使用的具体技巧及技术上”，因果逻辑和过程“在定量研究中表现得更为明显和突出，因为它有直观的数字化资料和相对而言规范化的统计分析过程”，但这并不一定意味着定性研究必须回避做因果推论。② 而如何用定性资料做因果推论呢？他建议，首先使用变量的语言来描述研究对象及其周围的其他情况，即要分清哪些是因变量，哪些是自变量。这在既往的定性研究中往往较为隐晦，但实际上我们是可以分清楚的。其次是把解释过程（亦即因果推断的过程）尝试着用路径图画出来。最后是在思考整体结论时，要与以往的理论和结果相对照。这是为了分清当前的研究相对于以往的结果而言，有何推进或新的发现。

---

① Markus, M. L. & Robey, D. (1988). Information technology and organizational change: Causal structure in theory and research. *Management Science*, *34* (5), 583－598.

② 王天夫.（2006）. 社会研究中的因果分析. 社会学研究，(4)，132－156.

第三种策略是分类界定法，如马库斯和罗比对社会科学经验研究做过程模型/逻辑和因果模型/逻辑的区分。[①] 这反对社会科学研究只追求因果逻辑的假定，在解决这个难题上是更具突破性的处理方式。他们指出，A发生在B之前，在因果逻辑下，A决定了B，A与B之间是充分必要条件关系；但是A也可能是B发生的众多条件之一，A是B的必要条件，即当B发生我们可以推知A发生了，但是B作为结果出现还有别的因素，比如C、D与A共同发挥作用，A是B发生的一个十分重要的前置条件。

这跟第一种处理策略划定界限法的区别在于，前者承认在一段时间中，A、C、D与B都是因果关系，但本研究选择阐述A-B一种因果机制。而在第三种分类界定策略中，研究者承认社会科学研究并非追求排他性的因果关系，而是追求条件性的因果关系，即从因到果有多条路径，若干个必要条件才导致了一个确定的结果。进一步地，当我们试图解释一个结果何以出现时，可以对若干必要条件如何发挥作用进行主次有别的选择，依次分析呈现，最后采取整合法，把解释过程尝试用路径图画出来(第二种处理策略)。延伸讨论一点，社会科学研究的话语体系中常见“机制”的说法，有的学者认为社会科学研究就是追求揭示变量间的因果机制的[②]，但不少研究读起来似乎又不是讲因果机制的，有学者称之为条件机制，这常导致混淆。笔者认为，我们通常说的因果机制是强因果，即导致特定结果出现的核心要素A发挥作用的路径。而条件机制应该说也属于因果机制范畴，但是属于弱因果机制，是对值得研究的非决定性因素的因果机制的探讨；或说研究者出于严谨考虑，试图弱化其中的因果强度，认为先导性因素A是结果B出现的一个必要条件，对于特定结果B来说，没A不可，但有A未必，这常见于定性研究中。本研究采取第二种和第二种处理策略的组合，即强调信息技术（主要是ERP）的应用是大鹏公司组织文化发生变迁的条件（上篇第三、四、五章），且研究组织文化（取技术的组织合法性视角）如何作为信息技术应用的重要条件（下篇第六章），以及其他组织外部环境又是如何作用于组织内部的这个IT-组织文化变迁的因果过程的(下篇第七章)，最后通过路径图将各主体性要素的作用机制整体呈现出来。

（二）作用机制的形式逻辑

理论的形式逻辑是指实证研究中经过总结、归纳、抽象所建构之理论

① Markus, M. L. & Robey, D. (1988). Information technology and organizational change: Causal structure in theory and research. *Management Science*, *34* (5), 583-598.

② 周雪光. (2003). 组织社会学十讲. 北京：社会科学文献出版社.

的形式结构。马库斯和罗比考察 IT -组织文化变迁领域的理论和研究指出，研究者们需要对理论建构在逻辑形式上有所检视和自觉，以有助于发展更好的理论。[①] 他们提出三个维度评估理论的逻辑形式，即因果主体、逻辑结构和分析层次，并在分析总结 IS 研究文献时指出：第一，因果主体经历了技术强制到组织强制，又到（交互）突生论，而此后距离该研究十几年后，应该说在克服突生论的不可知假定上兴起了互构论[②]；第二，从逻辑结构上看，过程理论比变量理论更有优势；第三，混合分析层次的理论比单一分析层次的理论更符合社会现象。借鉴以上框架，笔者特对本节的机制建构做一评估。第一，本研究采取互构论视角；第二，一旦进入机制研究，本质上建构的就是过程理论，而否定了 IT -组织文化变迁的变量模式；第三，接下来笔者将分析其混合的理论分析层次。

基于前述分析及分部分展示，这里笔者就本研究中的理论建构的形式逻辑给出一个总体的 IT -组织文化变迁的混合分析层次-多路径模型。

信息技术应用引发组织文化变迁这一宏观层面的逻辑关联何以发生? 如图 5 - 7 所示，相比简单案例，在复杂案例（本案例）中，宏观层面的现象变迁不仅有微观基础，也有中观机制，以及宏观机制。

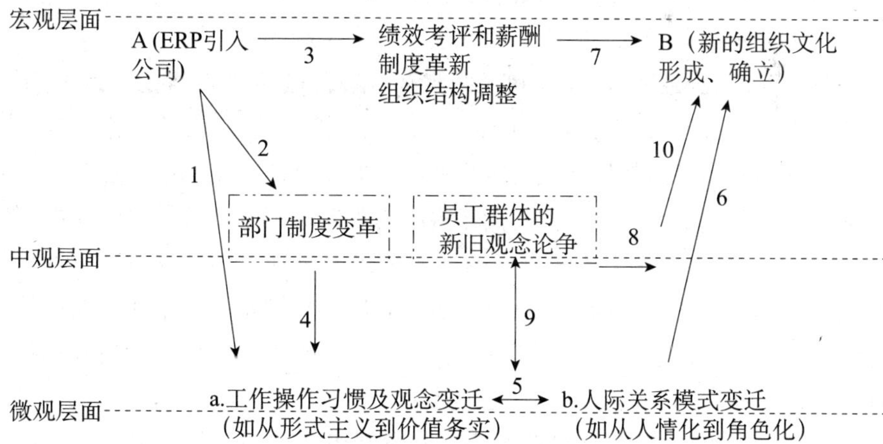

图 5 - 7　IT -组织文化变迁混合分析层次及多逻辑路径图示

① Markus, M. L. & Robey, D. (1988). Information technology and organizational change: Causal structure in theory and research. *Management Science*, *34* (5), 583 - 598.

② 刘小涛.(2004).双重代理与信息技术在传统企业中的推广.北京大学硕士学位论文.邱泽奇.(2005).技术与组织的互构——以信息技术在制造企业的应用为例.社会学研究,(2), 32 - 54.

第一，宏观变迁拥有微观基础，即宏观-微观-宏观的逻辑路径，如“1+5+6”的路径组合所示。ERP引入直接改造员工的操作行为，引发观念变迁，比如从以前的随意性到新技术条件下的规范化操作，从以前的延时操作到新技术条件下的即时操作，这带来了同事关系的变迁，比如去人情化、趋向角色化。

第二，宏观-中观（制度）-微观-宏观的逻辑路径，如“2+4+5+6”的组合路径。这是通过中观部门层面的制度变革对组织员工微观的工作行为和关系进行塑造或引导，从而成为整体的组织文化变迁的一部分。信息技术的引入对组织提出文化要求，既有的信息技术采用管理研究结论，比如“组织文化与新技术文化内涵的匹配性影响到技术应用是否成功”形构了组织管理层的行动，管理层会主动管理组织文化，设立促动新技术条件下的组织文化的相关制度，而这些在各个层次上的制度，比如小到小组工作规则，中到部门规则，大到公司范围的制度变革，都会促进组织文化变迁。如果是部门层面的规则或者小组层面的（如项目小组或者办公室内部的）规则变迁，则规则向下塑造规则所覆盖范围内的组织员工的行为和观念，促进其变迁。

第三，宏观-中观-宏观的逻辑路径，如“2+8+10”组合路径所示，即部门制度变迁本身成为组织文化变迁的一个组成部分。

第四，宏观-微观-中观（观念之辩）-微观-宏观逻辑路径，如“1+9+8（+9）+10”的组合路径所示。新技术引发组织成员的工作行为差异——这种差异可能是群体成员本来就存在的，但是技术的引入加深了差异的程度，从而引发观念分群，员工内部出现新旧观念的群体之争（中观层面）。虽然争论是在个体间发生的，但是因为争论是公开的，且引发广泛关注，并在后继组织谈话中被高频引用，所以它被定义为群体层面的观念论争。经过这种争论，观念有所澄清，有助于加速组织成员调适和选择新文化来主动参与、促进组织文化变迁。

第五，宏观—宏观（制度/结构）—宏观逻辑路径，如上述第二条中的机制，如果是公司范围内的制度变革，比如全公司的绩效考评制度和薪酬制度变革，则会直接成为新的组织文化的支撑制度的一部分，代表着这种机制在宏观层面发挥作用，即“3+7”路径所示。

此外，宏观层面的中介因素也包括组织结构变迁。这是指技术应用导致组织结构变迁，部门间的上下关系重组，这影响到组织的价值核心重新安排，影响到组织文化。比如在本案例中，随着ERP的引入，公司重视财务核算，提倡价值为核心，这使得财务部的地位上升。到技术应用后期，财务部提出财务深入业务的理念，即财务参与改造、提升、优化业务流程。而此前，销售部的地位更高，财务部相当于服务部门，当销售部和财务部的核算标准不统一时，通常是销售部占上风。两个核心部门间的结构调整，涉及整个组织的流程安排，也引发其他的组织结构重组，并且改变了整个组织的价值导向——这使得大鹏公司的组织文化从之前的重视规模转到重视利润，从重视形式创新转到重视创造价值。所以笔者将之定义为宏观组织层面的结构变迁而非中观部门层面的议题。

小结

本节借用行动者网络理论中的主体性的概念，分析了信息技术应用中，作为非人类行动者的信息技术与作为人类行动者的管理层和员工群体三重主体性要素是如何交织发挥作用带动组织文化变迁的，包括信息技术对组织成员的强制性改造，管理层赋予信息技术的强合法性（强制资格）、制度规训和观念强化塑造，以及在管理层赋予新技术强制资格的条件下，员工群体通过适应性学习、意义性调适和趋利性选择，改变组织中工作、合作的行为和观念，从而促发组织文化变迁。

具体而言，技术的合法性越强，越能够强迫组织成员改变行为和观念，进而变革组织文化；管理层的观念倡导与管理制度设计越合一，则组织文化变化程度越大；组织的职位在就业市场上越具有稀缺性，员工越倾向于学习新的组织文化；工作越是被嵌入系统流程中去，组织成员感受到的来自同侪的改变压力越大，越倾向于学习改变；在高整合性的集体主义组织文化中，组织成员感受到的来自同侪的改变压力越大，越倾向于学习改变；员工对组织的忠诚度越高，越倾向于面对企业的新文化进行意义性调适；员工的观念与新的组织文化越契合，员工越倾向于进行意义性调适。

本章也对 IT -组织文化变迁之三重机制理论建构进行了理论结构形式分析，其中包含了跨越宏观、中观、微观分析层次的多条逻辑路径，具体包括宏观-微观-宏观，宏观-中观-微观-宏观，宏观-中观-宏观，宏观-微观-中观（-微观）-宏观，以及宏观-宏观-宏观。

基于前述分析基础，本章建构了 IT -组织文化变迁的三重机制的实践实质（内容）逻辑和理论形式（结构）逻辑两个模型，以简化本书的理论建构并检视之。

下　篇
技术应用的组织条件及制度环境的影响

第六章　技术应用成功的组织合法性条件[①]

信息技术是工具。（企业）文化首先决定你的工具变成什么样子，工具很可能只是被用于强化领导的管理风格，有可能是展示这种文化，甚至可能文化让你有些工具技术就进不来企业。你即使进来，也可能用不起来。

——HLY

本书上篇论述了信息技术应用是如何引发组织文化变迁的，但不论是从经验观察，还是从既有研究来看，抑或是以本书开篇笔者所宣称的本书的互构论理论立场来说，都可以推导出反面的逻辑可能成立，即组织文化也会对信息技术的应用产生影响。前面我们分析过，信息技术"强迫"组织成员发生改变的前提条件是组织成员将信息技术定义为一项必需的组织任务，也就是说不可以讨价还价。决策者/管理层发挥的一个重要作用是确立信息技术对组织成员的强制地位，即技术的应用是一项必需而重要的组织任务，重要到"谁挡道谁下课"（M 总），"谁不上 ERP 谁就给我下"（耀总）。组织成员会在衡量之下采取积极配合的态度，加快行为改变与观念转型，从而促进组织文化的变迁。

这种技术被赋予强制性地位的行为真正发挥作用是需要通过组织成员的认知认可来实现的。本案例中大鹏公司应用 ERP 经历了一个独特的启用-停滞（几近失败）-重启-成功应用的历程，比较前后两段 ERP 的应用经历，对其"起死回生"过程内在的条件变化进行剖析会发现，组织成员对技术认知、判断与认可之重要性尤为突出，这就构成了技术在组织内部的合法性。

组织成员对技术的认知和理解必然是广泛而庞杂的，可以说是没有边

① 本章主体部分发表于《社会学研究》2017 年第 3 期，原文题目《技术应用何以成功——一个组织合法性框架的解释》。谢谢编辑部授权。

界的组合。莱德纳等人曾经提到三类 IT-文化冲突模式，即系统冲突、贡献冲突和想象的冲突，涉及对特定的信息技术的理解，也涉及对一般的信息技术概念的想象。[①] **本研究取信息技术在组织中的应用这个议题中的关键词“技术”与“组织”进行交叉组合，认为组织成员对技术的认知固然广泛，但是技术与组织直接相关的那部分才是核心。**在这个意义上，莱德纳等人提出来的贡献冲突，即信息技术是否可以对组织做出贡献是核心冲突，而想象的冲突（某群体对一般信息技术的想象和嵌入一个特定信息系统中的文化价值之间的冲突）以及系统冲突（特定信息技术的文化特征与用户群体的文化价值观之间的冲突）相对居其次。也许实际上这些都成为冲突，因而成为技术应用的阻碍要素，但是这些阻碍要素要发挥作用必须要有一个前提条件——员工有讨价还价的空间，即员工能够彰显自己异于组织决策者的意志。而本案例显示，在前一阶段 ERP 应用中，组织员工可以讨价还价，抵制 ERP，后一阶段则不能，这中间的重要差异是组织成员对 ERP 作为一项组织任务的重要性的认知发生了改变。

如果说莱德纳等人的“贡献理解”是指组织用户对特定技术对组织绩效之影响的理解，即技术的有用性理解，那么在应用一项彼时具有革新性的技术的案例里，用户对技术的“贡献理解”不仅应包括对短时期内可见贡献的，也当包括对未来可期贡献的理解。所以不妨拓展理解为用户对技术与组织的相关性理解：是十分相关，还是不相关？如果技术的应用与组织不相关、不重要，那么它也不可能得到员工的重视，因而无法得到配合。此前文献里关于组织成员对技术的文化认知都采用静态框架，忽略了时间变量。——人类行动者其实拥有“远视”的能力，当前的价值坚持可能转化为远期的理性选择。

本研究中的案例显示，不仅员工们对技术是否有助于提升短期组织效率的判断会影响他们是否配合采用技术，而且他们如何理解技术之于组织的战略及未来发展趋势的意义也会影响到他们对技术的态度。这些思考加上既有的文献，有助于本章回答一个问题——当我们试图探究组织成员如何理解新技术时要先回答的那个问题：他们究竟理解技术的什么？即组织成员会从哪些方面去认知技术，这将有助于形成本章的分析框架。

---

① Leidner, D. E. & Kayworth, T. (2006). A review of culture in information systems research: Toward a theory of information technology culture conflict. *MIS Quarterly*, *30* (2), 357-399.

一方面，本章将探讨组织文化对信息技术应用之影响以及技术应用可以改变组织文化的前提条件——具有组织的强制性，补足互构论链条中一环。在第五章，笔者简单提到了管理层赋予技术强制员工的资格，这实际上是管理层（包括决策者）在组织层面将技术应用定义为一项重要的组织活动，向其投入资源且发出较高强度的信号，要求组织成员参与其中并予以配合，由此技术应用这一组织任务获得相应的合法性，即任务合法性，使其可以在相应的强度上强制组织成员。但技术的组织合法性不仅来源于管理层的意志，也来源于技术应用过程中，组织成员对技术之于组织的作用、重要性和未来价值等维度上的认知和认可。所以，我们常见一种现象，明明是组织决策花成本引进新技术的，最后新技术却被束之高阁，沦为摆设或应用流于形式，并不发挥实际作用。其原因就在于技术的应用并没有真实的组织基础——作为用户的数量众多的组织成员的真实认可，而遭遇或明或暗的抵制乃至破坏。因此，只有获得足够组织合法性的技术才能实质性地获得组织用户成员的配合，具有“强迫”成员为之改变的资格。

另一方面，本章也试图回应整个 IT 研究领域一个更为普遍的问题，即从文化视角看，技术在组织中应用成功的条件是什么。需要说明的是，信息技术深入应用会改变组织文化。深入应用与成功应用的逻辑关系是：第一，成功应用是深入应用的一种亚型，是技术的核心逻辑未被改变情况下的深入应用；第二，成功应用是比技术深入应用更为窄化的概念，即使我们难以确定一个精确点，过之定义为成功，不足则失败，但无疑这也需要更为准确的测量。但追问技术应用成功的条件而不是深入应用的条件，是很有价值而且是值得尝试的。因为：一来这是一个更有吸引力的问题；二来，它固然要求我们找到更为细致的工具进行测量，但这也将更有说服力；三来，作为一种典型的甚至是理想的技术深入应用的亚型，如果技术应用被相关行动者定义为成功的，那么它必然是得到深入应用的；四来，本案例的特别丰富性使笔者回答“技术应用何以成功”的问题有上佳的素材。——ERP 在大鹏公司的应用经历了组织内部的起死回生、先死后生，这可以使我们通过比较发现组织文化对信息技术的影响是个变量，而且与信息技术的应用成败这个变量看起来息息相关。技术的应用何以成功或失败，这是个非常有价值的问题。如果案例提供了可能性，可以说作为研究者就很难拒绝这种一探究竟的诱惑。本书上篇展示信息技术应用带来了怎样的组织文化变迁，变迁是如何发生的。本章可以视作上篇的“前传”——究竟是在什么条件下，技术才能改变组织文化，而不是组织文化阻碍其应用？而本案例历经 9 年，恰好把两个过程都展现了，笔者正好可以借以分析其中的边界条件。笔者依然从组织文化的视角，具体说，应用组织合法性的分析框架来回答此问题。

需要说明的是，在本研究的技术-组织文化议题范围内，组织合法性具体指技术在组织内部的合法性，即组织成员对于技术与组织之关系的认知、评判以及认可程度。合法性属于制度学派的核心概念，而制度学派强调人们关于组织如何运作的价值、期待、观念等，其本质就是从文化视角解读组织现象。同时，组织文化的定义是，组织成员对组织中人、事、物及其之间应当如何联系起来的理解，合法性概念是组织文化的一个亚概念。而技术的组织合法性，指称组织文化中关于所应用之技术的理解那部分。后面相关部分将对此做进一步的阐述。

第一节　技术应用中的组织合法性问题

如前所述，本章关注信息技术应用成功的组织合法性条件，需要先回答两个问题：第一，既有文献如何回答？第二，技术在组织中应用是否存在组织合法性的问题？

复杂信息技术比如本案例所涉及的 ERP 技术，基本都为外源性信息技术，应用组织通常不具备自身开发的能力，需要从外部专业技术供应商购入，这对应用组织也意味着是全新的技术。[①] 那么哪些关键因素会影响组织采用新技术的后果？既有关于技术应用何以成功的研究依据侧重点不同分为三类，即强调技术面因素、技术-组织匹配性或组织面因素。前两种视角集中于管理学，第三种视角既来自管理学也来自社会学。

关注技术本身特征影响技术应用后果的研究众多。比如技术接受模型（TAM，technology acceptance model）指出，技术的认知有用性和易用性

① 邱泽奇．(2005)．技术与组织的互构——以信息技术在制造企业的应用为例．社会学研究，(2)，32－54.

决定了个体的技术使用态度和使用行为。[①] 又如，创新扩散理论（innovation diffusion theory）认为技术的相对优势、相容性、复杂性、可试验性和可观察性会影响其在组织中的扩散。[②] 技术应用研究关注技术特征似乎是题中应有之义，但这却不能解释相同的技术在不同组织中应用何以导向不同结果的问题，即"一个技术包，两个结果"的问题。[③]

技术-组织匹配视角强调信息技术比如 ERP 与组织在数据、流程等方面的匹配性，彼此对应调适、组织抵抗等因素对技术应用成功的影响[④]。

若论从组织因素中找答案，管理学视角分组织的技术基础和非技术因素两类。前者比如组织既有技术能力基础对新技术在企业中扩散的影响[⑤]；后者比如强调组织文化[⑥]或领导、沟通及团队赋权等管理要素[⑦]对技术应用的影响。

管理学的技术应用研究因其服务于解决具体管理问题的学科定位，相比社会学视角较少探讨抽象程度更高的、更为深层的整体性机制。它也通常假定新技术即最优技术方案，立足于技术不变强调组织设计为新技术的效率发挥创造条件。社会学则强调技术应用的实践性特征，提倡实证研究。比如，晚近的互构论学派假定组织是既定的结构性存在，而技术内含了组织性结构要求，所以技术应用是一个技术与组织在各层次的结构上彼

---

① Davis, F. D. (1985). *A Technology Acceptance Model for Empirically Testing New End-User Information Systems: Theory and Results*. Doctoral dissertation, Massachusetts Institute of Technology. Davis, F. D. (1989). Perceived usefulness, perceived ease of use, and user acceptance of information technology. *MIS Quarterly*, *13* (3), 319 - 340. Venkatesh, V. (2000). Determinants of perceived ease of use: Integrating control, intrinsic motivation, and emotion into the technology acceptance model. *Information Systems Research*, *11* (4), 342 - 365.

② Tatnall, A. (2010). Innovation translation, innovation diffusion and the technology acceptance model: Comparing three different approaches to theorising technological innovation. In A. Tatnall (Eds.). *Actor-Network Theory and Technology Innovation: Advancements and New Concepts*. pp. 52 - 66. Hershey, PA: IGI Global.

③ Martinsons, M. G. (2004). ERP in China: One package, two profiles. *Communications of the ACM*, *47* (7), 65 - 68.

④ Hong, K. K. & Kim, Y. G. (2002). The critical success factors for ERP implementation: An organizational fit perspective. *Information & Management*, *40* (1), 25 - 40.

⑤ 殷国鹏，陈禹．(2009)．企业信息技术能力及其对信息化成功影响的实证研究——基于 RBV 理论视角．南开管理评论，*12* (4)，152 - 160.

⑥ 李静．(2002)．构建信息技术在组织中有效运用的文化基础——信息文化．科学技术与工程，*2* (6)，86 - 88.

⑦ Sarker, S. & Lee, A. S. (2003). Using a case study to test the role of three key social enablers in ERP implementation. *Information & Management*, *40* (8), 813 - 829.

此形塑的过程[①]，并实证地揭示了技术应用带来的组织变迁[②]。在技术-组织互动逻辑上，信息技术被依据制度逻辑而非效率逻辑定制[③]，而组织的改变也非依据技术的效率逻辑进行管理活动的优化，不过是利益逻辑与权力逻辑的展示[④]。近年来在英文的组织研究文献中关注技术-组织关系议题的并不多，社会学的关注更是非常有限。[⑤] 20 世纪 80 年代以来的结构化学派因过度强调技术应用导致的组织变迁之突变性使得技术应用变得不可认知、无可作为而过分脱离实践，学术吸引力与生命力日衰；至 90 年代末，相关研究也无本质性突破，技术主题逐渐淡出了。[⑥]

总结社会学的视角，它强调：第一，技术本质上被视作一个揭示组织运行逻辑的道具；第二，强调技术的输入也是结构的输入，新技术必然与组织既有的形式结构、行动结构或技术结构遭遇一个激烈的冲突过程。但既有研究留下了一些缺口，比如，当技术与组织在结构上剧烈冲突，技术完全可能从组织中退场，正如常见的组织中其他任何项目失败一样，但技术经历与组织的冲突走向应用成功的例子也常见。所以究竟是什么可以支撑技术走过激烈的互构阶段？又比如，揭示信息技术应用中的制度逻辑、利益逻辑和权力逻辑并不能回应信息技术应用成功率持续上升，提升组织绩效的现状，技术应用研究中不见效率逻辑是否足够？当组织运行被简化为利益、权力博弈，组织成员都被假定为自利者，似乎他们从来不会考虑组织利益，这是否是对古典组织研究阶段“组织人”假设的矫枉过正？当组织被视作制度操纵的木偶，组织理性及目标追求被摒弃，这对组织，尤其是内含了以理性手段组织生产以追求绩效目标的企业组织的技术应用而言是否合适？

---

① 邱泽奇．(2005)．技术与组织的互构——以信息技术在制造企业的应用为例．社会学研究，(2)，32－54. 谢铮．(2007)．信息技术特征与组织结构变迁．北京大学博士学位论文．

② 任敏．(2012)．信息技术应用与组织文化变迁——以大型国企 C 公司的 ERP 应用为例. 社会学研究，(6)，101－124.

③ 黄晓春．(2010)．技术治理的运作机制研究：以上海市 L 街道一门式电子政务中心为案例．社会，(4)，1－31.

④ 谭海波，孟庆国，张楠．(2015)．信息技术应用中的政府运作机制研究——以 J 市政府网上行政服务系统建设为例．社会学研究，(6)，73－98.

⑤ 邱泽奇．(2017)．技术与组织：多学科研究格局与社会学关注．社会学研究，(4)，171－196，249－250.

⑥ 张燕，邱泽奇．(2009)．技术与组织关系的三个视角．社会学研究，(2)，204，219－250. Zammuto，R. F.，Griffith，T. L.，et al. (2007)．Information technology and the changing fabric of organization. *Organization Science*，*18* (5)，749－762.

基于这些缺口，本研究试图有所补充。不是将技术仅仅视作窥探组织运行的道具，而是直接关注技术本身对于组织的意义，包括在技术-组织关系的阐释框架中纳入技术的效率逻辑——技术之于组织的绩效意义以及组织对技术的角色定位。需要表明的是，本研究关注的绩效不是可客观测量的绩效，而是组织成员对绩效的理解。在长周期的技术应用中复杂新技术的客观绩效是高度不确定的，这使得组织成员对技术绩效的主观理解变得十分重要。它形成技术应用的直接环境，这可以理解为技术在组织内部的合法性问题。之前已有学者提到过这个议题[①]，但却鲜见实证研究。布朗揭示了技术支持者如何操纵符号谋求技术的组织合法性之微观政治过程，但他未解决的问题是：(1) 假定技术应用必然有组织合法性问题，而没有追问这个假定是否成立，没有夯实其理论基础；(2) 没有对合法性（符号）本身进行明确的分类认识；(3) 组织对技术的认知依然被简化为利益和权力再分配，不见技术对于促进组织目标实现的绩效意义之考量。

基于以上知识脉络，本章的问题是技术应用中是否存在一个合法性的问题，它如何影响技术的应用，技术的组织合法性主要有哪些维度，其作用基础及作用机制怎样？笔者稍后将从组织成员对技术-组织关系的技术面认知（强调技术之于组织的功能、角色、意义等）而非组织面认知（强调技术应用中的组织运作逻辑）来探讨技术应用的组织合法性问题，包括技术在组织中的绩效合法性、任务合法性和价值合法性如何在不同条件下影响技术应用的效果。三类合法性分别对应组织成员对技术之于组织的绩效促进能力、技术占用组织资源的资格及其与组织未来发展趋势之契合性的评估与认可。

如前所述，本研究所用案例大型国有企业大鹏公司采用 ERP 自 1999 年至 2008 年历时 9 年，遭遇启用、停滞、重启再到成功应用的曲折过程，为我们对比前后两阶段　　技术应用何以停滞又重启，进而追问技术在组织中应用成功的条件机制提供了丰富的素材。本章将详析 ERP 的应用历程以回答以上所提问题。

① Brown, A. D. (1995). Managing understandings: Politics, symbolism, niche marketing and the quest for legitimacy in IT implementation. *Organization Studies*, *16* (6), 951 - 969. Brown, A. D. (1998). Narrative, politics and legitimacy in an IT implimentation. *Journal of Management Studies*, *35* (1), 35 - 58. 邱泽奇.(2005).技术与组织的互构——以信息技术在制造企业的应用为例.社会学研究, (2), 32 - 54.

第二节 技术的组织合法性分析框架

探讨新技术应用的合法性十分必要。一方面，新事物得到理解与支持直接关涉它对资源的动员能力[①]，合法性对于新技术调动资源以谋存活或发展是第一位的[②]。组织内部合法性为组织提供认知与态度支持，影响到组织成员在组织活动中的资源投入[③]，而革新性技术意味着对组织冲击大，持续时间长，需要耗费大量组织资源。另一方面，新技术被引入组织，其内在的不确定性及风险，以及组织决策与执行活动的分离等因素都导致技术引入时被赋予的合法性后继必将经历一个被建构和再确认的过程。其中的变数直接影响到组织资源在技术应用上的投入多寡，从而影响到技术的应用效果。

但是长期以来，新技术在采用组织内部的合法性问题被学界忽视，这或许与合法性总被用于中宏观层面的组织-环境关系研究的学术承袭有关。一直以来，合法性多被用于指称组织与环境（律法、规范、价值、信念、实践、期待等）之间的相容性，但是合法性本身是一个有强大解释力的概念[④]，这部分来源于其含义的模糊性与丰富性。合法性之“法”，通常被定义为建构起来的一套规范、价值、信念和实践（做法）等[⑤]，或者被定义为

---

① Bergek, A., Jacobsson, S. & Sandén, B. A. (2008). “Legitimation” and “development of positive externalities”. Two key processes in the formation phase of technological innovation systems. *Technology Analysis & Strategic Management*, *20* (5), 575 - 592. Hekkert, M. P., Suurs, R. A., et al. (2007). Functions of innovation systems: A new approach for analysing technological change. *Technological Forecasting and Social Change*, *74* (4), 413 - 432. Rao, H. (2000). “Tests tell”: Constitutive legitimacy and consumer acceptance of the automobile: 1895—1912. In Ingram, P. & Silverman, B. (Eds.). *The New Institutionalism in Strategic Management*. pp. 307 - 335. Stamford, CT: JAI Press.

② Markard, J., Wirth, S. & Truffer, B. (2016). Institutional dynamics and technology legitimacy-A framework and a case study on biogas technology. *Research Policy*, *45* (1), 330 - 344.

③ Human, S. E. & Provan, K. G. (2000). Legitimacy building in the evolution of small-firm multilateral networks: A comparative study of success and demise. *Administrative Science Quarterly*, *45* (2), 327 - 365.

④ 高丙中．(2000)．社会团体的合法性问题．中国社会科学，(2)，100 - 109，207.

⑤ Scott, W. R. (2013). *Institutions and Organizations: Ideas, Interests, and Identities*. CA: Sage Publications. Suchman, M. C. (1995). Managing legitimacy: Strategic and institutional approaches. *Academy of Management Review*, *20* (3), 571 - 610.

表明某一事物具有被承认、被认可、被接受的基础。其中规范、价值、信念、基础具体指称什么，因研究对象和研究情境而异，这成就了合法性的解释力，使其被广泛应用于政治学、社会学、人类学、组织学等领域，经验研究也涉及各个层次。①

组织合法性存在多元主体的问题，即谁评估、谁承认。组织内外部人都会对组织合法性进行评估，对应产生内、外部合法性。内部合法性是指组织被其内部成员接纳的程度，外部合法性指称组织在社会环境中被接纳的程度。② 既有的组织合法性分类暗含了评估主体及评估标准两个维度，比如萨奇曼（Suchman）将组织合法性区分为三类：建基于利益相关者自我利益计算的实用合法性（pragmatic legitimacy），指称大众评判之规范适宜性的道德合法性（moral legitimacy），以及建基于大众之理所当然认知的认知合法性（cognitive legitimacy）。我们交互评估主体（是外部观察者还是内部观察者）与其所评估的活动（考察的是组织外部活动还是组织内部活动）两个维度，提出一个分类框架：(1) 外部观察者结合社会期待考察组织的外部行为，即组织与社会互动中的组织合法性，比如企业的社会责任议题；(2) 外部观察者结合社会期待评估组织内部活动与社会规范的相容性得出组织的外部合法性，比如外界对组织生产或服务活动进行绩效合法性评估，对组织内部的管理活动进行管理合法性评估；(3) 内部观察者结合社会期待考察组织的外部合法性，这影响到组织成员对组织一般

① 组织领域的合法性概念内涵经历了一个逐渐拓展的过程。莫勒（Maurer，1971）指出，合法性是超越了具体任务或技术需要的理性神话（rationalized myth）深入组织的过程。费弗尔等人（Dowling & Pfeffer，1975；Pfeffer，1982）强调合法性是一种评估，合法性是组织活动所体现出的价值与整个社会系统行为准则的一致性。迈耶和斯科特（Meyer & Scott，1983）认为组织的合法性在于社会承认而非社会期待，合法性取决于组织可以被公众熟悉和了解的程度。萨奇曼（Suchman，1995）同时从评价和认知两方面定义合法性，合法性是特定的信念、规范和价值观等社会化建构的系统对组织行动是否合乎期望的一般认识和假定。吕夫和斯科特（Ruef & Scott，1998）认定韦伯为合法性研究第一人，权威类型理论作为合法性的理论源头之一，其基础就是认可，区别的不过是认可个人魅力、传统规定还是法理，这又带出来合法性内涵的“认可”要素。所以基本上，合法性的内涵被逐渐拓展开来，包括了行动者依“法”对组织进行评估，得出其合不合的“认知”，态度上是否“认可”。

② Human, S. E. & Provan, K. G. (2000). Legitimacy building in the evolution of small-firm multilateral networks: A comparative study of success and demise. *Administrative Science Quarterly*, *45* (2), 327-365.

化的忠诚度，对于那些处于初创期或危机期的组织来说尤为重要[①]；（4）内部观察者结合组织规范、价值观考察特定组织活动的内部合法性，组织成员据此决定在多大程度上参与该组织活动，向其投入资源。前两类外部观察者的评估形成技术的组织外部合法性，后两类内部观察者的评估形成内部合法性。

本研究关注第四类合法性，具体探讨技术的组织内部合法性。关于合法性，研究者多根据具体研究目的和理论来选择分析维度，并无统一标准。[②] 本研究定义技术应用的组织合法性包括三个维度：绩效合法性、任务合法性和价值合法性。

一、绩效合法性

正如许多学者[③]指出的，技术在组织中的合法性首先源自它对组织的绩效促进功能，是技术的技术能力决定了它被接受或拒绝的程度。[④] 这样基于组织成员对技术可实现的组织绩效促进功能之共识的评估，核心是评估技术能否提高组织效率，提高多少，成本-收益比衡量等，我们称之为绩效合法性。绩效合法性概念并无统一内涵[⑤]，但皆内含了利益诉求及实用主义取向。它与萨奇曼的实用合法性的共通之处在于强调对（组织或个人）利益的认知及态度，这种认知及态度是制度参与定义的，且评估共识会形成一种认知与态度合力，对组织行为产生制度性的作用。

新技术的绩效合法性通常涉及对技术在两个层面上的评估：技术的外部绩效评估以及组织内部的绩效预判。前者比如技术行业本身是否成熟，所选技术在行业中的排名，市场成功案例多寡等，由外部市场用户口碑决

---

① 传销组织是一类特殊的组织，尤其注意自身的合法性建构，会用专家、国家政策、全球趋势等符号来增强自身在传销成员中的合法性（刘颖婷，2010）。这类极端组织的行为逻辑鲜明地表现了组织获得内部合法性之必要性。

② 王丹丹，张英华．（2012）．组织合法性的概念界定及研究脉络分析．求索，（10），8－10.

③ Grint，K. & Woolgar，S.（1997）. *The Machine at Work*：*Technology*，*Work and Society*. Cambridge：Polity.

④ 技术之于组织的意义与组织的类型相关，比如政府组织和企业组织应用技术的逻辑不同，研究显示前者多遵循制度逻辑和权力逻辑。

⑤ Ruef，M. & Scott，W. R.（1998）. A multidimensional model of organizational legitimacy：Hospital survival in changing institutional environments. *Administrative Science Quarterly*，*43*（4），877－904. 杨宏星，赵鼎新．（2013）．绩效合法性与中国经济奇迹．学海，（3），16－32. 张践祚，朱芸．（2016）．政府内部上下级间的责任配置互动——以S市安全生产管理为例．社会发展研究，（3），108－128.

定；后者比如技术是否适合本组织，成本-收益比等，由组织内部用户判定。二者共同构成了技术的绩效合法性。外部绩效合法性参与决定了组织是否引进技术，它回答了在以追求绩效为目标的企业组织中绩效未卜的技术何以进入组织的问题。外部合法性的高低也影响到技术获得内部合法性空间的大小。外部绩效合法性越高，组织成员对技术无绩效期的容忍时间越长，对技术应用中的问题忍耐度也越高。技术越新，则组织内部的绩效预判越依赖外部信息。在本书案例中，在大鹏公司应用 ERP 之初，整个 ERP 行业都是新出现的，在技术可否进入组织的决策中以及后来在应用中遇到挫折时，其外部绩效都是组织评估技术的重要参考。这是为何本书试图限于组织内部讨论技术应用却无法轻易割离其外部技术合法性的原因。

二、任务合法性

这代表科层组织权力将技术应用定义为一项必需的组织活动的组织命令，它规定了技术可以在多大程度上占用组织资源，使得技术强制组织成员配合具有正当性。任务合法性本质上是组织内部的强制合法性，来源于组织结构的强制力，依靠自上而下的组织权威推行。

组织资源总是有限的，组织成员会向那些被定义为“必需”的组织任务倾斜资源，而搁置那些“必需”级别较低的组织任务。革新性技术应用必将改变组织成员的行为，若技术的任务合法性充分，则组织成员面对改变要求会努力适应而非消极怠工；但若技术的任务合法性不足，组织成员则会倾向于抵制改变，如果再伴随有自身利益受损，则会把技术应用难题用作向组织决策层讨价还价的工具，“不是我不用，是这个技术有问题”（ZGR）。[①] 本案例中的任务合法性主要通过三个指标体现：一是最高决策者对技术的支持力度，体现在公开表态的强度上；二是信息化负责人 DJH[②] 的职位升迁；三是信管团队规模扩缩。后两个客观指标佐证了前一个主观指标。

① 组织决策层的意志与组织执行层之间具有不一致性。组织决策层可以定义组织注意力的指向，但是组织决策层的决策也并非独立于其他组织成员，而是嵌入其中，依赖于决策执行中的反馈，保持对组织决策的监测，这个组织修正机制客观上为执行层的讨价还价提供了空间。该空间的大小也与决策本身内含的风险性以及决策层的决策自信有关系。决策内含的风险越高，决策层对决策越没自信，决策修正越依赖于执行层的反馈，则后者的讨价还价空间越大，决策越可能在后期执行中被修改。革新性技术的应用就属于这类典型情况。

② DJH 是公司老员工，19 岁进厂直至退休。自 1998 年开始负责公司的信息化，直到 2005 年退休。

三、价值合法性

这是组织成员基于技术-组织关系前景认知以及对组织的忠诚、责任、使命感等价值而衍生的拥护技术应用的坚定信念。组织成员认知到技术应用是大势所趋，对组织未来发展具有重要意义，而且组织成员应当、愿意为组织的发展贡献力量，由此形成了他们关于必然、必须应用技术的强大信念，这驱动其成为技术应用坚定的支持者。称之为价值合法性，是与其信念内涵相关。

它本质上源于韦伯的价值行动理论，强调组织成员也是价值行动者。从具体内涵上看是萨奇曼[①]的认知合法性和道德合法性的混合产物，即认知强调必要性，专业技术人员超越短期可观察的绩效考量，上升到技术-组织战略发展之关系以及社会大势等层面去认知技术应用的必要性；组织成员对组织的忠诚成为专业人员之专业认知坚持强度的一个条件，忠诚度越高，他越可能将专业坚持提升到价值层面，从而驱动其在技术应用中投入非正式的组织资源甚至个人资源。价值合法性作为一种非正式却有价值、有力量的组织资源，一直为研究者们所忽视。在本案例中，我们通过对相关行动者对 ERP 的评价进行话语分析，来判断其是否持有价值合法性。

> 任何一个事业总要有人牺牲，付出些超常劳动，不然不可能成功……而我就愿意为这个企业来拼一拼、搏一搏。在这个公司里 ERP 不好用，我们就跟做了什么对不起人的事一样，各个部门的脸色都不好……那段时间，我所起到的主要作用是，对于这个部门，我始终在那里扛着，领导那里挨什么批评我去扛着。但是还有其他业务部门的脸色……就是 ZGR 他们去挨。他们回来跟我汇报，要我找网络我就找网络，要找谁我就找谁，我就去找各部门的负责人，我厚着脸皮……当信息化得不到领导支持，这时候如果企业再没有一支队伍，一支愿意为了企业的信息化去拼搏的队伍，那么企业的信息化多半失败……你凭什么走下去呢？(DJH)

这里的价值合法性跟员工的组织忠诚相关。但是这里的组织忠诚与西方组织研究中的忠诚有差别，不是基于激励（incentive）的忠诚。基于激

---

① Suchman, M. C. (1995). Managing legitimacy: Strategic and institutional approaches. *Academy of Management Review*, *20* (3), 571 - 610.

励的忠诚即员工认为企业给了自己具有足够吸引力的报酬——本质上是这个公司给予员工总体来说最好的激励，所以员工比较之下选择留在这个组织。本研究的案例背景是中国国有企业，这个忠诚相比西方的组织忠诚有两个突出特点：第一，基于整个劳动力市场的分割性，中国国有企业的成员在劳动力市场的流动性不如西方；第二，基于整体的集体主义民族文化特征，中国国有企业与员工之间本质上非经济合同关系，企业与员工具有生产、生活共同体的属性。正如两个文化标语所表达的——“以厂为家”“爱厂如家”，中国国有企业与员工的关系超越了劳动换取报酬的经济合同关系。这类似于日本的家族式企业文化，员工对企业有深层的情感性、人格性归属。

> 我们（一批老员工）是一心为国家，一心为企业，爱厂如家，奉献精神。……我们厂员工非常好，非常爱厂。我是老员工哈，1982年进这个厂，那个时候加班没有加班费，大家（加班）没有怨言。我记得1983年吧，那时候公司发生火灾，半夜放喇叭，也听不清楚，就是喇叭里的人挺急，好像是起火了，那时大家都起来了，我们就翻墙出去，跑到厂里去救火。没有人组织的……那时候下雨，没人号召，大家都起床，跑去把那些电视机遮好，该抢的抢进仓库。自己的厂嘛。那个时候那些碎玻璃把我们手划得多烂啊，照样继续救，救了回来也不吱声。我们也没觉得这多了不起，很自然的。那个时候一旦下暴雨，一听说“啊，下雨了，快去救东西啊”，就全都起来了，自己跑去工厂里面，搬的搬，抬的抬，遮的遮，没谁组织！那个时候纪律也非常严。那时候我们公司叫“西南第一监狱”嘛，上刀山下火海从来不迟到。因为到点就关门啊，进不去啊，多丢人啊。你在厂门口心里好难受，好像被抛弃了。那个样子，你就是把衣服湿透了也要跑进去。那个时候啊不知道是用的什么办法，让大家这么团结！……
>
> 不过那个时候说实话都是正式员工，有个归属感。现在的，我们叫劳务工，劳动合同工，他没有多少归属感，这也不奇怪。现在公司以前的那些老员工还是有这个归属感。但是现在招聘的那些大学生正式工，就没有那个情感了。我现在听领导们对新员工就说“你们进来有一个平台好好干，两年后不合适你再跳槽也有资本了。你的经历就是财富，你来这里待多久，不在于我们，在于你自己。这里好你多待，不好你自己走人，没必要捆在一起。当然你进厂我们会对你负责任。你的工作你的成长，我们对你负责任。可能我们做得不够好，但

是我们会尽力而为。”以前不会（这么讲）。以前是爱厂如家，这就是你的家，厂兴我兴，厂衰我耻。这个观念大家很深的。必须现在加班呢，新员工怨言比较多，劳务工怨言比较多。以前的老员工还是沿袭了以前的老传统。你要说礼拜六来加个班、值个班，好像心里没有觉得不应该啊。说就来了。有事来了，没事也来了。不存在这些（加班有没有加班费的计较）。(LW)

这不同于西方组织里建基于双方“双向选择”的组织忠诚感觉，而是建基于以厂为家、“工人当家做主”的意识形态。员工对组织的深厚的人格性认同，具有双选择性弱、退出不易、缺乏边界感等特征，这往往导致员工对企业的全能期待。即员工全心为了企业，而员工的全部诉求也可以诉诸企业。而且这种联系也不仅限于情感上的，也是员工-组织之间的利益安排在意识形态上合法化的结果。

自 20 世纪中叶以来，我国的国家整体发展及工业发展政策上强调“重积累，轻消费”，企业大量截留生产利润上交国库用于支持国家整体发展，而“工人”所获只占自己劳动价值的较小比例，不足以支付个体家庭再生产，大部分劳动价值被集中在企业，这就催生了集体主义下的高福利制度，即家庭再生产功能在制度安排上被委托给企业了。一个企业（主要是指大型国有企业），往往提供住房，有职工医院，建有职工子弟学校，包揽了职工家庭孩子从幼儿园到高中毕业的教育。极端的情况下，基本上企业职工的子女从小学到高中毕业进厂跟着师傅学习，最后正式就业，整个社会化都在企业空间内解决。

公司以前有个子弟（学）校。像我们（小时候）就是读子弟（学）校的。但是后来教育要产业化啥的，要社会来办教育，不能企业来办教育。那你员工肯定要到外面读书，而且你子弟校肯定质量不是很好的。我们公司员工子女要出去读书要交高价，2000 年之后就逐渐这样了。教育局当时说你公司要交好多钱，前面公司的季老板没有交。教育局就认为你欠我钱没有交，凭啥子你公司的子女来读书呢？后来的耀老板回来以后才逐渐利用他在政府的影响解决，大家（员工）尽量少交钱。……那么我们就觉得后面的老板呢做得好。这不仅是利益问题，就是人们的一种想法。当然你说这个问题是不是需要公司来解决，好像没有必须要这个说法（规定或道理）对吧，但是以前公司就有这个文化，像我父母以前（就是觉得）反正子弟校要解决这个问题。(HC)

四、三维度之关系与比较

目标定义组织行动，联系本书案例所指的组织类型——企业组织，其鲜明的绩效追求，引入技术的初衷，以及组织成员就技术用还是不用的争论所用话语体系始终围绕技术能否促进组织绩效提升等情况来看，绩效合法性是强合法性，是技术之组织合法性的基础。但技术在应用成功之前，其绩效能力始终是不确定的，这是技术应用推进会出现波折的一个重要原因。源于组织权威结构内含强制力的任务合法性就弥补了绩效合法性的不足，保证技术在绩效未卜的应用前期得到足够的组织资源投入，面对不确定状况启动或加速技术的应用。而当组织内部尚未就技术的绩效潜力达成共识，也被取消了作为一项组织任务的资格，遭遇组织危机，来自专业人员及其同盟者的价值合法性则会以投入非正式资源的方式来保留技术，为其等待重启机会提供回旋空间。三个维度的合法性在评估主体、评估标准、作用之源、作用部位、作用机制、作用意义等方面的区别参见表 6-1。

表 6-1 技术的组织合法性三维度之比较

组织合法性维度	评估主体	评估标准	作用之源	作用部位	作用机制	作用意义
绩效合法性	市场用户	技术成熟度、行业排名、成功案例等	基于技术的外部绩效认同	组织引入技术的决策	影响组织是否引入/应用技术	技术被引入组织的重要条件
	组织成员*	技术-组织匹配性，成本-收益比	基于技术的内部绩效认同	组织用户对技术要求的配合度	影响组织对技术应用的问题大小、所需人力投入等的预期	技术被应用的基本依据
任务合法性	组织领导	技术应用之组织命令的强度	基于组织科层制的权威认同	正式层面的组织资源投入	决定组织投入资源的限度、流程变革对组织成员的强制强度、组织抵抗空间	技术应用成功的根本保障
价值合法性	组织成员	技术应用于组织发展的长远意义	基于技术于组织战略发展之重要意义的价值认同	非正式组织资源的投入	危机时期存续技术，应用时期推进应用深度、加快应用速度	危机时期的支撑力量，应用时期的促进力量

*包括组织领导。

本书的技术之组织合法性分析维度相较于之前的合法性研究，不同之处在于：（1）联系具体的技术应用这一组织活动，强调技术的应用组织属性，即从应用组织对技术的定义来考量技术，凸显技术应用的实践性特征；（2）通过揭示组织成员对技术的价值评估而凸显组织行动者行动中的价值属性。

综上，笔者认为新技术在组织中应用的一个基本组织条件是获得足够的组织合法性，它来自绩效合法性、任务合法性和价值合法性的合力。后文我们将以此框架分析 ERP 在大鹏公司的应用来展示技术的组织合法性是如何与其应用效果紧密关联的。

第三节　大鹏公司应用 ERP 的历程：起“死”回“生”

大鹏公司是国有集团公司，由若干职能部门组成，经管部、财务部、采购部、审计部、质控部等统称平台部门，对下辖各子公司履行服务、参谋、监督、管理职责。ERP 意在将整个公司的生产、管理流程电子化，进而实现管理优化，集团公司各个平台部门以及后期上线的各个子公司为系统主要用户。公司兼营军品和民品，民品方面 2004 年之前主营电视生产。

1998 年 6 月，公司试图垄断电视核心元件彩管市场进而垄断电视生产，后来却因库存不清无法降价出售，导致产品积压、市场占有率下滑，公司深感信息不透明成为发展瓶颈，试图寻找解决办法。12 月，公司成立信息管理处，指定 DJH[①] 做企业信息化规划。1999 年 4 月，公司董事长兼总经理季总决定引进 ERP 系统。8 月，大鹏公司与 SAP 公司签订 ERP 购买合同。10 月，ERP 启动实施，预定 2000 年 5 月上线一期项目四个模块——财务（FI/CO）、销售（SD）、物料（MM）和售后（SM）。与此同时，大鹏公司市场受挫，利润从 1998 年的 31.5 亿元下滑到 1999 年的 15.7 亿元，1999 年下半年利润产出不足 1 亿元。2000 年 5 月，季总病休，耀总出任总经理。7 月，比预计时间晚两月，耀总主持 ERP 一期上

① DJH 是大鹏公司信息化历程中的一位标志性人物，其职位上下形成 ERP 在企业中应用状况的一个符号。DJH 因为 ERP 人前洒泪成为该公司信息化历程中一个别具深意的组织历史事件。调研过程中绝大多数被访对象都会提到这一事件，它表征了 ERP 在大鹏公司应用的艰难与波折。

线，DJH 负责具体工作。

截至 2001 年 1 月公司经营无起色，3 月季总返回公司重掌经营大权，耀总离开。信息化是季总之前针对公司积弊定下的解决方案，他重回公司之初也试图继续推进。3 月季总将 DJH 从信管处长提拔为综合管理部部长。① 但各用户部门对 ERP 的抱怨之声群涌而来，说 ERP 过度占据人力且因流程设置不合理极大阻碍了业务进展。季总遂质疑 ERP，5 月撤 DJH 的职，从董事和部长"一撤到底当群众"（DJH）。6 月，DJH 再任信管处处长。同月，公司召开中层管理干部会议，各部部长纷纷指责信息化过度占用企业资源且无效益，提议下了 ERP，DJH 泪洒会场。自此 ERP 应用进入 3 年停滞期，即搁置 ERP 的推进工作，已上的几个模块勉强维持，甚至技术被进行破坏性修改，ERP 系统的数据基本没人用；信管处技术人员持续流失，整个机构处于一个持续被质疑、勉强存在的状态。2002 年，公司因一期项目上线两年后二期仍遥遥无期而引发业界广泛关注，关于大鹏公司应用 ERP 失败及败因的论争纷纷见诸报道。②

2004 年 7 月，季总退休，耀总再次出任董事长且兼总经理。同月，耀总即提拔 DJH 就任综管部副部长，且明确宣布"从此我们不讨论上不上 ERP 的问题，只讨论如何上好 ERP 的问题"，"谁不上，我就让谁下"（ZGR）。自此，大鹏公司应用 ERP 进入快速推行阶段。至 12 月，曾经意见最大的销售模块于 4 个月内被推广到全国 203 个销售分公司。随即公司重组，信息管理处并入公司主管考核的第一权力部门经营管理部，DJH 任副部长分管信息化工作。

2005 年，DJH 退休，一直跟随他的部下 ZGR 接任副部长，后升任部长。同期，信息技术人员队伍迅速扩充，之前外流的人员开始回流。年底，信息化团队获得"总裁特别奖"。2006 年，信息化进入全面推进期，整个公司的信息化需求井喷。2008 年 3 月，大鹏公司成立鹏行信息技术公司，整合内部经验，面向市场提供企业信息化服务。

如图 6－1 所示，各个数字代表各关键时间点，结合图框中文字，标注了大鹏公司 ERP 的应用历程——引进、上线、停滞、重启、深入应用及信息化技术团队成立公司对外部市场提供 ERP 应用服务。图中箭头走

---

① 公司的职位结构为各部长对总经理负责，部下设处，处长对部长负责。耀总上台后，进行公司改革，原综合管理部撤销其功能并入一个新部门，称"经营管理部"。

② 外界视大鹏公司应用 ERP 失败，一些 ERP 销售商在竞标时甚至以大鹏公司的案例来攻击竞争对手 SAP 公司（杨超，2002），但是大鹏公司自己并不承认失败。

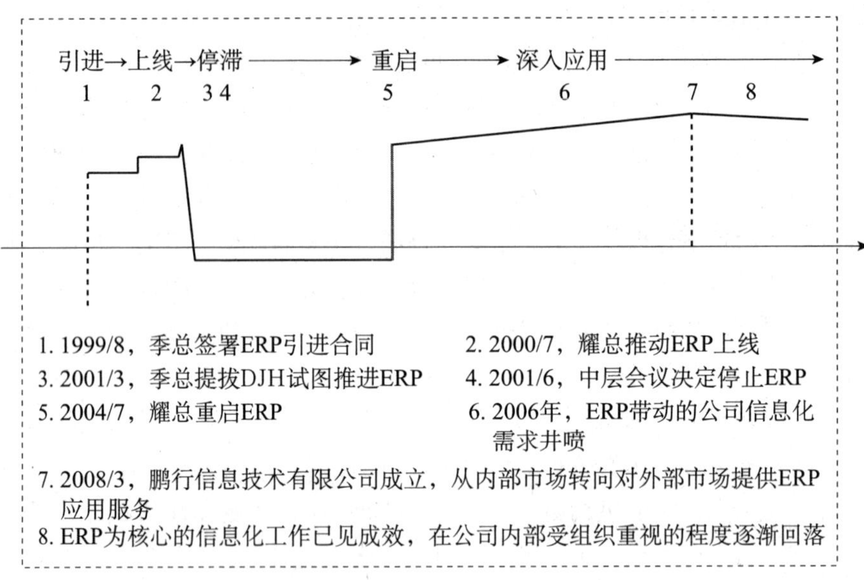

图 6－1　大鹏公司应用 ERP 的历程

向代表时间轴。横线代表一般的组织活动，比如常规性任务作为组织任务的基本资格，指示组织活动之于组织的必要性，决定了组织是否向其投入资源。首尾两条竖虚线用于指示、定位 ERP 应用在整个组织任务体系中由受重视程度决定的相对位置，超出/低于横线（基本资格）则表示组织任务相对于一般组织任务的相对受重视程度。这条起伏变化的线大略展示 ERP 在 9 年应用过程中受组织重视程度的变迁历程。

第四节　多重组织合法性变迁与技术的应用起伏

一、引进：强外部绩效合法性决定技术引入

新技术何以进入公司？技术引进需要支付成本，公司首先要考虑其回报，即技术的绩效潜力，这时技术在外部市场中的行业综合排名、市场占有率、业界评价等对公司决策就至关重要。企业引进技术前，要先进行技术选型。大鹏公司在选择哪家 ERP 的决策上经历了反复比较。1999 年初在产品选型时有八家厂商入围，其中三家国际供应商表现突出——Oracle、BaaN（拜安）和 SAP。Oracle 之前与大鹏公司已有合作且价格优惠，公司财务部也倾向于选择 Oracle——ERP 系统通常以财务管理为核心。但

BaaN 的 ERP 可进行动态建模，流程重组更方便，而流程重组是 ERP 应用中的重点、难点。最后是 SAP 公司，全球最大 ERP 供应商。当时 ERP 在中国市场刚兴起，各供应商都缺乏成功案例，这增加了大鹏公司选择的难度。最终在前景不明朗、整个中国对 ERP 缺乏认知的情况下，是 SAP 的行业综合排名、市场占有率、业界评价等指标对公司决策起了决定性作用。公司在前期跟 Oracle 已经草签协议的情况下转而改签 SAP，BaaN 世界排名第五，也自然落败。

引入阶段，ERP 在公司的任务合法性强度高，因为这是由最高决策者季总拍板引进并亲任领导小组组长的项目。

此一阶段，技术的价值合法性总体不高，主要来自 DJH。他始终是上 ERP 的坚定拥护者。一个组织故事说，1999 年 4 月季总是在听取了 DJH 团队 9 个小时的汇报后拍板决定上 ERP 的。DJH 对 ERP 应用及企业信息化道路的信心来源于他多年来对 ERP 的观察、思索和实践。1992 年他到德国出差就接触到 ERP，看到了 ERP 给供应商公司带来高效管理，回国后自己开发库存管理系统，接近 MRP 的雏形[①]，运行至 1998 年底使得采购部的资金周转期从 128 天降到 21 天。1995 年他为公司考察过 MRPⅡ。1997 年他着手调研 ERP。相比之下，季总对于 ERP 有所期待但并不了解技术因而信心不足，这致使其后来对 ERP 的态度出现反复。“老板将信将疑。老板只是感觉到需要效率更高的东西，但他并不确定这个东西是否就是 ERP……这在后面就成为问题。”（DJH）

总之，在外部绩效合法性支持下 ERP 被引入公司，组织决策赋予技术较强的任务合法性，但是技术在最高层领导那里并没有价值合法性，这预示了后面技术应用遇到困难时，领导从支持技术转向质疑技术的可能性。

二、上线：同一个任务，不同强度的任务合法性

公司原计划 2000 年 5 月上线 ERP 一期项目，但上级主管部门觉得“前景不明”因而反对，季总暂缓上线 ERP。“当时（国内）上 ERP 的很少，谁都不敢拍胸脯保证（效果）”（ZGR）。7 月，季总病休后，耀总接任。与季总不同，耀总在信息化符合企业发展战略这一点上态度坚定，他

① ERP 的发展历程如下：第一阶段 MRP（material requirement planning），物料需求计划；第二阶段扩展为 MRPⅡ制造资源计划；第三阶段 ERP，企业资源计划。

"决定顶着压力上"（DJH）。其任职 8 个月期间，信管部人员翻倍。上线时，ERP 的任务合法性突出，其强度直接决定了 ERP 能否进入应用阶段。对比季总和耀总，同样是公司最高决策者，都亲任 ERP 实施小组组长，同一个关于 ERP 一期项目上线的决策，同样遭遇上级主管部门的反对，但是季总"暂缓"（停止）了 ERP 上线，而耀总"顶着压力上"了。

组织研究常将企业决策跟企业领导的个人特质比如企业家精神联系在一起。但在本案例中，两位老总的个人特质完全不能解释两位在 ERP 上线决策实施上的差异。季总自 1985 年开始执掌大鹏公司，素有"铁腕"成就公司辉煌的口碑，带领企业把净资产增长 300 多倍，被奉为公司的"英雄"，多被员工评价为"独断""有魄力"，在公司有绝对的权力。而耀总则是"温和"的，且刚上任时才 36 岁。但有决断、有魄力的季总并没有坚持自己上 ERP 的前期决策，而年轻温和的耀总却顶着上级主管部门的压力把 ERP 上线。上级主管部门的否定意见无疑很重要。正是这一技术应用危机致使两位领导在 ERP 应用之必要性与重要性上的认知深浅和认同强弱不同外显化了。可见，当遭遇困境，出自同一组织权力级别的形式命令就暴露出来其与实质认同的分离，而只有后者才能为技术脱离困境提供资源。

三、停滞：价值合法性支撑渡过危机

上线 8 个月后，ERP 的内部绩效合法性总体来说并没有建立起来。2001 年 3 月，季总重返公司再掌权。同月，DJH 由信管处长升任主管考核的综合管理部部长。信管处将此视作 ERP 应用的机遇。但季总很快听说，一期四个模块除财务外都抱怨连天。以销售部为例，因 ERP 系统与后台数据库不匹配，系统反应慢，加之单子多，导致录入不及时、数据不同步，这又进一步导致每月无法按期打印发票给商家去抵扣进项税，从而影响销售。这个后果无疑非常严重。但信管处认为，销售部业绩关键在于产品创新和市场竞争，ERP 带来的短期不便成了"替罪羔羊"。实际上信息系统刚开始运行的时候，一旦公司出了问题，系统和信息技术部门及其负责人就会被视为替罪羔羊，这是个普遍现象。[①] 也有人认为是因为 ERP 上线后数据及时变得透明，挤压了之前部分销售人员的不当得利操作空

① Ives, B. & Olson, M. (1981). Manager or technician? The nature of the information systems manager's Job. *MIS Quarterly*, 5 (4), 49 - 63.

间，从而引发其抵制。如前所分析，对 ERP 缺乏信心、看重销售的季总选择相信销售部的说法，随即于 5 月撤销综合管理部，将 DJH 从部长、董事“一撤到底当群众”（DJH）。DJH 职位的“一上一下”，单位级别“一升一降”，“让下面做事的人很茫然”（JLL）。6 月，公司召开中层管理干部大会，各部公开指责 ERP 运行不良，DJH 泪洒会场，成为公司 ERP 应用历程中一个分水岭。ERP 的任务合法性直线跌落，信管处人员流失，12 人的团队迅速缩减成 3 人。

ERP 应用随即陷入 3 年停滞期。一期几个模块勉强维持，并被反复修改——本应该根据 ERP 的要求修改企业生产管理流程以实现优化，但实际上是各部门不断要求信管处修改系统模块来迁就自己的旧流程和老习惯。而技术人员为保持 ERP 在公司最低限度的存在——“有人用”而不得不“迎合”，对 ERP 系统做破坏性修改。ERP 的外部绩效合法性同样陷入危机。此时市场上广为流行“不上 ERP 等死，上 ERP 找死”的说法，各个媒体报道的 ERP 应用成功率仅 20%～30%。既然如此，那 ERP 又何以没被清除出去?

这主要依赖于 DJH 及其团队在非正式层面的资源投入。实际上，信息技术部门的管理者工作本质上是以管理、协调、找资源为主，即本质上是管理者大于技术专家。主观上，DJH 对 ERP 一直有理性的认知和坚定的信念，认为“ERP 实施起来风险大，但对公司未来发展非常重要，所以一定要上，尽快上”（DJH）。客观上，他在公司积累多年的声望与网络为维持 ERP 在公司的基本运行提供了最低限度的资源。他（20 世纪）60 年代初进厂，从底层做到公司董事，是公司的“英雄”之一。他泪洒中层干部会场事件之后，信管处人员纷纷离职，其他公司也来高薪挖他。但他立志留下来，尽其所能保留 ERP。DJH 团队充分动用自身网络寻找的资源包括：（1）维持系统运行所必需的资金。当时一个副总“偷偷地”给予 DJH 资金支持，“向上我找到兰总……他有时候要批给我几万块钱，去做一点不得不做的东西”（DJH）。（2）系统调适所需的技术能力。技术队伍人员的流失使得系统“向前向后”的问题都无力解决，DJH“厚着脸皮”给跳槽离开“出去自己成长”的技术人员打电话，这些“编外兵团”为大鹏公司的 ERP 提供了必要的技术支持。

任何一个事业总要有人牺牲，付出些超常劳动，不然不可能成功……而我就愿意为这个企业来拼一拼、搏一搏。在这个公司里 ERP

> 不好用，我们就跟做了什么对不起人的事一样，各个部门的脸色都不好……那段时间，我所起到的主要作用是，对于这个部门，我始终在那里扛着，领导那里挨什么批评我去扛着。但是还有其他业务部门的脸色……就是 ZGR 他们去挨。他们回来跟我汇报，要我找网络我就找网络，要找谁我就找谁，我就去找各部门的负责人，我厚着脸皮……当信息化得不到领导支持，这时候如果企业再没有一支队伍，一支愿意为了企业的信息化去拼搏的队伍，那么企业的信息化多半失败……你凭什么走下去呢？(DJH)

技术的价值合法性内含了组织成员对技术之于组织的意义认知，这种认知可经由人际信任传递，形成公司范围内的松散价值同盟。兰总对信管处的暗地支持就是基于他对 DJH 的信任。当季总已明确不支持继续应用 ERP 时模块依然勉强运行，还有个原因就是“ERP 上线是耀总当初亲自抓的，他在市里当副市长又是国内第一个博士后总经理，对这个系统那么支持，大家都认为他支持的东西大概不会太错吧”(DJH)。

但是更重要的是，各个部门间的文化差异与 ERP 内在的将组织活动数据化、标准化的要求存在不同程度的冲突，导致 ERP 的价值合法性危机，但同时这种各部门间的分化也给予 ERP 生存空间。比如财务部，以财务为核心、价值导向为内在逻辑的 ERP 系统与财务人员的理念高度契合，他们希望能够厘清数据，前期固然需要较大的人力资源投入，但他们也能理解。然而当时的销售部的文化就跟 ERP 内置的价值管理理念有冲突。财务部和物资部作为公司内部平台（服务）部门，其部门文化跟销售部这个面对外部市场的部门是不同的。公司内部环境变化幅度小，情况相对来说比较简单，绩效的可量化程度低，所以内部部门力主控制、降低风险，追求通过程序来实现控制，自证合法，首先追求保守型绩效标准——免责，力图把事情做妥当，可以相对忍受眼前效率损失，追求实现长期利益。而销售部门面对外部市场环境，客户的需求和资金情况复杂多变，而且反应速度求快，具体情况需要灵活处理，要求在风控与机会之间有一个平衡，而且部门的绩效考核量化程度高，从销售活动到业绩考核反馈弧线短，阻碍其反应速度的额外工作量对于绩效的影响十分显化，因而他们有更强的动机来反对。

> 当时有两个问题：第一个是市场的灵活度跟信息化的流程固化之间有一定矛盾，比如客户信用问题，就是客户要求先货后款的问题。

> 固化以后有一定的审批程序，而且肯定需要时间来完成，信息化之后对市场的反应速度会降低。因为程序，你比如你 100 台的订单，你需要层层审批，比如总会计师来审批，但是当时总会计师会不会总是在办公室呢？……这就收了他（销售员）的审批权力，你的销售单出不来，需要确认审批。销售员以前自己打了单子就可以提货，后来信息化后就不行的，提货单打出来后必须经过系统的监控，这个我想就（跟）当时有很多需求产生了很多矛盾。第二个就是初始化的难度很大。要把前头的东西都输入进去，数据从零开始初始化这个时候，是非常艰苦的。一是工作量大，二是很多业务需要……而且销售中的很多问题需要在过程中来解决。你马上砍断就会出现很多问题，比如客户的亏损问题，实际上亏损问题往往只有在过程中才能看清楚，你不能看某一笔具体的或者某一个时段，它需要延续一段时间，所以销售中的这些问题要用初始化来把它一刀砍断很难的。
>
> 这些都是销售中当时上信息化的难度，当时销售对信息化就感觉初始化很艰苦，第二个灵活性（制度）也不健全，所以说总感觉 ERP 上了以后对销售是阻力或说是障碍。而灵活性对我们销售来说当然很重要。（当时）那个竞争叫做快鱼吃慢鱼——开始是大鱼吃小鱼，后来是快鱼吃慢鱼，这都是有提法的（大家都明确意识到的）。当时的市场反应速度很重要。所以信息化当时在公司推的时候（我觉得）很难。（我不理解。）所以当时（我们销售部上 ERP）阻力很大。还有 ERP 上起来要忍耐很长一段时间，而当时我们公司市场已经在走下坡路，你能不能忍耐那段没有效率的时间？你能忍多久？大老板当时都看不清，你也不能怪我（反对）。(JY)

在绩效合法性上，ERP 也遇到过一些自证的机会。一是外部市场开始出现成功案例，比如联想公司，当时大量报道涌现，对国内 ERP 市场起到很好的培育作用。二是 2003 年美国因反倾销案调查大鹏公司时 ERP 发挥了大作用。“这时候美国人说了只有 ERP 的数据我们才相信……别的都不行。这样一来，尽管我这个系统不成样子但是厂里就是不敢把它砍掉。”（DJH）在内部绩效合法性方面，部门之间的绩效合法性分化也为 ERP 的存续提供了一定空间。在上线各模块中，财务模块应用相对较好。尽管 2001 年 6 月财务部也质疑过 ERP，但是在后面停滞期间，财务部一直坚持试图用好 ERP。究其原因，是财务部团队对技术的价值假定不同，

“大家有个假设，你最终要走这条路，（ERP 优势发挥不出来）只是我们走得有问题。而别的部门不这么看，他们是怀疑是不是这条路（有问题）”（HLY）。细究起来，这也是财务部的 ERP 之价值合法性在发挥作用。

除了外部绩效合法性的增长在一定程度上增加了技术内部组织合法性认定中的不确定空间，使得技术不至于被彻底排除出去，更重要的是内部的绩效合法性分化。尽管销售部因为自己的快速反应、灵活多变的文化与 ERP 的标准化、流程化、审批权上交等要求相冲突而力主下了 ERP，但是物资部却已经“尝到了甜头和好处”，觉得下了 ERP“回到以前是不可想象的”，而财务部“刚开始有点三心二意”希望寻找替代系统，但是后期随着对 ERP 的依赖度提升，也逐渐认可 ERP 的绩效能力，在停滞后期成为 ERP 的一股支持力量。正是这种部门间的分化，使公司里对 ERP 的反对之声被牵制，即使“王牌部门”销售部强烈反对 ERP，并在公司层面得到“大老板”认可，但因为物资部和财务部的支持，组织仍为 ERP 的存在和持续运行保留了空间。

> 2001 年季总回来了，我们几个部长开会，他问 ERP 还有没有存在的必要。当时总体说有蛮大的反对之声，但是有些部门还是说必须存在，因为（已经收集、处理）很多数据了，还是有及时性、准确性，要回到以前是不可想象的。特别是我们（物资）部门，你要下计划，可以马上查营销库存，供应商是怎样的，我的订单下了多少了，还需要补充好多。这些在以前全部是手工这么做。ERP 你只要输入一个指令，它（这些信息）就全部都出来了，内网是需要你去点、去算，没有 ERP 这个功能强大。而且 ERP 是整个公司来考虑的，它连销售数据这些都有。它的一些层次设置，比如采购主题、入库库位、划分区域都更完善，然后还有它的代码设置，以前是很短的代码，现在的代码很长，可以容纳更多。……确实 ERP 方便很多……（尽管）开始这个工作占用我们多些时间和精力。作为我们来说觉得这个肯定对我们还是有帮助，所以我们还是很欢迎。（HC）

总之，在停滞阶段，技术在丧失任务合法性，并且相对于组织的高预期总体上并没有明显内部绩效合法性的情况下还能存在于组织中，主要得益于组织成员之间在技术价值合法性上的分化为其保留了一定空间，而且 DJH 团队及其价值同盟为 ERP 存续提供了基本的资源。

四、重启：任务合法性的强化

走过停滞期，ERP被重启，首先是因为任务合法性的迅速强化。

2004年7月，耀总再次接替季总执掌公司。他做的第一件事就是重启ERP，明确公开表明自己支持实施ERP的坚决态度和坚定意志。随后，耀总不断强化ERP的任务合法性。一是鲜明表态；二是结构调整，将信管处并入经管部，并提拔信管处负责人任部长；三是企业每年都会精简各部，但信管处反而给进人指标；四是在2005年底，授予信管团队“总裁特别奖”。信管团队逐渐扩大，从2004年的4人发展到2005年的20多人。作为一项组织任务的ERP应用被赋予最高“必需”级别，全公司对ERP的态度发生转变，从之前的“一旦出现问题业务部门和信管处彼此指责”到“大家一起想办法把问题解决掉”（QHL）。

这个过程也是ERP的外部绩效合法性增强的过程。市场上ERP供应商不断涌现，ERP应用成功的案例日渐增多，以及社会范围内关于企业信息化的讨论，都增进了大家对ERP的理解。在内部绩效合法性方面，有两件事情改变了人们的认知和态度。一是信管处在4个月内将一个销售订单管理模块推向全国203个销售分公司，系统调通后，公司就能及时地获取全国各地分公司的销售数据，此前销售部的技术问题和管理难题都得到解决。二是2005年信管处推出了在线采购招标系统，在采购原材料价格翻番的情况下，在线招标却使得原料采购价格反降19%，后续招标最高降幅达到40%多。“两个小时就为公司节约了300多万，有人开玩笑说这比印钞票还快……很让大家服气。”（ZGR）

在价值合法性上，组织内部的各级领导培训讲话都让公司的各级员工意识到用好ERP对于公司发展具有重要意义，是必然趋势，这种观念呈现从耀总、DJH以及信管团队向各个业务部门扩散的趋势。JY也是公司的“老资格”，2001年任公司销售部部长，在6月中层干部会上他对ERP的反对之声最为激烈。但到2005年，他总结自己的认知转变说：“公司的信息化到今天，我从不理解到理解，到支持，再到现在是坚决支持。”（JY）

> （前后阶段的）区别是认识上。有人相信这个事（ERP应用）肯定会做成，而且一定做得好，哪怕你遇到困难他也认为是自己的问题，这件事肯定（应该）做到位，一定是我们没有做到位。以前没有

这么深刻的认识。一有问题就是你这个（ERP）不行。……以前用不好就是（用户部门说）我要改，现在（就认识到）在国外它（ERP）已经是个成熟的东西，它不该用不好。用不好那责任一定在于我们。这个假定它不是一项创新了，也不是一项改革了，它本来就应该是这样的，我们就应该还它本来面目。那么（20）04年后我们还花了些时间把（20）04年以前改过的那些非标准化的做法改回来。(JLL)

ERP的绩效合法性一方面跟绩效展现有关，另一方面也跟对技术的效率范围有更切合实际的认识、降低了效率期待有关。

最初是ERP能够解决所有问题，现在是不能解决所有问题。我认为这是很大的一个进步。最开始我们接触ERP的时候，咨询公司或者销售代表来跟我们讲呢，只要上了ERP什么问题都解决了。库存也降低，销售业绩也上去了，现在看来未见得。现在的是ERP不能解决所有问题，比如管理上的问题它不可能解决，还有覆盖面，并非公司的每个业务它都能覆盖完。像我们还得买些其他的，开发些其他的系统。这点呢，基本得到大家的认同，所以也得到大家的理解。以前呢，特别是（20）04年以前呢，如果说ERP不能解决所有的问题，他就会问你，那我花这么多钱干啥?!（ZGR）

总之，自ERP重启至2005年底，耀总不断强化ERP的任务合法性，信管处负责人升任第一权力部门部长，信管队伍扩大为之前的5倍多。ERP的外部市场发育增强了其外部绩效合法性，其内部绩效合法性随着模块被调通、应用日渐增多而得到强化。ERP的价值合法性随着组织的内部培训，层层传导，在组织范围内扩散。

五、深入应用：内部绩效合法性确立

至2006年，技术绩效彰显出来，ERP的内部绩效合法性逐渐建立起来。比如，采购部在同等条件下采购周期从25～30天降到最短只要2天；库存物资资金占用从原来的15亿～17亿降至2亿～3亿；资金周转期从18天降到10天。ERP系统应用之前，采购部一个人最多管50～60种物资；ERP系统顺畅应用之后，每个人平均手上管300～400种物资，“不但提高了效率，而且还减少出错”，“所以这个系统对我们的效率提升还有数据的准确性确实有很大的帮助”（HC）。

真正发挥效用还是2004年后逐渐用好的这个阶段。前面的阶段主要是对内部进行了规范。2000 年上线是把内部的一些信息还是透明化了。系统上线前，说库房里有多少物资（那是）算不清楚的，上线的时候（之后）我很清楚，我的业务走到哪一步我也是很清楚的，但是效益是谈不上了。

到（20）04 年的时候，原材料库房积压就是 24 个亿。然后每年的库房周转四五次的样子。现在，我的库房属于公司物权的物料只有 2 个多亿，一年周转二三十次，这是后面整个上线之后整个业务链条串联起来后的情况，很清楚。

以前我知道我买了这么多东西，（但是）为什么买这么多东西，我不知道，谁让我采购的也不清楚。你找采购员，采购员说你找生产计划；然后你找生产计划，计划经常调整的。在制造企业里头，后来按照订单生产要求，计划经常调整是很正常的，大家都把这个问题归结为计划调整，但是你这个计划调整是可能在你下单之前，这个你就没法追溯的。现在我的需求是在系统里自动跑出来的。采购员是没有权力来决定数量和单价的，单价已经提前定好的，你在做订单的时候是没有权力改变的，系统跑出来（多少）就是多少。就是说现在就是根据订单生产，谁下的单子，买来做什么，哪条线上要用，都很清楚了。**库存的问题就这么下来了，所以我的库存下降很快，（20）04 年后，几个月时间就降下来了。**（XL）

财务部因持续致力于将惯例化的工作用系统解决，随着公司规模增长，人员却持续精减。以下属多媒体公司为例，100 多亿的销售规模只需 20 个财务人员，而“对比某同类、同等规模没上 ERP 的公司，它财务人员有 110 人”（JH）。

技术效率能力的释放，绩效合法性的提升，不仅体现在当时已经实现的效率能力上，还表现在其持续的绩效能力释放上，即它通过数据化清晰地揭示出之前的绩效痛点，可以明确地为公司从经营思路和具体的市场、设计工作等方面指明方向。

（在分公司层面）以前可能是各自为政。可能这个公司关心销量，但是可能还亏损，大家没有工资拿。另外一个分公司可能做利润去了，做到一定时期利润是高了，可是市场丢了，量下来了，也不行。另外一个公司就是大量铺那些低端机，把公司的品牌拉低了，这个也不允许。我们通过指标体系也可以引导外面的那些分公司老总，你要关注哪些东西。根据这个目标一切来使劲，然后完成年终目标。

以前好像没有一个旗帜似的，各自的思路不一样。很多人（领导）的工作不是为了一个目标去工作而是为了一种习惯去做。或者是看自己的专长。我专长于市场开发，那我就去搞市场开发，我专长于卖低价机我就专门卖低价机。这不行。我们必须按照目标去工作，不能说根据你个人的爱好、专长，那不行。是吧？

这个指标层层分解之后下到每个员工，他自己的工作该干什么，他就清晰多了。**那么KPI指标考核体系建立在信息系统之上，没有这个信息系统支撑，我的数据没有**。假设今年上半年我们的情况好些，但是全国整个销售状况同比比较低，那么下半年就有重点了。大家增加利润的同时，要增加销量，要增大市场占有量。就是指标关注的权重改了，根据销售的情况，可能这个时候我关注利润，这个时候我关注销量，可能我下个时候关注资金的周转。……这个KPI指标每年会调整，比如（集团公司）经管部给多媒体公司下了什么指标，我们分解到下面的7个部门，再分解到下面各个小部门。每个阶段公司的要求不一样，每个季度进行经营分析，然后调整，比如这个季度的量降低了，另外同行一比较他们增加多少我们增长多少，全靠系统分析。以前靠感觉，那脑子是懵的（搞不清楚）。(LW)

技术持续深入应用，从2006年至2008年，公司的信息化工作先后进入平台集成阶段、系统集成阶段，以及向上下游延伸出去的整合价值链阶段。与此同时，信管处人员规模快速扩张，出走的前员工也持续回流，至2008年初达到80多人，2008年底达到120人。

绩效合法性进一步刺激了任务合法性从董事会、经管部向各用户部门以及各分/子公司扩散。当绩效合法性、任务合法性一定，价值合法性又一次展现出作为技术应用之深层推动力的作用。它导致了即使在同一公司内部，在排除了模块之间的技术难度差异外，各部门依然在ERP应用上存在速度快慢之分，应用效果在同一阶段存在高下之别。

这里可以对比集团公司下属多媒体公司的FI与PP、CO应用。2005年底，多媒体公司开始上线ERP。嘉讯①从集团财务部出任多媒体公司财务部长，将集团财务部的信息化理念带入，层层向下传导一种观念：“任何问题首先想到用信息技术解决，形成自动反应”，“要革自己的命”

---

① 嘉讯是化名，出现在JH、SWH、CZC的描述中，但并不是笔者本人直接的访谈对象。

(JH)，“我们最大的目的就是把自己优化掉”（SWH[①]）。到 2006 年即打造出共享服务中心，会计业务都用信息技术手段解决，财务人员转向数据分析与挖掘，比如业务计划监控、预算执行监督、降本分析、对外的客户信用管理和风控等，以财务深入业务，带动业务提升。因为多媒体公司主营家电生产，PP、CO 模块对公司极为重要。但是与财务部的积极不同，PP、CO 的上线则是被动的。当项目负责人 CZC 发现业务部门不配合流程梳理需求调研，就请示许总增强 ERP 的任务合法性，许总公开表态“谁挡道谁下课”，但是“毕竟认识不到位，他也就好一点”。对 CZC 来说“并不能真的让谁下课”，他只能用从个人行动策略包括“杀鸡儆猴、当面发火、背后道歉”，到奖惩制度激励设置“只奖励不惩罚”“多鼓励不批评”等办法来推进项目。他提出“先僵化后固化再优化”的方案，这与财务部主动用信息化手段“革自己的命”的情况截然不同。在排除模块复杂性因素后，PP、CO 模块相比 FI 模块仍花了“冤枉”时间，虽然“其实这个模块（对）公司来说更重要”（CZC）。

总结该阶段的技术应用，技术的绩效合法性得以确立，技术的任务合法性持续在公司纵深方向扩散，在前两个合法性一定的情况下，价值合法性再次独立地凸显了其促进技术实质性应用的作用。

第五节　技术的应用效果与技术之组织合法性的共变

第四节详细展示了技术的组织合法性，包括绩效合法性、任务合法性及价值合法性的起落变迁及其中缘由，看到技术应用每个阶段都有技术的组织合法性合力在发挥作用，而每一阶段又都有特定的合法性起主导作用。那么，技术应用的成败如何与其组织合法性相对应呢？我们先讨论如何定义技术应用成功。

技术应用成功的定义颇为复杂，通常依据技术的应用效果或者用户满意度来评估。而在根据技术应用效果评估时，又有一个是根据过程性指标还是结果性指标的问题。比如，当 2002 年业界断定大鹏公司应用 ERP 失

---

① SWH 时任股份公司财务部信息化小组组长。公司里信管处提供信息化技术支撑，但在各个平台部门和分/子公司内部也有对接的信息化小组，负责提出需求并为本部门提供技术支持。从 JH 到 SWH 的话语体系的一致性正可见信息技术价值合法性自上而下的传导。

败时，DJH 却并不承认失败，理由是“每天还有大量的数据在线上跑”，“技术还在公司，公司还有人用”（DJH）。但季总认为 ERP 不能说没失败，因为系统中的数据并不能用于生产决策。而如果根据用户满意度评估，又有一个根据谁的满意度决定、评估者对技术的基本理解及期望值差异等问题。比如，2005 年公司上 PP、CO 模块前的成本核算差异率在 20%左右，上两个模块之后降低到 3‰。信管处和用户部门都觉得很好，但耀总不满意，因为他要求降到 1‰。所以技术应用的成败如果被理解为绩效提升的一个过程，则与其说成败之间有一个临界点不如说成败是一个连续谱。本书采用客观评估法，使用国际通用的奥利弗·怀特（Oliver Wight）公司的 ERP 应用绩效指标 ABCD 考评表来为 ERP 应用各阶段的效果打分。①

总结前面 ERP 应用中各阶段的技术之组织合法性变迁以及技术应用效果，我们得到如表 6-2 所示的对应共变关系。

表 6-2　ERP 应用各阶段的组织合法性及应用效果一览表

应用阶段	绩效合法性	任务合法性	价值合法性	组织合法性	技术应用成功程度
引进					
上线 1		—	—	—	
上线 2		+	+	+	1.5
停滞	—	—	—	—	0.8*
重启	+	+	+	+	2.5
深入应用	+	+	+	+	3.8

*此一阶段相对于“上线”阶段出现分数下降是因为信管处迎合各部门要求对系统进行了破坏性修改，且各部门更加怠慢系统要求，导致系统运行更加不顺。

注：+号代表相对于上一阶段，合法性增强；一号代表相对于上一阶段，合法性降低。

---

① 该评估表最早由奥利弗·怀特于 1977 年提出，共 20 个问题，分技术、数据准确性和系统使用情况三组。后增加了“教育和培训”分组的第二版使用最广。公司根据自己的 ERP 应用情况对应每个指标打分，从 0 到 4 分分别对应“没有”（该活动必须做但目前没做）、“差”（人员、过程、数据和系统尚未达到规定的最低水平，如果有效益，也是极低的）、“一般”（大部分过程和工具已准备就绪，但尚未得到充分利用，或者尚未得到所期望的结果）、“良好”（全部完成该项活动并达到预期目标）、“优秀”（取得所希望的最好结果）。在对所有指标打分并汇总后得出 ERP 应用程度 ABCD 四个等级：A 级：≥3.5 分，在整个企业范围从高层主管到底层业务人员皆有效运用了计划和控制业务流程，显著地提升了本企业的客户服务、生产率，降低了库存、成本等方面。B 级：2.5～3.49 分，流程得到高层支持，并为中层所接受和使用，公司内产生明显可见的进步。C 级：1.5～2.49 分，流程主要被用作一种物料采购方法，对库存管理有较大促进作用。D 级：≤1.5 分，流程的信息准确性差，对实际经营管理过程帮助甚少。

如表 6 - 2 所示，以 ERP 引进为起点阶段。在上线阶段，上线 2 点（2000 年 7 月）的合法性增强是相对上线 1 点（2000 年 5 月）而言的。在面临上级主管部门反对技术应用的压力情况下，季总的态度由引进技术时的支持变为迟疑（任务合法性降低）而推迟上线，耀总则因相信系统的高价值合法性而决定顶着压力上线，是任务合法性的增强让 ERP 顺利上线。技术上线后，绩效合法性认同因为存在分化，销售部和采购部固然抱怨多，但是财务部“用得还可以”，既有有利因素也有不利因素，所以对冲大致无变化。在停滞阶段，各个维度的合法性都降低了，组织合法性总体降低，而技术应用效果也随之大打折扣。重启阶段，任务合法性增强，引导组织资源大量投入技术应用，技术效率逐渐发挥，绩效合法性增强，价值合法性也在组织内部从上到下层层传导，总体的组织合法性增强，技术应用效果迅速跃迁。到深入应用阶段，各个维度上及总体的组织合法性增强，技术的应用效果继续向好，根据量表评定，ERP 应用达到“优秀”级别（≥3.5 分）。基于此，我们可以有把握地说技术应用中确实存在一个技术的组织合法性问题，它影响组织对技术应用的资源投入，从而影响技术的应用效果。

综上可知，以 ERP 的应用为例，信息技术在组织内部的合法性关涉到组织对技术应用的资源投入，对应阶段性地影响了技术应用的效果。可见，在技术应用中侦测技术合法性的合力对于把握技术应用的走向十分重要。

小结

本章试图在上篇内容基础上“向前”追问，技术深入应用可导致组织文化的变迁，那么技术又需要怎样的条件才可达成在组织中深入应用，而不是被组织废弃？

为了使本研究回应的问题更有意思，且更可测量、更具说服力、更充分地利用本案例的丰富性，笔者用技术“应用成功”指代技术“深入应用”，即技术应用成功意味着技术得到深入应用，因而本章要回答的问题转换为技术应用何以成功。技术应用成功是技术以其核心的物理逻辑未发生改变的方式被组织应用，并且或客观上在共识性技术表现指标上取得足够的评估分数，或主观上相关方有足够程度的真实的满意。本章采用客观定义法，借用业界共识性工具来测量 ERP 在大鹏公司不同应用阶段的成效。

本章提供了一个技术的组织合法性分析框架来理解技术在组织中应用成功或者失败的条件机制。研究表明，技术的组织合法性影响组织投入技术应用的资源多寡，从而影响各个阶段技术应用效果在百分之百成功至失败这一连续谱上的具体位置及分布。所以技术的组织合法性成为技术应用中极为重要的组织条件。没有足够强度的绩效合法性、任务合法性和价值合法性合力，技术难以在组织内部顺利应用，难以获得成功。

在技术之组织合法性的三个维度中，绩效合法性是基础，但技术在应用成功之前其绩效能力总是不确定的，任务合法性的作用就在于武断地悬置这种不确定，向技术应用投入组织资源，这成为技术应用的根本保障。但最高决策者的决策行为在组织行动结构中的嵌入性，以及技术绩效的不确定性都会导致该决策后期可能受到各应用部门反馈，也包括利益博弈格局的影响，甚至可能被否决，导致技术的任务合法性失落。同时，组织成员在一定程度上是自我决策的意义行动者，这决定了他们对组织决策的实际执行相较于领导的意志，可能增强也可能削弱，即他们对技术的认可与否会在整体上增加或削减技术的任务合法性。基于此，组织成员对技术的价值认同对于技术应用也有重要作用。当技术遭遇任务合法性危机时，价值合法性能够驱动非正式的资源投入技术应用，从而支撑其继续留存于组织等待转机。而当技术之绩效合法性和任务合法性一定，价值合法性又可促进技术实质性应用，导致组织中各子单元对技术应用效果的差异。

第七章　多重组织环境中的 IT - 组织文化变迁

本书上篇论述了信息技术应用前后组织文化的变化，信息技术如何改变组织文化，下篇第六章从技术的组织合法性视角探讨了信息技术何以能够应用成功，并进而改变组织文化的问题，本章要回答的问题是，组织文化的变迁就是由信息技术的应用引发的吗？

正如信息技术与组织绩效的关系，信息技术对于组织绩效来说确是有价值的，但其作用范围和程度取决于组织内部和外部因素，包括公司及其贸易伙伴的互补组织资源以及竞争和宏观环境，从信息技术到组织绩效之间的因果链条存在，但是并非唯一。[①] 正如前文笔者多次论述，本研究采取过程模式而非因果模式来推断信息技术应用与组织文化变迁的关系，视信息技术的应用为组织文化变迁的必要条件，但并不否认其他重要因素对组织文化变迁同期发挥作用。本章正要对此问题有所回应，试图分析该过程中的其他显著重要因素有哪些，以及它们是如何与信息技术交织发挥作用，从而促进组织文化变迁的。

如本书开篇相关部分所言，信息技术应用作用于组织文化的变迁可能有几条逻辑路径。第一，信息技术应用促成组织文化变迁，前者为因后者为果，这是本书上篇所着力揭示的。第二，组织本身意图进行组织转型（包括组织文化变革），信息技术成为促进组织转型的一个工具，在逻辑链条上成为中介。如在 21 世纪初期，大鹏公司进行结构改组，提出“联合舰队”方案。集团总部就需要对下面的每个“舰长”放权，由此就需要信息技术来提供技术条件，既是为了放权的便利，也是为了便于追溯，保持

---

① Melville，N.，Kraemer，K. L. & Gurbaxani，V.（2004）. Information technology and organizational performance：An integrative model of IT business value. *MIS Quarterly*，*28*（2），282 - 322.

集团公司的控制力。第三，一个现代社会中开放的组织，在彼时对一种革新性技术的跨国采用的决策必然受到外在环境的影响，正如我们在第六章的案例过程描述中所见，大鹏公司对 ERP 不管是采用、弃用还是重启，都受到外在环境的影响。那么究竟是哪些环境维度可能影响到技术采用这一组织内部过程呢？

本章关注信息技术应用到组织文化变迁这一结果之间的多因素交织作用及其演进历程。与行动者网络理论相关的技术应用突生视角的不同之处在于，互构论承认各个参与因素之间的差别，因而强调只有过程中的重要因素才发挥重要作用。理论视角之别具有专断性，在此不延伸讨论。那么这个过程中的重要因素如何鉴别呢？主要从访谈资料中来。借用被访者即公司信息化深度参与者或说信息技术人员以及 ERP 的关键用户经过时间的沉淀依然记忆深刻的，他们重复提及或者共同提及的因素和事件等，这些映射了其中的重要影响因素。因为：一是相信当事人的主体性，他们有更贴近其实践的认识，有足够的地方性知识；二是时间是筛选事件中重要因素的重要机制，我们在一定程度上可以假定，这种总体上较少涉及情感因素而属于理性范畴的工作事件，不同于带给当事人强烈情感冲击的个体生活领域内的事件，经历时间后那些被记住的比那些没有被记住的，应该说更具有认知重要性。

笔者对访谈资料进行分析后，发现其中被反复提及的引发组织文化变迁的重要因素包括领导更替、制度变迁和外部环境变化。在第六章中，笔者揭示了：(1) 领导更替的重要作用，他们在组织内部赋予 ERP 不同的任务合法性强度，这决定了技术的应用可以调动组织资源的多寡和强迫组织成员配合的程度，进而影响了技术在组织中不同应用阶段的不同效果。(2) 制度变革作为公司管理层用以促进技术应用和组织文化变迁的机制，也已论述过。那么待讨论的一个问题就是 (3) 外部环境变化是如何影响 IT 应用-组织文化变迁的呢？外部环境作用于 IT 应用-组织文化变迁，其中有外部环境作用于技术采用决策、技术应用的过程，作为技术应用的外在约束或能使条件，影响到技术的组织内部合法性强度，进而作用于组织文化变迁的，也有外部环境直接输入组织文化要素的。比如大鹏公司在 ERP 应用的 9 年期间，不论高层人员、中层管理干部还是信息技术骨干成员，都有从外部引进的，甚至部分就是之前从公司“出走”，在外面工作一段时间后又返回公司的，他们将外部先进公司的先进理念和制度等直接引入公司，由此直接影响了他们所在的团队、部门，乃至扩散到集团公司及相关子公司的整个垂直体系。鉴于本书的主题，这条逻辑我们不做详述。本章主要关注外部环境是如何作用于IT应用-组织文化变迁这个过程模型的。在阐述外部环境的作用之前，我们需要先对“大一统”的环境做一个分类，以便于分析。所以本章要回答的问题是，对于一个生产型企业而言，所谓外部环境包括哪些？它们各自在IT应用-组织文化变迁的过程中作用点可能在哪儿？又如何发挥作用？

第一节　组织采用技术的多重环境

组织一般趋于稳定形态，除非处于转型期。当组织处于稳定形态，往往意味着既有的组织文化对应既有的组织结构，组织文化与组织结构是彼此契合、相互支撑的关系。大鹏公司的文化从传统的人情文化转到现代职业文化，两种文化在一定意义上是彼此对立的。前面笔者论述过信息技术的应用促发组织文化整体性的变迁，但是新的组织文化要素却并不一定是技术导入的，也可能是因技术引入激活了此前就存在的新的组织文化的基本要素，只不过此前这些要素处于非主流状态。然而，一种组织文化中是如何出现新的并与之对抗的文化要素的呢？这个动力何在？

从大鹏公司的案例来看，伴随中国社会改革与变迁，大鹏公司经历了从相对封闭到对环境开放的变化。组织的打开是社会变化使然，是组织对环境的适应，而开放的组织更容易受到环境的影响。

关于组织与环境间的关系，制度学派强调组织对环境的适应与顺从，但是也有人指出组织有选择权，组织行动更多是遵从自己的规则和价值，而非被动地屈从其场域的主流传统。[①] **那么一个问题是，是什么造就了组织与环境的关系，或说是什么决定了组织对待环境的态度是服从环境还是遵从自己的价值和规则？**这取决于组织与环境之间的相对力量，即组织相对于环境的力量强弱导出了一个具体的可观察的结果——环境被组织引导还是组织屈从于环境。制度学派既有研究认为，组织需要满足环境的期待，适应环境要求，以获得合法性，并进一步获得组织生存和发展所需的

---

① Gray, R., Walters, D., Bebbington, J. & Thompson, I. (1995). The greening of enterprise: An exploration of the (NON) role of environmental accounting and environmental accountants in organizational change. *Critical Perspectives on Accounting*, *6* (3), 1-239.

资源；越是目标模糊的、绩效难测量的组织越容易屈从于环境的主流传统，注重与环境要求的形式保持一致。其中存在几个深层假定：第一，组织的合法性是需要环境来定义的，因为假定组织必须从环境中获得认可，进而输入资源才能存活下去；第二，组织是在按规则（环境的期待）竞争的市场里运行的；第三，组织在面对环境时总是被评判的对象，而环境是裁判。在这几点上，各个组织是同质的。

但是如果我们打开组织这个笼统的概念，会发现组织在自主性行动的维度上是分类存在的，而且这种分类之间有质的分别。一个组织场域的运行秩序构成组织生存的直接环境，是该组织场域内外力量交织作用的结果。首先，依据组织在组织场域规则制定或遵从（包括主动跟从和被动遵从）中的角色，组织分成两类——主流传统（规则）的创新（制定）者以及跟从者。一方面，在数量上大部分组织是组织场域中主流传统的跟从者，它们需要环境认定其合法性，进而获得资源。另一方面，从权重上看小部分组织是组织场域的规则/标准制定者、环境资源的重要分配者乃至提供者，比如行业协会中的那些重要理事会成员单位，或说行业领军企业。[①] 其次，特定场域并非自主的行动者，它的运行嵌入外在的社会文化、经济格局、政治结构、行业发展等要素中。在开放的组织状态下，环境成为新文化要素的重要来源。

任何一个企业组织所面临的环境都是多重而复杂的，本研究关注与组织应用新技术相关的环境。那么，一个企业组织应用技术究竟涉及哪些主要的环境维度？涉及影响企业本身运营的主要环境维度，以及影响技术发展的环境维度。前者包括企业面临的市场环境（产品和服务竞争）、上下游的产业链环境以及政策环境；后者主要是指外部技术市场环境，包括国际的和国内的。当然，政策环境，主要指与技术行业发展相关的政策环境，也会影响到技术的发展，常见的是影响到技术市场的整体性发展。但就具体组织采用特定技术的个案而言，除非是强制性的政策，否则一般来说政策对单个组织采用技术的影响相对较小，本案例即属于这种情况。

就大鹏公司引入 ERP 而言，其中的关键词可以抽象概括出“生产型

---

① 正如近期（笔者调研期间）媒体披露的，我国的乳业标准长期被国内某两家乳业公司垄断，它们制定低水平的合格标准，使得被出口标准定义为劣质奶的产品在我国市场上却可以被定义为合格奶，并且被爆出“坑农”事件。这个案例固然不正面，但也说明了行业（规模）领军企业与环境之间的关系。细分起来，其中涉及市场环境、行业环境、业务环境、政策环境（政商关系）等。

国有企业”“新技术”“环境”。交叉观之，从理论上推论，与大鹏公司采用 ERP 事件相关的环境主要有以下几种：（1）外部市场环境，包括用户市场行情和同行竞争情况，这些往往都对当事企业产生压力，因为市场波动和同行竞争常常成为促发企业特别行动的直接原因。（2）外部技术市场，即 ERP 的市场发展情况，为技术提供合法性。一般来说，行业发展越不充分的技术市场，给技术应用组织带来的技术应用的不确定越强，技术应用的组织决策越可能在后续的实施中受到来自组织内外部压力的影响，而技术应用在组织内部失败的风险越大。（3）外部业务环境，包括上下游的供应商、销售商，乃至业务链条上的所有相关者，尤其是重要相关方，如税务、海关等。（4）外部政策环境，可能对企业运行产生较大影响的一切政策都是重要的。因为政策实施主体是政府，加之大鹏公司为国有企业，其人事任命权等都归属于省国资委，因此组织的重大决策中无疑有政府的意志体现，企业（决策者）与政府的关系也影响到组织所面临的政策环境空间的约束。这些都可能影响到组织的活动，比如在 20 世纪末引入复杂信息系统 ERP 的经历。

下面笔者将据此四个维度对案例进行分析，试图揭示外部多重制度环境是如何在从技术采纳决策，到技术应用停滞、存续和重启、深入应用等各个关键节点上发挥作用的。

第二节　多重组织环境的影响

一、IT 应用-组织文化变迁与组织外部环境

1. 外部市场环境的变化向组织输入了信息化的需求

外部产品市场的竞争加剧，导致组织的内部绩效压力增大，企业组织会考虑提升管理手段，或者进行战略转型，而这些也都需要技术手段来支撑，如此就产生了信息化的需求。

如第六章中所分析的，市场环境输入的两方面的压力促成了大鹏公司决定开展全面信息化工作的“大动作”。一是当时市场环境发生大变化：大鹏公司主打的民用产品是家用彩电，20 世纪 80 年代公司做成“彩电大王”，“随便卖都是钱”（JY）；而到 90 年代中后期，整个行业“从暴利时代进入微利时代”（JH）。二是同行竞争加剧，公司市场份额下降。90 年

代末期，在当时追求规模竞争的传统市场思路主导下，公司决策者实施了生产垄断策略，买断全国彩电生产关键元器件彩管，大量生产彩电并在市场销售上实施降价策略，以图重新占领市场垄断地位。但降价则需要核算成本，而库存无法快速厘清，因此无法及时调整定价，既定公司策略无法实施，最后导致库存高企，公司为此付出沉重的代价。由此，“弄清楚内部数据”，提升公司管理水平的需求迫在眉睫，全面信息化提上重要议事日程。“当时季总在听取我们信息化小组一天的汇报后当场就拍板决定上ERP。”信息化是一个事关组织发展战略，需要较长时间、耗费大量组织资源的组织工程，是面向“未来”的工作，但与此同时，“眼前”的市场压力仍在增大。正是这种面向未来的内部发展与面对眼前的外部生存压力之间的张力，导致 ERP 上线运行后市场与信息化工作争夺企业注意力，进而导致以 ERP 为标志开启的全面信息化工作在 2001 年到 2004 年之间陷入停滞。

> (19) 97 年之前我们企业的利润为什么这么高啊？那个时候市场，应该说供需矛盾是供不应求，市场非常好。但是后来竞争对手都成长起来了，而市场的容量是有限的啊，市场会逼迫你企业变化。如果我们市场还保持那么好，我们也不会出现什么领导换届啊。因为原来那条思路就可以啊，只要市场跟得上。现在市场变化了，企业就必须改变。**所以促进企业变革的最大因素还是市场。**当然，聪明的企业它会预知市场的变化提前做出行动，被动的企业是被市场逼到那一步才行动。(JLL)

2. 外部信息技术市场环境对技术的组织合法性产生影响

当大鹏公司决定全面信息化以提升内部管理水平时，那么“究竟选什么”来实现企业的信息化需求？又是外在的技术环境为大鹏公司送来了 ERP 这个技术产品的信息/刺激。大鹏公司信息化的关键人物是 DJH，他爱好琢磨通过信息化手段提升工作效率，曾经为自己所工作过的采购部开发过系统。他于 1992 年去德国一个公司参观公司时知道了 ERP，之后着手了解。也就是说，ERP 这个信息是国际上的先进经验通过公司内部的信息化能人这个通道输入的。

> 我就是 (19) 92 年到德国去参观那个 BSF 公司，我当时作为它的一个采购商，我希望他介绍一下企业管理。他当时就讲他用 SAP 公司的 ERP 系统。……那么这个时候，我在那里就听得云里雾里了。

但是呢，感觉到那是个好东西，因为他公司一看就是个好公司，他在中国办了个扬子 BSF，在江苏，当时我们用他们的塑料。所以呢，加上自己的一些想法，觉得国外的企业用人那么少，除了它的设备自动化以外，它的管理、很多劳动也交给计算机来做。那么回来以后不久，实际上在中国就已经有 ERP 的提法了，而且关于 MIS 系统啊，都已经有些出来了。那么自己就开始着手做些这方面的工作，去接近它、消化它了。通过一些接触呢，就觉得一些东西对我们公司这么一个封闭的环境，信息化对它就是非常非常重要的。(DJH)

此外，外部技术市场环境的发育也影响到技术在组织内部的采用。大鹏公司的 ERP 应用表明两点。第一，**外部技术市场环境是分层的**。DJH 考察的是外层技术环境，他所受到的刺激来自非直接环境，他是到德国公司参观时考察得到的信息，而彼时的直接外部技术环境即中国的技术环境并不支持 ERP，没有本地的供应商，用户抱持观望、怀疑态度，甚至是否定的态度。**当时流行的说法是“不上 ERP 等死，上 ERP 找死”，其中前半句隐喻的是产品市场环境向组织输入了谋求新的管理技术 ERP 来提升组织基础管理水平的压力，后半句隐喻的是外部技术环境不成熟导致引入 ERP 充满了高风险。**第二，外部直接的技术市场环境对 ERP 的内部应用产生影响。ERP 市场的整体发育和行业合法性问题，直接对应影响到组织内部对 ERP 的评价和应用的信心。正如上一章所分析的，外部技术市场的状况向组织内部输入合法性，应用阶段前期通过中国 ERP 市场输入对 ERP 的“怀疑”，即低认可；在 ERP 的停滞应用期，美国的反垄断调查又向公司输入了国际技术市场对 ERP 的高认可，这使当时 ERP 在组织内部的存续合法性有所增强。这些又对应影响到组织到对 ERP 应用的资源投入决定、员工的配合程度，最后输出 ERP 的应用结果——一期项目几个模块上线后陷于停滞，但又不至于被完全废除，等待后期重启，终于应用成功。

人家（国际上）就只认这个（系统里的数据），那么呢，你说我的系统不怎么样，但也没人敢说就把它拿下。(DJH)

我们后面把它做好还是那个产品（SAP 的 ERP 系统），（以前）没有做好是历史和水平问题。现在回过头来看，因为这个产品的话它确实是经过国际化验证（是好产品）的，（但我们）企业对它的认同度不够。第二就是领导的认识不深，这跟当时国内 ERP 应用的大环

境有关。(JLL)

3. 外部业务环境对组织内部 ERP 的应用产生影响

组织总是在与环境发生资源的交换，这就要求业务链上的各个组织在信息的传递形式上、业务规范上保持足够的一致，在业务上彼此越是联系紧密、直接的组织对一致性的要求越高。而在这个业务链上，谁居于核心或优势地位，谁的权力最大，谁的标准就更可能对整个链条的重组形成压力。

大鹏公司在决定采用 ERP 时，国内技术市场刚起步，企业对 ERP 的认识不足，更谈不上市场的普及率，所以当时称之为一项革新性的技术。在应用初期，公司就受到外部业务链上关键单位的“旧”规范制约。比如彼时，公司内部的财务数据不符合外部会计师事务所的审计要求，这就对 ERP 中财务模块的应用造成困扰。

> 我们（财务部）当时呢，算是公司里第一个吃螃蟹的吧。**无纸化其实提得很早，但是它的问题就是到现在也缺乏一些法律支撑，就是说你这种方式存在是否合理**。包括我们现在最大的一个困惑就是我们做会计，会计师事务所做审查的时候要求对你所用的信息系统进行一个判定，实际上这个判定在整个审核里头占了很小的篇幅，描述得非常浅，比如说这个系统它的逻辑是否能够支撑你的一些所谓的会计的基本原理，审计上有这条，他们的审计手册我看过……**所以，外部制度不支撑这种无纸化也是个问题**。(JH)

正如大鹏公司 ERP 应用的阶段规划图所示，截至 2008 年，笔者进入公司调查时，公司对 ERP 的应用已从前期的平台集成、系统集成，跨出组织向上游的供应商对接，并与银行和海关在系统上对接。这既是大鹏公司的技术标准输出（比如向供应商输出，要求供应商采用 ERP 管理），也是整个外在技术大环境向业务链条提出的升级要求（比如海关、银行、审计等强势组织顺应时势进行管理技术升级）。信息化就是要解决信息孤岛的问题，前期是解决组织内部的信息孤岛问题，但是鉴于组织与外部环境的资源交换，真正的信息化需要跨组织的信息对接。

> 我们建这个系统的基本前提就是以财务为核心，包括我们现在在一些子公司的推广，我们也是坚持这样的一些原则，因为我们成立了那么多子公司。税务机关、国资委，因为我们隶属于国资委嘛，它有每年的例行审计，那么它来了之后都是直接到系统里去查，你的哪个

地方有问题就把相应的责任人和领导人找来，找出原始的单据，拿出来核对。因为坚持这样的原则，我们现在的系统支撑了我们内部和外部的所有审计。(QHL)

4. 外部政策环境对组织内部技术应用的影响

既有研究也表明，政府政策环境是影响创新技术是否被采用的重要因素。政府可以通过政策、补贴、税收等手段影响组织信息技术的应用，这种影响主要发生在发展中国家。①

大鹏公司是国有企业，在组织上接受所在省国资委的管理，除了上面 QHL 在访谈中所谈到的国资委的审计，还包括国资委作为上级对大鹏公司的决策管理，或说干预。2000 年，当大鹏公司决定引入 ERP 时，一方面，当时的上级主管部门省国资委认为，ERP 采用作为一项新的高投入高风险的组织决策收益未明，所以对下属企业大鹏公司的该技术引入决策表示质疑，如此直接导致了原定于 2000 年 5 月上线的项目被搁置，推迟上线。另一方面，国资委对当时大鹏公司“一把手”季总有强烈的公司绩效局面扭转期待。这使季总在 2000—2001 年间，外临市场竞争压力，上临主管部门的绩效期待，内部承受之前彩管垄断决策失误的成本，以及各用户部门尤其是销售部这个绩效直接产出部门对 ERP 的抱怨，在企业的系统信息化得不到内外支撑的情况下，季总做出了停用 ERP 的决定。

上级主管部门省国资委作为一个机构也是嵌在整个国家政府体系中的，来自政府的政策变迁也影响到省国资委的决策。与大鹏公司应用 ERP 的历程同时发生的，是外部政策环境的变迁。从 2000 年到 2008 年，国家对于企业组织信息化的政策态度逐渐清晰化、明朗化，出台了支持性政策。这也层层传导到省国资委，向公司内部输入信息技术应用的合法性，以及用好信息技术的必要性，这又转而支持了 ERP 在公司内部的重启。

一个大的环境（变化），包括领导的重视，是促使我们的信息化在这个阶段出现井喷的一个决定性因素。你比如说国家对企业信息化的扶持。……比如我们公司就承担了好几个相关的课题，这从侧面就反映了我们国家对这块相对重视。有些法规可以查。那么我们现在做起来，在环境上就宽松很多。你也不再需要费力跟谁去解释了，大家

① Xu, S., Zhu, K. & Gibbs, J. (2004). Global technology, local adoption: A cross-country investigation of internet adoption by companies in the United States and China. *Electronic Markets*, *14* (1), 13-24.

都理解了这是个趋势。(QHL)

但是若回到 2000 年，为何季总受制于上级国资委的公司绩效扭转期待的压力而放弃原计划，暂停上线 ERP，而 7 月“上线”代理董事长职位的耀总在同等外在压力下却重启了 ERP 呢？一是压力施加于人是个相对量而非绝对量。耀总相比季总有两个因素去消除来自上级主管部门对 ERP 采用的疑虑：其一是时年 30 多岁的耀总本身是相关技术专业出身，“国内第一个清华博士后国企董事长”，年龄和知识结构不同于季总；其二是耀总的政商关系基础不同于彼时季总的政商关系。一个被选中的、被寄予前景期待的年轻代理董事长，大家共识里的下一任董事长，对比一个做出过重大失误决策、导致公司走下坡路的年近退休的老董事长，前者会被给予更大的自主性空间。同时作为有前景预期的代理董事长，耀总也需要呈现自己不同于前任的特别思路。总之，是他们在企业信息化上面临的主客观选择空间的不同，导致了耀总和季总在 2000 年年中对 ERP 上线的不同态度。在这个意义上，国资委作为大鹏公司的上级主管部门不仅对 ERP 的合法性有直接负向影响，而且通过对公司换帅的影响对公司采用 ERP 产生了间接正向影响。联系公司的“一把手”文化和组织制度，应该说后者的影响更大。

综上所述，组织是开放的组织，组织的活动受制于环境。所谓环境是一个复合组成，是分层构成，特定组织的类型、性质及其所处具体情境（比如常见的是否处于领导换届期）决定了它跟外在复合环境中的哪些层次因素相关性更高或更低，受其直接影响还是受其间接影响。

大鹏公司是一家国有企业，其突出的企业属性有两重：一是企业，这是其基础属性，决定了产品市场环境对它很重要，会对它产生直接影响。“如果我们不适应这个市场，进行变化，那么可能就会被淘汰。”(XY) 二是国有，这意味着公司具有很强的国家制度嵌入性，包括在组织结构上以及政策上，受其直接的约束和支持。而具体的采用新的信息技术的组织活动，自然也深受技术市场发育情况的影响。基于全球联系，技术市场也分为国外技术市场和国内技术市场，二者发展的不同步，导致国外、国内技术市场在对技术应用组织的作用中产生张力，使技术应用呈现复杂的场景。

二、环境、领导对 IT-组织文化变迁的作用逻辑

奥利科夫斯基和巴利指出：“我们除非考虑到技术变迁和制度环境的

作用，否则不能理解当前在工作和组织中的本质改变。”同时，“对技术变迁的研究需要将几方面的解释结合起来，人类行动和选择是一条线，特定技术的特点和功能是一条线，技术使用的环境是一条线，这些线要被编织起来，展现特定行动的微观动力机制。”①

两位学者的建议正是要将行动者、技术和环境结合起来，而在中国，还需要加入一个特别要素，那就是组织的领导。集体主义文化，加上我国市场是政府在其中发挥引导作用的市场，以及企业在社会文化、政治制度方面具有较高程度的嵌入性②，导致在文化与制度上的企国同构化，对于二次改革转型前的国有企业而言，尤其如此。在此背景下，笔者之前的阐述综合表明，一定的技术在一个组织中应用后经历时间会形成较为明确的技术-组织结构、技术-组织文化，从而使组织呈现有序、稳定状态③。当外在环境发生变迁，会对组织产生新的要求以及变迁的压力。当组织决定采取技术升级手段来应对环境输入的压力时，就打破了组织文化与原有的技术条件及组织结构之间的平衡，因为技术的应用必将带来组织的改变，比如组织结构的改组和组织制度的重设。大型复杂信息技术如 ERP，相对于传统管理技术具有革新性，它在组织中的应用不仅导致组织结构和组织制度发生深刻的变化，也对组织成员的操作技能和思想观念提出了革命性变革的要求。当在传统文化条件下，得到领导支持，并因而获得合法性的信息技术在组织中深入应用，技术的强制力量连同管理设计和组织成员的适应性自我学习，一起促成了组织文化的变迁。与此同时，组织环境的变迁也向组织直接输入新的文化要素，而且组织成员的适应性自我学习，既是对新的组织任务的适应，也是适应组织外在环境新情况的结果。

这个环境、领导、信息技术与组织文化之间关系的逻辑链条如图 7-1 所示。其中，环境对于技术应用企业来说主要是外部产品市场环境、技术市场环境、业务环境、政策环境。

---

① Orlikowski, W. J. & Barley, S. R. (2001). Technology and institutions: What can research on information technology and research on organizations learn from each other?. *MIS Quarterly*, *25* (2), 145-165.

② 参见民营企业设立党支部戴“红帽子”现象。[曹正汉. 从借红帽子到建立党委——温州民营大企业的成长道路及组织结构之演变//张曙光（2006）. 中国制度变迁的案例研究：浙江卷：第五集. 北京：中国财政经济出版社.]

③ 这不是决定论，因为并非一种技术只对应一种技术-组织结构/文化组合；这种对应是从结果上来说的，表明技术与组织经过磨合终究会形成稳定的组合，而并不否认这种组合的多样性。

如果探讨大鹏公司文化变迁的原因，市场环境和企业（发展）本身是外因，领导是个内因，是个选择，信息化是个必然的路，很难区分它们各占百分之几十。信息化是必然的路，因为你不用就可能被市场淘汰。如果没有信息化，这场（国企治理）变革不可能成功。(HLY)

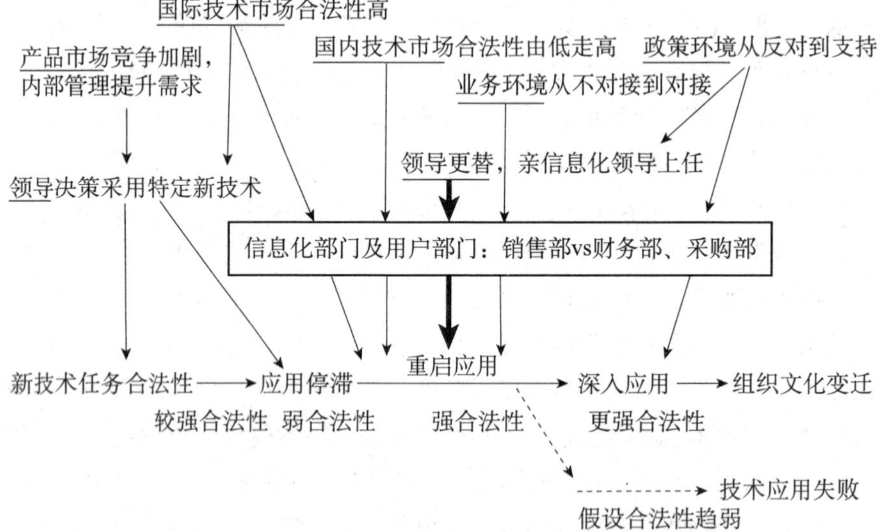

图 7-1　IT-组织文化变迁中内外部主体的作用逻辑

图 7-1 是从大鹏公司应用 ERP 的案例中抽象出来的，展示了组织外部环境与内部各主体是如何施加影响于技术应用过程的。图中用下划线标记出变量。线条分粗细、虚实。其中，粗线条代表大鹏公司受访者认为该因素（领导更替）在该组织文化变迁链条中的作用权重高于其他因素；实线条代表实际的运作逻辑；虚线条代表"假设"相反的情况。如图所示，在经验层面，各外部制度环境主体作用于组织内部各行动主体，促发后者在不同时期针对 ERP 的不同应用行为。但在理论抽象层面，各外部制度环境主体都作用于技术的组织内部合法性，组织内部各行动主体依据他们对技术的组织合法性的判断来决定对技术的主客观反应。足够的组织内部合法性支撑技术在组织内部深入（成功）应用，经由三条路径/机制引发组织文化的变迁。相反，当作为新技术的 ERP 得不到内外部足够的合法性的支持，技术无法按照其内在逻辑在组织中应用，遭遇搁置或被组织过度建构，其预期结果将是技术应用失败。阶段性因果关系是组织结构和组织文化阻碍了新技术的采用，正如我们在许多技术应用失败的案例里所看

到的。

首先，产品市场竞争加剧促使领导感知到借助新技术变革组织、提升竞争力的需求，做出引进新技术的决策。但实现同一目标的技术往往不止一种，同一类技术供应商不止一家，那究竟要引入什么技术、哪家的技术呢？在革新性技术的扩散具有国际梯度特征的背景下，组织外部技术市场被分化为国际、国内两个层次，当国内技术市场无法赋予特定技术合法性时，先进的企业会向国际技术市场看齐。由此，国际技术市场向企业组织输入其时高合法性的技术。在案例中我们看到，大鹏公司在有提升组织内部管理水平的需求时决定信息化；在技术选择上，部分受到德国供应商的经验影响，选择了 ERP；受到 ERP 市场的排名影响，选择了全球最大的 ERP 供应商 SAP 的技术产品。也就是说受到内部产品市场挤压和外部国际信息技术市场的牵引，大鹏公司做出了引入 SAP 公司的 ERP 产品的决策。

接着，当技术进入组织应用，组织内部各个用户部门可能有的支持、有的反对。如大鹏公司内部信息化团队、销售部、财务部和采购部在 ERP 应用前几年彼此迥异的反应。同时各部门会在影响高层决策层面或日常组织活动层面展开博弈。其结果是，新技术的采用并不如领导的意志那样明确推进，如其预期的那样顺利应用，而是受到各部门所赋予的技术在组织内部的绩效合法性和价值合法性之强弱的中介作用而摇摆不定。面对中层部门博弈和摇摆不定、前景不明的技术应用阶段性效果，领导做出强化还是削弱新技术的任务合法性的决定，然后就会导向不同的技术应用发展方向：若是弱化其任务合法性，收缩资源投入，转移组织注意力，则技术应用可能走向失败，无法撬动组织结构及文化的变迁；若是强化其合法性，则会追加资源投入，导向应用深入，促进组织文化变迁。在本案例中我们看到，实际的 ERP 应用历程走向了前者，即 ERP 的合法性被弱化，遭遇三年应用停滞期。

与此同时，外部的多重制度环境亦会对组织的内部技术应用过程产生影响：（1）信息技术的市场合法性，即被客户和社会的认可度或低或高；（2）业务环境，即上下游业务链对技术采用公司在新技术条件下的工作方式对接还是不对接；（3）外在政策环境，是反对还是支持。值得一提的是，外部政策环境也是分层的，包括国家层面的促进产业发展大政策（比如国家工信部发布促进产业信息化的相关政策等），以及国有企业的直接主管部门国资委的地方规定和部门决策（比如更换领导、更换什么样的领导等）都会对企业应用技术产生影响。比如在大鹏公司案例中，正是这些外在条件从负面转向正面，与内部各层次的主体行动，包括公司决策者的前后更换、各个彼此反馈矛盾的用户部门的反馈、信息化技术团队中核心成员的坚持及成员的内外流动，交织发挥作用，共同促进了公司采用ERP的一个启用-停滞-重启-成功应用的复杂历程，以及伴随这个历程的技术应用与组织文化之间，先“后者阻碍前者”再“后者改变前者”的相互建构过程。

小结

本章进一步分析了IT-组织文化变迁这个过程模型中外部主要制度环境的影响。

在企业组织采纳新技术这一组织活动中，外部环境因素涉及公司外部的产品市场、技术市场、业务环境以及政策环境。组织感知到产品市场的竞争压力，产生了借助技术提升内部管理水平以提升市场竞争力的需求，因此促发了引入技术的决策。而外部市场环境，分为国内市场环境和国际市场环境两个层次，它们会对企业选择具体哪类技术以及哪家企业的技术产生影响；在一定成本弹性空间内，当采用革新性的技术时，企业更倾向于采用国际声望较高（往往也代表绩效合法性较高）的技术。

当技术引入组织应用，技术所在市场本身的合法性程度，是被怀疑还是被认可，与组织相关的上下游业务单位是否与新技术条件下的组织业务兼容对接，以及国家的政策与治理结构中的政治环境对组织的新技术采用是反对还是支持，都会渗透进组织，影响到技术在组织内部的合法性，从而对技术能否深入应用产生影响。

由此可见，IT-组织文化变迁过程中，组织外部多重制度环境与组织内部的各层行动主体交织在一起，或者作用于信息技术的引入决策，或者作用于技术的应用过程，或者作用于其他组织变量如组织领导更换，或者作用于其他组织过程如外在行业经验和市场压力促发组织战略变化、结构重组等，从而或直接或间接地共同影响技术的组织合法性，影响技术的应用效果，进而导向组织文化的变迁。

第八章　研究结论与讨论

第一节　基本观点及研究创新

一、基本观点

本研究首次从“实然”的角度去描述信息技术应用条件下的组织生活，通过分析启用—停滞—重启—成功应用这一周折历程的企业信息化案例，分上下两篇试图探讨以下几个问题：（1）信息技术的应用究竟给企业组织文化带来了什么变迁？（2）这些变迁是怎样发生的，机制如何？（3）技术应用导致组织文化变迁的前置条件——技术深入应用何以实现？即为什么是新技术促进组织成员改变而不是组织成员改造技术来适应自己？（4）在开放的组织中，多重制度环境又是如何影响组织内部的新技术应用及应用过程的。

（一）

本书上篇展示了大鹏公司在大型复杂信息技术 ERP 应用中，组织文化发生了从人情文化向职业文化的变迁，这体现在个体工作行为和个体间合作行为两个维度上。

1. 个体工作行为中的文化变迁

个人工作行为中的文化变迁主要是在信息技术应用改变组织实践和个体工作方式及观念中发生的。（1）信息技术 ERP 具有跨文化情境的效率含义。随着 ERP 在大鹏公司的应用，其内置的效率意识与公司传统文化中的资历意识发生碰撞，技术深入应用的结果是确立了效率意识在员工薪酬分配标准中的优先地位，赋予新的薪酬分配制度以合法性。（2）ERP 内置的标准化逻辑经过组织实践使组织员工对“工作应该怎么做”的理解发生了从随意性走向规范化的转变，即信息技术的深入应用在员工思想中树立起规则意识。这是因为信息技术的应用不断挤压员工在岗位操作或制度执行中的变通空间。这种规则意识表现为员工对“工作应该程序化”“程序具有稳定性”的工作“干法”有“定规”的设想。(3) ERP的应用促使员工对什么是工作中的榜样行为的理解发生变化，改变了过去工作中的形式主义（重劳动投入），而建立起来面向市场的价值务实（重价值产出）的观念。ERP内置了可精确计算价值的绩效管理模块，使得相关岗位上的工作人员被依据“赢利”指标来进行绩效考核，而不像此前根据“工作行为”考核。(4) ERP应用促进信息共享，提高了组织成员的工作自主性，加上ERP内置的KPI定量考核工具，一起促使员工的工作态度从消极被动向积极主动转变。信息技术本身升级换代快的技术特性，也蕴含了对使用者建立持续学习观和进取观的要求。

2. 同级同事关系中的文化变迁

组织中个体间关系的变化是技术重置合作关系的结果，也是个体面对新的工作安排进行调适的结果。(1) ERP的应用在物理逻辑层面实现了组织各岗位间的精细分工及高效对接，当技术能力演化为组织实践层面的工作安排，就将之前同事之间相对独立、隔离的工作模式打破，组成新的彼此之间精细分工、紧密联系，且流程化的合作模式。同事合作完成任务成为常态，公司的相关制度设置以团队为任务完成单位，关注团队绩效。这些客观行为模式以及公司制度设计的相应变化都使组织成员倾向于进行自我调适，抛弃旧有的封闭自锁的观念，确立起开放合作的态度以适应新的工作要求。(2) ERP在物理逻辑层面实现的信息共享和在线方式的团队合作，以及在线沟通方式的情感隔离特点都导致同事间的互动减少，互动出现去情感化的倾向。员工们通过信息技术应用培养起数据意识和证据意识，认知趋于理性化，改变了过去将工作冲突进行人际关系归因的人际模式，而倾向于事本主义。信息技术对岗位角色的职责厘清，员工出于职业安全的考虑主动利用系统刚性（规则）来摆脱工作关系的人情嵌入，都促使大鹏公司的个体间关系特征从人情化转向角色化。员工对同事间关系的这些变化的理解——同事之间应该开放合作而非封闭自锁，工作关系的本质是角色关系（工作关系）而非人情关系——是技术的物理逻辑在组织实践层面增进了员工间合作的结果，也是员工作为行动者通过反省、自我规训进行观念调适的结果。同时，公司的相关制度设置也在其中发挥作用。

3. 上下级关系中的文化变迁

（1）ERP 将一切组织活动进行数据化转译以及工作流程中前后工作环节的逻辑互锁都形成了对组织员工的强大监控力，信息系统替代了领导对员工的直接监控，使领导的注意力从“管人”转变到“管事”上。ERP 应用为领导的管理工作提供数据基础，领导群体调适自己的工作方式，使得管理方法从定性管理向定量管理转变，治理方式发生从利用权威之术到依据数据之理的转变。这增强了员工的环境公正感及对领导的信任感。ERP 带来的巨大管控能力增强了领导对组织的控制感，基于此，为了提高工作效率，领导对上下级权力格局进行了重新配置，从原来的高度集权转变为适度分权。这些由领导层所做的制度安排和在管理行为上的主动调适都促使大鹏公司的上下级关系在信息技术应用前后从高权力距特征转变为低权力距特征。（2）ERP 的应用提升了员工的工作能力，这体现在员工建立了数据敏感性和领导视角（全局思维）上。ERP 内在的信息公开、透明的物理逻辑改变了公司内部对信息的认知，从“信息是权力之源”转变到“信息只是工作的必需条件”。信息分布格局被重置，从之前的领导垄断信息转变为领导-员工间有控制地适度共享信息。信息共享带来平等感，以及上下级之间的分工合作感，这也使过去建立在信息的等级分布之上的领导-员工群体间的能力差消失。由此领导改变了过去“向员工问建议代表领导无能”的观念，建立起“向员工问建议是工作所需，且代表领导开明”的新观念。ERP 的应用使得公司对员工的考核从依据领导的定性评估转变为基于系统数据的 KPI 定量考核。员工的绩效考评中领导的权重降低，而领导的绩效却需要依赖员工的集体绩效。技术应用带来的考核体系的前后倒转改变了上下级对彼此关系的定义，呈现从管控与被管控的关系向分工-协作关系转变的趋向。

对于信息技术应用中组织文化发生变迁的机制，笔者既建构了实质性理论（经验模型），又对理论进行了结构性（理论形式）检视。在经验模型中，信息技术应用中的组织文化变迁主要通过三种机制实现：技术强制、管理层设计及组织成员的自我改造。第一是技术强制，这是指信息技术的物理逻辑实践客观上对组织成员的工作方式与思维习惯进行强制性改造。第二是管理层设计，这是指对信息技术应用的高效率和高效益预期使得企业管理层主动采取措施为信息技术的应用创造适宜的组织环境，以期促进信息技术的应用，包括赋予技术改造组织的强制性，对员工进行观念塑造及制度规训，以培养起适应信息技术应用的行为习惯与价值观念。第三是员工群体的调适。组织成员是能动的主体，或者由于受到组织职位稀缺性的约束，或者出于对组织的认同，他们面对新的技术条件能够主动地学习、调适，其中机制包括适应性（被动）学习、意义性（主动）调适、趋利性（主动）选择。

具体而言，技术的合法性越强，越能够强迫组织成员改变行为和观念，进而变革组织文化；管理层的观念倡导与管理制度设计越合一，则组织文化变化程度越深；组织的职位在就业市场上越具有稀缺性，员工越倾向于学习新的组织文化；工作越是被嵌入系统流程中去，组织成员感受到来自同侪的改变压力越大，越倾向于学习改变；在高整合性的集体主义组织文化中，组织成员感受到来自同侪的改变压力越大，越倾向于学习改变；员工对组织的忠诚度越高，越倾向于面对企业的新文化进行意义性调适；员工的观念与新的组织文化越契合，员工越倾向于进行意义性调适。

对该机制经验模型进行的理论形式分析表明：第一，该机制模型在原因逻辑上并非单一的外部技术强制机制，或者组织意志强制机制，也非二者互动突生模型，而是技术、组织意志（包括管理层和员工群体）在特定的组织外在环境条件下交织发挥作用，共同促进组织文化变迁。第二，基于前述分析，信息技术与组织文化变迁分析立足于过程模型而非变量模型，即强调信息技术是组织文化的必要条件而非充要条件。第三，在理论分析层次上，该机制理论涉及混合分析层次（mixed analysis levels），跨越宏观（组织层次）、中观（组织内部亚单位层次）以及组织员工个体层次等多个分析层次。这些跨层次的变迁逻辑路径包括：宏观-中观-宏观，宏观-中观-微观-宏观，宏观-微观-宏观，宏观-宏观-宏观。

（二）

在下篇中，笔者着力延伸信息技术应用-组织文化变迁的逻辑链条，追问技术得以深入应用从而改变组织文化的组织合法性的条件，以及技术在开放的组织中是如何受到外部多重制度环境的影响的。本部分试图展示两个变量间的互构过程以及来自组织内外部的多重影响因素及其作用逻辑，以图以适度抽象之理论建构更复杂的实践。

“技术应用成功的组织合法性条件”一章试图从技术在组织中应用的合法性框架出发，分析、审视技术应用的文化条件，展示组织文化（技术之组织合法性）是如何作用于信息技术的应用，并且导向技术应用的不同后果的：当有足够的组织合法性条件，技术才能深入应用，具备强迫组织成员配合及改变的资格；反之技术将被组织建构，导致应用的停滞乃至失败退场。

技术在组织中的合法性，包括绩效合法性、任务合法性以及价值合法性，技术在组织中应用的任何阶段都会遇到这几个维度合法性合力的影响。研究表明，技术在组织中的合法性，关系到组织对技术应用的资源投入之多寡，员工对组织要求的配合程度之高低，进而影响到技术应用的组织内部环境和条件之优劣，从而在各个阶段影响技术应用的效果。总之，有足够的组织合法性成为技术应用得到配合的必要条件；而只有员工的配合才会形成技术的强制力，从而发生技术改变组织文化的过程。

“多重组织环境中的IT-组织文化变迁”一章试图向外拓展信息技术应用-组织文化变迁逻辑链条，看到从技术应用到组织文化变迁过程中外部多重制度环境的影响。笔者从逻辑上区分出作用于信息技术应用-组织文化变迁链条的多重环境因素，包括产品市场环境、技术市场环境、业务环境和政策环境。第一，产品市场竞争日益加剧向组织导入采用信息技术以升级组织管理的需求；根据国际技术市场和国内技术市场的发育情况，组织基于需求引入特定的ERP。第二，在技术应用过程中，外部ERP技术市场本身的发育和合法性高低会输入组织内部，影响到ERP在组织内部的合法性，使其减弱或增强。第三，组织是嵌入环境中与之进行资源交换的。ERP应用涉及公司外部的直接环境，即上下游的供应商、银行、海关、审计等构成的环境。当公司在这个链条上处于信息技术采用的“一马当先”期，会受到其他环节的桎梏，而当整个链条的上下游单位都逐渐承认并且具备技术条件与公司的ERP数据进行交换时，则会有助于大鹏公司的技术应用。第四，外部政策环境，包括来自上级主管部门国资委的或否定或赞同的指导性意见、国家层面对企业信息化的推进政策，甚至国际贸易秩序等，都会影响到大鹏公司应用ERP的效果。第七章亦基于对该复杂案例的分析，构建了一个企业组织于开放环境中采用革新性技术可能的逻辑模型。

二、研究创新

本研究贴近复杂案例的实践历程，着力于揭示信息技术应用与组织文化的互构机制，并“向外”拓展探讨该逻辑链条与制度环境的关系。相比之前的研究，从经典概念“技术”与“组织文化”各内涵层次之间逻辑关系的拓展，到信息技术应用-组织文化变迁的实际过程模型提炼，到理论建构的形式检视，到技术的组织合法性分析框架和一个企业组织于开放的环境中采用一项革新性技术的可能逻辑模型的建构，都是本研究明确的学术贡献。

第一，本研究提出了技术定义的分层概念模型（物理逻辑/组织文化逻辑/组织实践逻辑），把奥利科夫斯基的技术定义中关于技术的“社会性”角色细分为“实践逻辑”及“文化逻辑”，使得技术的定义更具有分析性。[①]

第二，本研究在一定程度上推进了解释型组织文化研究范式。此前的解释型文化研究范式，认为组织文化的深层次假定或价值决定了文化的外在表征层，即文化的内层决定了作为表达物的文化外层。而本研究指出，文化内层的意义与价值不仅决定外层客观文化现象，也为后者所建构，即当外在的组织文化现象发生改变，比如员工的工作方式、企业制度等发生变迁，它们也会反过来向内渗透，改变组织成员的观念内涵。基于此，本研究引入心理学的认知平衡理论展现了外在文化现象建构文化内涵的微观机制。并且，本书在一个研究里混合采用了文化研究的两个范式——功能主义范式和阐释主义范式，在实证分析中混合采用文化的整合视角、分化和裂变视角，这是既往学者有所提议但未曾实现的研究。

第三，本研究以深描叙述的方式对一个经验问题——伴随信息技术应用，中国国企组织文化在实际中可能发生什么样的改变，做出回答。本研究基于实证调查，提出信息技术应用条件下我国国有企业中组织文化的两种建构类型（construct type）——人情文化和职业文化，并具体呈现、比较了其内涵。

第四，本研究探讨了信息技术在组织中应用可能引发组织文化变迁的三种实质性机制，包括技术强制、管理设计和员工调适。在以往研究的基础上，本研究有以下进展：（1）推进了技术强制中的微观机制探讨；（2）改变了以往研究中对组织员工独立于管理层的预设，指明了信息技术应用-组织文化变迁研究中的突生视角研究的工具及其结论的适用边界；（3）区分了管理层推动技术应用、促进组织文化变迁的多重行动逻辑，包括赋予技术组织合法性、制度规训和观念塑造等；（4）揭示了作为文化变迁推动者的组织员工在信息技术应用中的行动机制：适应性学习、意义性调适和趋利性选择。

① Orlikowski, W. J. (1992). The duality of technology: Rethinking the concept of technology in organizations. *Organization Science*, *3* (3), 398 - 427.

第五，在构建实质性（内容）机制模型的基础上，本研究也展开对该理论建构的形式性评估，突出其在信息技术研究领域理论建构上的推进之处。包括：(1) 在因果主体性质及其作用逻辑上，强调非单一因素（技术或组织意志）的强制逻辑，亦不是突生性逻辑，而强调其互构性；(2) 信息技术应用-组织文化变迁是过程模型/逻辑，即信息技术应用是组织文化变迁的必要条件，而非变量模型/逻辑、充要条件；(3) 理论建构采用混合分析层次，以凸显组织层面的变量间关系如何向下具有亚组织层次（部门层次）和个体层次的发生机制。

第六，发展了组织合法性的分类。本研究在梳理文献的基础上重点研究了组织合法性问题，依据评估主体和组织活动的性质，将组织合法性细分为一种内部合法性和三种外部合法性。具体包括：(1) 内部人评估组织内部活动维度的组织内部合法性；(2) 组织内部人评估组织-外部环境关系维度的外部合法性；(3) 外部人评估组织内部活动维度的外部合法性；(4) 外部人评估组织-环境关系维度的外部合法性。

第七，将组织合法性应用于分析特定实践。本研究结合技术-组织关系而发展了技术的组织（内部）合法性框架，包括绩效合法性、任务合法性和价值合法性，通过比较不同维度合法性的不同评价主体、评价标准、作用之源、作用部位和作用机制等，解析了新技术在组织内部获取多方成员认可的微观过程，打开黑箱，展现了技术应用成功条件的复杂性。

第八，对既有的组织研究有所补充。既有社会学研究对组织内部行动者的利益诉求和权力行动关注过多，对其作为价值行动者的一面关注却不够；既有科层制研究对组织自上而下的命令得不到执行如何危害组织目标等负功能强调较多，而对于组织内部上下不一致如何增加了组织弹性，缓冲了自上而下的组织决策风险揭示不多。本研究第六章对技术应用中组织亚群体之间的裂变如何成为技术危机中可凭借之资源的分析，为此做了一个补充。

第九，揭示了组织外部环境何以作用于组织内部的技术应用，从中区分出我国国有企业采用信息技术可能面临的四个环境维度：产品市场环境、技术市场环境、业务环境以及政策环境。

总结一下，本研究的贡献包括理论上的、方法上的和研究思路上的。

在理论上，主要对三个方面有所发展：第一，对制度学派的合法性研究有所发展，包括组织内部也存在组织合法性问题，以及内外部合法性是如何交织发挥作用的。第二，对信息技术应用-组织文化变迁机制有所发展，提供了互构机制，展示了中国国有企业在信息技术采用中可能发生的组织文化变迁，发展了中国国有企业内部的两种组织文化的建构模型，其变迁机制及内外部的主要影响因素。在力图贴近复杂现实的同时也试图用合法性这一理论工具加以抽象简化，以发展理论且为实践者提供认知工具。第三，发展了技术-组织研究领域的互构机制，主要追问了技术建构组织或是组织建构技术的边界条件，并从组织合法性的视角解答之；将互构的过程打开，揭示了外部多重制度环境是如何介入其中的。

在文化研究的分析方法采用上，本研究综合了文化研究的功能主义范式和阐释主义范式，尝试将组织文化研究的整合视角、分化视角和裂变视角混合于一个研究。这是有学者曾经提出却未见实现的做法。

在研究思路上，笔者尝试在一个研究中既做实质性的理论建构，也做理论建构之形式逻辑检视，即在经验研究这一初级层次上引入审视之眼作为二级研究，以提高研究中理论建构的质量。这是一种全新的研究尝试。

第二节　研究方法及未来课题讨论

一、研究方法

本研究的研究方法是案例研究。在一个主题研究开始之初，案例研究让我们了解更丰富的信息，以开启未来更成熟的研究。在过去的信息技术应用研究中，大量研究集中于探讨组织文化对信息技术在组织中应用成败的影响，或准确地说，它们主要关注组织文化对技术应用的阻碍、技术应用遇到的问题及解决办法，这是管理学的学科范式所致。而社会学的信息技术研究又执着于关注组织结构。所以，这是一个刚开始积累的研究领域。而且，目前文化研究中开始达成共识，认为基于阐释研究范式的深度访谈、参与观察法才是接近文化的适宜的方法。这也是本研究选择使用深度访谈和参与观察方法的由来。

由于本研究采用了个案法，因而推广其结论需谨慎。但个案研究的逻辑不在于表明某个个案在统计上能否代表总体[①]，而在于揭示一个社会/组

---

① 王富伟．(2012)．个案研究的意义和限度——基于知识的增长．社会学研究，(5)，161-183.

织过程和过程的内部机制，通过个案归纳出一些高质量的待检验的假设。①当然，我们须强调本案例所涉技术主要为平台性、大型、复杂信息技术ERP，所涉组织类型为大型国企集团公司。本研究重点关注技术应用对组织文化的建构以及组织文化何以成为技术应用成败的前置条件。一方面，该案例组织带有我国国企技术升级、文化转型的共性，也具有其应用信息技术起"死"回"生"，启用、停滞、重启的独特的历程丰富性，所以得自该案例经验调查的信息技术应用-组织文化变迁机制具有丰富性，可为技术应用的实践提供启发，亦为该领域知识积累做出贡献。另一方面，组织内外部的技术环境皆具有高度不确定性，伴随组织内部的技术应用过程，外部环境亦始终在变迁，内外环境交互作用于技术的应用，增加了其过程的复杂性。这或许有助于推导出它后续被进一步检验的情境条件。

笔者也省察，本研究可能将遭受一切定性研究所遭受的批评，比如缺乏科学的普遍性，在一般化的贡献上或可存疑。但是，定性研究的目标不在于推论更大的总体，我们也并不在推论总体的意义上来进行案例定性研究。本研究的一个重要价值就是提供了一个案例，从这个复杂和丰富案例中试图提炼总结三个模型：信息技术应用-组织文化变迁的机制模型，技术应用的组织合法性分析框架，以及信息技术应用-组织文化变迁的外在环境分层模型。

尽管在案例选择上笔者确实考虑到案例材料的丰富性而对调查企业进行了选择，但笔者认为本研究案例或许具有类型学意义上的典型性，但并不具有跨类别的普遍性。案例质性研究和测量数据定量研究的逻辑是不同的：前者追求发现其中的作用机制，其价值在于提供启发，阶段性地开启或深化研究，并且因其宣称不追求一般化而具有开放性，读者的理解被欢迎纳入其中，构成知识生产的重要环节；而后者追求发现确定的大数规律，因为它采用确定的充要条件变量模式/逻辑，所以其研究具有封闭性，作者所表达的就是确定的，在推导遵循逻辑、数据假定准确的情况下并不会为读者留下显见的阐释空间。综上，用定量的研究逻辑去要求案例研究具有代表性或明确给出典型性陈述，并不合宜。

如果说案例研究结论要推广，那么有两条途径：一是可以谨慎地推广

① Mitchell, J. C. (1983). Case and situation analysis. *The Sociological Review*, *31* (2), 187-211. Small, M. L. (2009). How many cases do I need? On science and the logic of case selection in field-based research. *Ethnography*, *10* (1), 5-38.

到相似的案例中去，即案例之间有一定的条件匹配性；二是必须抱着科学的态度进行足够多样本的调查以检验其结论。这或许可以为同行提供下一步的研究主题。

二、未来课题

未来的相关课题，包括来自本研究之内的启发和本研究延伸出去的启发。

在本研究框架之内的，一是在主体部分，即发生于组织内部的信息技术应用-组织文化变迁的互构逻辑之外，外部环境如何分层，如何在增进组织合法性过程中发挥作用，这些在本研究中仅做初步涉及，未来仍可深挖细究。二是在技术应用之组织合法性条件部分，笔者进行了案例内部的比较研究，未来可以拓展多案例间的比较研究，以检验或说丰富技术应用何以成功这一重要课题。

超越本研究框架，未来可以发展的课题：第一，未来可延伸讨论一个更有意思的问题——组织文化究竟是如何发生变迁的？目前本研究中的信息技术应用引发组织文化变迁的细致机制在推理逻辑的清晰度上有所不足。第二，基于技术的飞速发展，组织的技术升级已经使企业组织从应用平台型、基础性信息技术如 ERP 系统，“优化人力”的阶段，发展到考虑采用机器人技术乃至人工智能技术“替代人力”的阶段，那么新的技术与组织如何结合，会产生什么新的组织后果乃至社会性后果？我们当如何理解，有何思路应对？

对新技术在组织中的应用研究不是仅关心具体组织的兴衰，一群员工的职业生态变迁，而是将其作为一个切片，以之映射宏旨，这事关新技术应用下的社会承载力和族群出路安排的问题。既往研究和经验都表明，技术的基础设施一旦建立起来，技术的发展上了快速轨道，就会自我强化，加速再生产，人类始于沾沾自喜和满怀希望的技术开发和应用并不能保证自身未来确定避免被技术反噬的结局——或许不是整群反噬，但必然导致新的分化，且这种分化过程不同于以往的群体分化过程，技术的跳跃式发展和断裂性革新更替也预示了新的社会过程与以往很可能有质的区别。当然笔者也并不简单地认同技术猛兽论，人类依旧可以抱持希望，因为一切结论皆未定，这取决于技术-社会的互构走向。

我们需要做的是对技术的应用保持更多关注、更多监测，锻造认知理论工具；长期的预测并没有必要也绝不会有效，但我们可追求认识提前一步，若能实现就意义重大。对于多数人来说，担心的不必是无法预测大势，而是对眼前事尚看不清，无所应对。当今世界，国家之间的技术升级竞赛与政治、宗教、族群利益博弈交织在一起，不断增加世界格局的不确定性和崩盘风险，历史似乎进入新一轮动荡预备期。技术研究学者当站在时代的瞭望塔，对一个小场域之审视当置于大格局中去理解，透过纷扰，先看一步，提前预警，方尽本分。

参考文献

贝尔．(1997)．后工业社会的来临．(高铦等译)．北京：新华出版社．

伯特．(2008)．结构洞：竞争的社会结构．(任敏，李璐等译)．上海：上海人民出版社．

陈春花，刘晓英．(2002)．管理信息系统中的文化行为研究．科学学与科学技术管理，(11)，34－36．

陈春花．(1999)．企业文化的改造与创新．北京大学学报（哲学社会科学版)，(3)，51－56．

陈玉霞，李学丽．(2007)．信息技术视域下的“世界文化”．自然辩证法研究，(1)，72－75．

陈启申．(2012)．ERP：从内部集成起步（第三版）．北京：电子工业出版社．

陈蓉．(2006)．企业文化对 ERP 实施的影响．华中科技大学硕士学位论文．

陈涛，宗文，朱智洺．(2011)．企业信息采纳的国内外研究评述．河海大学学报（哲学社会科学版)，(3)，52－56．

陈文波，黄丽华．(2006)．组织信息技术采纳的影响因素研究述评．软科学，*20*（3)，1－4．

邓锁．(2007)．双重制度约束与医院社会工作的专业实践——一个新制度主义视角的分析．中国社会工作研究，(1)，152－191．

费孝通．(2003)．关于“文化自觉”的一些自白．理论参考，(9)，31－33．

高丙中．(2000)．社会团体的合法性问题．中国社会科学，(2)，100－109，207．

高清，方淑芬等．(1996)．先进制造技术环境下生产人员及技术人员工作的变化．中国机械工程，(1)，15．

海蒙德．(1998)．数字化商业：如何在网上生存和发展．北京：中国计划出版社.

韩康.(2004).企业文化变迁与制度创新——兼论中国国有企业文化创新的路径.新视野,(5),28-31.

韩巍,张含宇.(2003).组织文化研究的方法选择.当代经济科学,(5),54-58,98.

胡安安.(2010).企业信息系统的组织采纳规律及其文化因素影响研究.复旦大学博士学位论文.

黄静,高福安.(2003).现代信息技术对文化产业的冲击和影响.中国广播电视学刊,(4),60-61.

黄晓春.(2008).碰撞与融合:信息技术嵌入政府部门的机制研究.上海大学博士学位论文.

黄晓春.(2010).技术治理的运作机制研究:以上海市L街道一门式电子政务中心为案例.社会,(4),1-31.

奎因等.(2006).组织文化诊断与变革.(谢晓龙译).北京:中国人民大学出版社.

兰登,K.,兰登,J.(2002).管理信息系统精要——网络企业中的组织和技术(第四版).(葛新权等译).北京:经济科学出版社.

李成彦.(2006).组织文化研究综述.学术交流,(6),183-185.

李东艳.(2003).信息技术条件下企业文化的重构.哈尔滨工程大学硕士学位论文.

李猛.(1997).常人方法学四十年:1954—1994.国外社会学,(2).

刘伟华.(2007).技术结构刚性的限度.北京大学硕士学位论文.

李秀梅.(2002).信息技术营造新的企业文化.内蒙古煤炭经济,(A12),57-58.

李紫瑶,秦秀红.(2005).影响ERP运作成败的文化因素初探.中国科技信息,(13B),89.

李静.(2002).构建信息技术在组织中有效运用的文化基础——信息文化.科学技术与工程,*2*(6),86-88.

刘振业.(2004).组织化的信息技术系统与组织结构的互动机制——来自青岛啤酒公司的案例.北京大学硕士学位论文.

刘小涛.(2004).双重代理与信息技术在传统企业中的推广.北京大学硕士学位论文.

刘颖婷.(2010).从组织合法性的角度探讨非法传销组织存在与发展的

机制．武汉大学本科生学位论文．
马丁．(2005)．组织文化．(沈国华译)．上海：上海财经大学出版社．
马奇，舒尔茨，周雪光等．(2005)．规则的动态演变．(童根兴译)．上海：上海人民出版社．
邱泽奇．(2004)．教育部人文社会科学重点研究基地重大项目“信息技术应用与组织变迁研究”项目申请书．
邱泽奇．(2005)．技术与组织的互构——以信息技术在制造企业的应用为例．社会学研究，(2)，32-54.
邱泽奇．(2005)．衍生于传统的文化：以蜡染为例．文艺研究，(4)，104-113，162.
邱泽奇．(2017)．技术与组织：多学科研究格局与社会学关注．社会学研究，(4)，171-196，249-250.
任敏．(2012)．信息技术应用与组织文化变迁——以大型国企C公司的ERP应用为例．社会学研究，(6)，101-124.
任敏．(2017)．技术应用何以成功？——一个组织合法性框架的解释．社会学研究，(3)，173-196，249.
沙因．(1989)．企业文化与领导．(朱明伟，罗丽萍译)．北京：中国友谊出版社．
沙因．(2004)．企业文化生存指南．(郝继涛译)．北京：机械工业出版社．
沈阳．(1999)．论信息技术文化．云南师范大学学报(哲学社会科学版)，(3)，102-104.
斯格特．(2002)．组织理论．(黄洋等译)．北京：华夏出版社．
谭海波，孟庆国，张楠．(2015)．信息技术应用中的政府运作机制研究——以J市政府网上行政服务系统建设为例．社会学研究，(6)，73-98.
万波．(2007)．组织文化建设：信息系统实施的关键．高等函授学报(哲学社会科学版)，*20* (2)，61-62.
王丹丹，张英华．(2012)．组织合法性的概念界定及研究脉络分析．求索，(10)，8-10.
王富伟．(2012)．个案研究的意义和限度——基于知识的增长．社会学研究，(5)，161-183.
王汉林．(2006)．新技术社会学：国外3种主要经验研究模式．科技进步与对策，*23* (4)，59-61.

王恒桓．(2003)．信息技术与文化发展．太原教育学院学报，*21*（z1），81－83.

王天夫．(2006)．社会研究中的因果分析．社会学研究，(4)，132－156.

王旭辉．(2009)．一汽轿车的技术层级结构与部门间关系变迁．北京大学博士学位论文．

王滟明，邹简．(2011)．哈佛积极心理学笔记：哈佛教授的幸福处方．北京：中国言实出版社．

韦莹．(2007)．ERP 实施中的企业文化影响力及文化适应性变革．四川大学硕士学位论文．

许学锋．(2007)．“雷达”模型——企业文化结构探讨．中外企业文化，(9)，40－41.

萧俊明．(2002)．文化研究的发展轨迹．国外社会科学，(1)，36－45.

卡什，埃克尔斯．(2000)．创建信息时代的组织：结构、控制与信息技术．大连：东北财经大学出版社．

谢铮．(2007)．信息技术特征与组织结构变迁．北京大学博士学位论文．

姚力，陈智高．(2000)．现代信息技术与企业文化．中外企业文化，(5)，60－61.

杨超．(2002)．长虹 ERP 成败论．每周电脑报，(33)，1，21－22，24，26，28.

杨宏星，赵鼎新．(2013)．绩效合法性与中国经济奇迹．学海，(3)，16－32.

杨明，陈力．(2006)．信息技术与文化之熵．学术交流，(7)，175－178.

杨明，李斯霞．(2005)．信息技术对传统文化的消解与调适．理论探讨，(5)，166－168.

殷国鹏，陈禹．(2009)．企业信息技术能力及其对信息化成功影响的实证研究——基于 RBV 理论视角．南开管理评论，*12*（4），152－160.

占德干，张炳林．(1996)．企业文化构建的实证性研究——对四个不同类型企业的调查与分析．管理世界，(5)，204－223.

张福学．(2002)．国家的文化对信息系统的影响．情报学报，(1)，108－111.

张嵩，黄立平．(2003)．中国企业的组织文化同 IS 文化之间的一致性分析．合肥工业大学学报（自然科学版），(S1)，775－778.

张武农，陆惠琴．(1999)．现代制造系统中的人．机械管理开发，(3)，56－58.

张燕．(2003)．锦上添花的成与败．北京大学硕士学位论文．

张燕，邱泽奇．(2009)．技术与组织关系的三个视角．社会学研究，(2)，204-219，250.

张践祚，朱芸．(2016)．政府内部上下级间的责任配置互动——以S市安全生产管理为例．社会发展研究，(3)，108-128.

曾亚强．(1992)．国有企业：单位特质和单位文化现象——国有企业文化环境认识．学习与探索，(1)，91-96.

周天勇，张占斌．(2008)．论新时期中国行政体制改革战略．财经问题研究，(1)，3-12.

Armstrong, C. P. & Sambamurthy, V. (1999). Information technology assimilation in firms: The influence of senior leadership and IT infrastructures. *Information Systems Research*, *10* (4), 304-327.

Avison, D. E. & Myers, M. D. (1995). Information systems and anthropology: and anthropological perspective on IT and organizational culture. *Information Technology & People*, *8* (3), 43-56.

Barley, S. R. (1986). Technology as an occasion for structuring: evidence from observations of CT scanners and the social order of radiology departments. *Administrative Science Quarterly*, *31* (1), 78-108.

Barthes, R. (1972). *Mythologies.* Trans. Annette Lavers. New York: Hill and Wang, 302-306.

Bell, D. (1976). The coming of the post-industrial society. *The Educational Forum*, *40* (4), 574-579.

Benedict, R. (1934). *Patterns of Culture* (Vol. 8). Boston: Houghton Mifflin Harcourt.

Berge, P. L. & Luckmann, T. (1967). *The Social Construction of Reality*. New York: Anchor.

Bergek, A., Jacobsson, S. & Sandén, B. A. (2008). "Legitimation" and "development of positive externalities": Two key processes in the formation phase of technological innovation systems. *Technology Analysis & Strategic Management*, *20* (5), 575-592.

Bloomfield, B. P. & Coombs, R. (1992). Information technology, control and power: The centralization and decentralization debate revisited. *Journal of Management Studies*, *29* (4), 459.

Brown, A. D. (1995). Managing understandings: Politics, symbolism, niche marketing and the quest for legitimacy in IT implementation. *Organization Studies*, *16* (6), 951 - 969.

Brown, A. D. (1998). Narrative, politics and legitimacy in an IT implimentation. *Journal of Management Studies*, *35* (1), 35 - 58.

Burrell, G. & Morgan, G. (1979). *Sociological Paradigms and Organizational Analysis*. London: Heinemann.

Calhoun, K. J., Teng, J. T. &Cheon, M. J. (2002). Impact of national culture on information technology usage behaviour: An exploratory study of decision making in Korea and the USA. *Behaviour & Information Technology*, *21* (4), 293 - 302.

Callon, M. (1993). Variety and irreversibility in networks of technique conception and adoption. In Foray & Freemthe (Eds.). *Technology and the Wealth of Nations: The Dynamics of Constructed Advantage*, pp. 232 - 268. London: Pinter Publishers.

Cameron, Kim S., Quinn, Robert E. &Booksx, Inc. (2010). Diagnosing and changing organizational culture: Based on the competing values framework. *Personnel Psychology*, *59* (3) , 755 - 757.

Chan, S. C. & Ngai, E. W. (2007). A qualitative study of information technology adoption: How ten organizations adopted web-based training. *Information Systems Journal*, *17* (3), 289 - 315.

Chau, P. Y., Cole, M. & Massey, A. P. (2002). Cultural differences in the online behavior of consumers. *Communications of the ACM*, *45* (10), 138 - 143.

Ciborra, C., Braa, K. & Cordella, A. (2000). *From Control to Drift: The Dynamics of Corporate Information Infastructures*. New York: Oxford University Press.

Coleman, J. S. (1986). Social theory, social research and theory of action. *American Journal of Sociology*, *91* (6) , 1309 - 1335.

Dagwell, R. & Weber, R. (1983). System designers' user models: A comparative study and methodological critique. *Communications of the ACM*, *26* (11), 987 - 997.

Dasgupta, S. (1997). The role of culture in information technology diffusion in organizations. *Innovation in Technology Management-the Key to Global Leadership Picmet 97: Portland International Conference on Management & Technology*. IEEE.

Davenport, T. H. (1998). Putting the enterprise into the enterprise system. *Harvard Business Review*, *76* (4), 121 - 131.

Davis, F. D. (1985). *A Technology Acceptance Model for Empirically Testing New End-user Information Systems: Theory and Results*. Doctoral dissertation, Massachusetts Institute of Technology.

Davis, F. D. (1989). Perceived usefulness, perceived ease of use, and user acceptance of information technology. *MIS Quarterly*, *13* (3), 319 - 340.

Davis, F. D., Bagozzi, R. P. & Warshaw, P. R. (1989). User acceptance of computer technology: A comparison of two theoretical models. *Management Science*, *35* (8), 982 - 1003.

Deal, T. E. & Kennedy, A. A. (1982). *Corporate Cultures: The Rites and Rituals of Corporate Life*. MA: Addison-Wesley.

Denison, D. R. (1990). Wiley series on organizational assessment and change. *Corporate Culture and Organizational Effectiveness*. New York: John Wiley & Sons.

Denison, D. R. & Mishra, A. K. (1995). Toward a theory of organizational culture and effectiveness. *Organization Science*, *6* (2), 204 - 223.

Doherty, N. F. & Doig, G. (2003). An analysis of the anticipated cultural impacts of the implementation of data warehouses. *IEEE Transactions on Engineering Management*, *50* (1), 78 - 88.

Gray, R. , Walters, D. & Bebbington, J. (1995). The greening of enterprise: An exploration of the (non) role of environmental accounting and environmental accountants in organizational change. *Critical Perspectives on Accounting*, *6* (3) , 0 - 239.

Deshpande, R. & Webster Jr, F. E. (1989). Organizational culture and marketing: Defining the research agenda. *Journal of Marketing*, *53* (1), 3 - 15.

Doherty & Perry. (2001). The cultural impact of workflow management systems in the financial services sector. *Service Industries Journal*,

21 (4), 147 - 166.

Dowling, J. & Pfeffer, J. (1975). Organizational legitimacy: Social values and organizational behavior. *Pacific Sociological Review*, *18* (1), 122 - 136.

Dubé, L. (1998). Teams in packaged software development: The software Corp. experience. *Information Technology & People*, *11* (1), 36 - 61.

Dubé, L. & Robey, D. (1999). Software stories: Three cultural perspectives on the organizational practices of software development. *Accounting, Management and Information Technologies*, *9* (4), 223 -259.

Galliers, R. D., Madon, S. & Rashid, R. (1998). Information systems and culture: Applying "stages of growth" concepts to development administration. *Information Technology for Development*, *8* (2), 89 - 100.

Gallivan, M. &Srite, M. (2005). Information technology and culture: Identifying fragmentary and holistic perspectives of culture. *Information and Organization*, *15* (4), 295 - 338.

Geertz, C. (1973). *The Interpretation of Cultures*. NY: Basic Books.

Goffee, R. & Jones, G. (1996). What holds the modern company together. *Harvard Business Review*, *74* (6) , 133 - 148.

Grint, K. & Woolgar, S. (1997). *The Machine at Work: Technology, Work and Society*. Cambridge: Polity.

Harper, G. R. & Utley, D. R. (2001). Organizational culture and successful information technology implementation. *Engineering Management Journal*, *13* (2), 11 - 15.

Hasan, H. & Ditsa, G. (1999). The impact of culture on the adoption of IT: An interpretive study. *Journal of Global Information Management (JGIM)*, *7* (1), 5 - 15.

Hatch, M. J. &Erhlich, S. B. (1993). Spontaneous humor as an indicator of paradox and ambiguity in organizations. *Organization Studies*, *14* (4), 505 - 527.

Feeny, D. (2001). Making business sense of the E-opportunity. *MIT Sloan Management Review*, *42* (2), 41 - 52.

Feldman, M. S. & March, J. G. (1981). Information in organization as signal and symbol. *Administrative Science Quarterly*, *26* (2), 171 - 186.

Hekkert, M. P., Suurs, R. A. & Negro, S. O. (2007). Functions of innovation systems: A new approach for analysing technological change. *Technological Forecasting and Social Change*, *74* (4), 413 - 432.

Hendricks, K. B., Singhal, V. R. & Stratman, J. K. (2007). The impact of enterprise systems on corporate performance: A study of ERP, SCM, and CRM system implementations. *Journal of Operations Management*, *25* (1), 65 - 82.

Henry, Mintzberg. (1973). *The Nature of Managerial Work*. New York: Berrett-Koehler.

Hill, C. E., Loch, K. D. & Straub, D. (1998). A qualitative assessment of Arab culture and information technology transfer. *Journal of Global Information Management* (*JGIM*), *6* (3), 29 - 38.

Hoffman, N. &Klepper, R. (2000). Assimilating new technologies: The role of organizational culture. *Information Systems Management*, *17* (3), 36 - 42.

Hofstede, G. (1980). *Culure's Consequences*: *International Differences In Work Related Values*. London: Sage Publications.

Hofstede, G. & Bond, M. H. (1984). Hofstede's culture dimensions: An independent validation using rokeach's value survey. *Journal of Cross-Cultural Psychology*, *15* (4), 417 - 433.

Hofstede, G. & Bond, M. H. (1988). The Confucius connection: From cultural roots to economic growth. *Organizational Dynamics*, *16* (4), 5 - 21.

Hofstede, G., Neuijen, B. & Ohayv, D. D. (1990). Measuring organizational cultures: A qualitative and quantitative study across twenty cases. *Administrative Science Quarterly*, 286 - 316.

Hofstede, G. (1991). *Cultures and Organizations*: *Software of the Mind*. London: McGraw-Hill.

Hofstede, G. (1998). Identifying organizational subcultures: An empirical approach. *Journal of Management Studies*, *35* (1), 1 - 12.

Hofstede, G. (2001). *Culture's Consequences*: *Comparing Values*, *Be-*

haviors, Institutions and Organizations Across Nations. London: Sage Publications.

Hong, K. K. & Kim, Y. G. (2002). The critical success factors for ERP implementation: An organizational fit perspective. *Information & Management*, *40* (1), 25 - 40.

Huang, H. & Trauth, E. M. (2007, April). Cultural influences and globally distributed information systems development: Experiences from Chinese IT professionals. *Proceedings of the 2007 ACM SIGMIS CPR Conference on Computer Personnel Research: The Global Information Technology Workforce*, pp. 36 - 45). ACM.

Human, S. E. & Provan, K. G. (2000). Legitimacy building in the evolution of small-firm multilateral networks: A comparative study of success and demise. *Administrative Science Quarterly*, *45* (2), 327 - 365.

Ives, B. & Olson, M. (1981). *The Nature of The Information Systems Manager's Job*. Society for Information Management and the Management Information Systems Research Center.

Jackson, M. (2008). How to think about information (review). *Libraries & the Cultural Record*, *43* (1), 118.

Jackson, S. (2011). Organizational culture and information systems adoption: A three-perspective approach. *Information and Organization*, *21* (2), 57 - 83.

Kanungo, S. (1998). An empirical study of organizational culture and network-based computer use. *Computers in Human Behavior*, *14* (1), 79 - 91.

Kanungo, S., Sadavarti, S. & Srinivas, Y. (2001). Relating IT strategy and organizational culture: An empirical study of public sector units in India. *The Journal of Strategic Information Systems*, *10* (1), 29 - 57.

Karsten, H. (1999). Collaboration and collaborative information technologies: A review of the evidence. *Database for Advances in Information Systems*, *30* (2), 44 - 64.

Kitchell, S. (1995). Corporate culture, environmental adaptation, and innovation adoption: A qualitative/quantitative approach. *Journal of the Academy of Marketing Science*, *23* (3), 195 - 205.

Kluckhohn，C. & Leighton，H. D. (1946). *The Navaj*. MA：Harvard University Press.

Knights，D. & Willmott，H. (1995). Culture and control in a life insurance company. *Culture and Organization*，*1* (1)，29 - 46.

Kotter，J. P. & Heskett，J. L. (1992). *Corporate Culture and Performance*. New York：Free Press.

Kroeber，A. L. &Kluckhohn，C. (1952). *Culture：A Critical Review of Concepts and Definitions*. NY：Vintage Books.

Kumar，K. & Bjorn-Andersen，N. (1990). A cross-cultural comparison of IS designer values. *Communications of the ACM*，*33* (5)，528 - 538.

Kunda，G. (1992). *Engineering Culture：Control and Commitment in a High-tech Corporation*. Philadelphia：Temple University Press.

Latour，B. (2005). *Reassembling the Social：An Introduction to Actor-network-Theory*. New York：Oxford University Press.

Leidner，D. E. & Kayworth，T. (2006). A review of culture in information systems research：Toward a theory of information technology culture conflict. *MIS Quarterly*，*30* (2)，357 - 399.

Leonardi，P. M. & Barley，S. R. (2008). Materiality and change：Challenges to building better theory about technology and organizing. *Information & Organization*，*18* (3)，159 - 176.

Leslie，P. (2001). Getting from bricks to clicks. *MIT Sloan Management Review*，*3*，50 - 59.

Livari，J. & Livari，N. (2010). Organizational culture and the deployment of agile methods：The competing values model view. *Agile Software Development*. Berlin，Heidelberg：Springer.

Li，S. (2005). The impact of information and communication technology on relation-based governance systems. *Information Technology for Development*，*11* (2)，105 - 122.

Liu. H. ，Ke. W. & Wei. K. K. ，et al. (2010). The role of institutional pressures and organizational culture in the firm's intention to adopt internet-enabled supply chain management systems. *Journal of Operations Management*，*28* (5)，372 - 384.

Louis，M. R. (1985). An investigators guide to workplace culture. In

Frost, P. , et al. (Eds.). *Organizational Culture*, pp. 73 - 93. San Francisco: Sage Publications.

Madon, S. (1992). Computer-based information systems for development planning: The significance of cultural factors. *Journal of Strategic Information Systems*, *1* (5), 250 - 257.

Markus, M. L. , Tanis, C. & van Fenema, P. C. (2000). Enterprise resource planning: Multisite ERP implementations. *Communications of the ACM*, *43* (4) , 42 - 46.

Markard, J. , Wirth, S. & Truffer, B. (2016). Institutional dynamics and technology legitimacy: A framework and a case study on biogas technology. *Research Policy*, *45* (1), 330 - 344.

Martin, J. (2001). *Organizational Culture: Mapping the Terrain*. London: Sage Publications.

Martinsons, M. G. (2004). ERP in China: One package, two profiles. *Communications of the ACM*, *47* (7), 65 - 68.

Markus, M. L. & Robey, D. (1988). Information technology and organizational change: Causal structure in theory and research. *Management Science*, *34* (5), 583 - 598.

Markus, M. L. , Tanis, C. & VanFenema, P. C. (2000). Enterprise resource planning: Multisite ERP implementations. *Communications of the ACM*, *43* (4), 42 - 46.

Maurer, J. G. (1971). *Readings in Organization Theory: Open-system Approaches*. New York: Random House.

McDermott, C. M. & Stock, G. N. (1999). Organizational culture and advanced manufacturing technology implementation. *Journal of Operations Management*, *17* (5), 521 - 533.

McNurlin, B. C. & Sprague, R. H. (2001). *Information Systems Management in Practice*. Prentice Hall PTR.

Melville, N. , Kraemer, K. L. & Gurbaxani, V. (2004). Information technology and organizational performance: An integrative model of IT business value. *MIS Quarterly*, *28* (2) , 282 - 322.

Meyer, J. W. & Scott, W. R. (1983). Centralization and the legitimacy problems of local government. In Meyer, J. W. (Eds.). *Organiza-*

tional Environments: *Ritual and Rationality*. Beverly Hills: Sage.

Meyerson, D. (1991). Acknowledging and uncovering ambiguities in cultures. In Frost, P., et al. (Eds.). *Reframing Organizational Culture*, pp. 131 - 144. CA: Sage.

Meyerson, D. & Martin, J. (1987). Cultural change: An integration of three different views. *Journal of Management Studies*, *24* (6), 623 - 647.

Mitchell, J. C. (1983). Case and situation analysis. *The Sociological Review*, *31* (2), 187 - 211.

Mitroff, I. (1983). *Stakeholders of the Organization Mind*. San Francisco: Jossey-Bass.

Myers, M. D. & Tan, F. B. (2002). Beyond models of national culture in information systems research. *Journal of Global Information Management* (*JGIM*), *10* (1), 24 - 32.

Ngwenyama, O. & Nielsen, P. A. (2003). Competing values in software process improvement: An assumption analysis of CMM from an organizational culture perspective. *IEEE Transactions on Engineering Management*, *50* (1), 100 - 112.

Olson, M. H. (1982). New information technology and organizational culture. *MIS Quarterly*, *6*, 71 - 92.

Orlikowski, W. J. & Baroudi, J. J. (1991). Studying information technology in organizations: Research approaches and assumptions. *Information Systems Research*, *2* (1), 1 - 28.

Orlikowski, W. J. (1992). The duality of technology: Rethinking the concept of technology in organizations. *Organization Science*, *3* (3), 398 - 427.

Orlikowski, W. J. & Yates, J. (1994). Genre repertoire: The structuring of communicative practices in organizations. *Administrative Science Quarterly*, 541 - 574.

Orlikowski, W. J. (1996). Improvising organizational transformation over time: A situated change perspective. *Information Systems Research*, *7* (1), 63 - 92.

Orlikowski, W. J. (2000). Using technology and constituting structures: A practice lens for studying technology in organizations. *Organiza-*

tion Science, *11* (4), 404 - 428.

Orlikowski, W. (1988). *CASE Tools and the IS Workplace: Some Findings form Empirical Research*, pp. 88 - 97. SIGCPR'88.

Orlikowski, W. J. & Barley, S. R. (2001). Technology and institutions: What can research on information technology and research on organizations learn from each other? . *MIS Quarterly*, *25* (2), 145 - 165.

Pettigrew, A. M. (1979). On studying organizational cultures. *Administrative Science Quarterly*, *24* (4), 570 - 581.

Pfeffer, J. (1982). *Organizations and Organization Theory*. Boston, MA: Pitman.

Pliskin, N., Romm, T. & Lee, A. S. (1993). Presumed versus actual organizational culture: Managerial implications for implementation of information systems. *The Computer Journal*, *36* (2), 143 - 152.

Png, I. P., Tan, B. C. & Wee, K. L. (2001). Dimensions of national culture and corporate adoption of IT infrastructure. *IEEE Transactions on Engineering Management*, *48* (1), 36 - 45.

Quinn, R. E. (2011). *Diagnosing and Changing Organizational Culture: Based on the Competing Values Framework*. New York: Wiley.

Quinn, R. E. & Rohrbaugh, J. (1983). A spatial model of effectiveness criteria: Towards a competing values approach to organizational analysis. *Management Science*, *29* (3), 363 - 377.

Radcliffe-Brown, A. R. (1952). *Structure and Function in Primitive Society*. Glencoe, IL: Free Press.

Rao, H. (2000). "Tests tell": Constitutive legitimacy and consumer acceptance of the automobile: 1895—1912. In Ingram, P. & Silverman, B. (Eds.). *The New Institutionalism in Strategic Management*, pp. 307 - 335. Stamford, CT: JAI Press.

Robey, D. (1981). Computer information systems and organization structure. *Communications of the ACM*, *24* (10), 679 - 687.

Robey, D. (1977). Computers and management structure: Some empirical findings re-examined. *Human Relations*, *30* (11), 963 - 976.

Robey, D. & Markus, M. L. (1984). Rituals in information system design. *MIS Quarterly*, 5 - 15.

Robey, D. & Azevedo, A. (1994). Cultural analysis of the organizational consequences of information technology. *Accounting, Management and Information Technologies*, *4* (1), 23 - 37.

Robey, D. & Boudreau, M. C. (1999). Accounting for the contradictory organizational consequences of information technology: Theoretical directions and methodological implications. *Information Systems Research*, *10* (2), 167 - 185.

Rokeach, M. (1973). *The Nature of Human Values*. NY: Free Press.

Rousseau, D. M. (1990). Assessing organizational culture: The case for multiple methods. In Schneider, B. (Eds.). *Organizational Climate and Csulture*, pp. 153 - 192. CA: Jossey-Bass.

Ruppel, C. P. & Harrington, S. J. (2001). Sharing knowledge through intranets: A study of organizational culture and intranet implementation. *IEEE Transactions on Professional Communication*, *44* (1), 37 - 52.

Utley Ruef, M. & Scott, W. R. (1998). A multidimensional model of organizational legitimacy: Hospital survival in changing institutional environments. *Administrative Science Quarterly*, *43* (4), 877 - 904.

Sarker, S. & Lee, A. S. (2003). Using a case study to test the role of three key social enablers in ERP implementation. *Information & Management*, *40* (8), 813 - 829.

Sarker, S. & Lee, A. S. (2003). Using a case study to test the role of three key social enablers in ERP implementation. *Information & Management*, *40* (8).

Scholz, C. (1990). The symbolic value of computerized information systems. In Gagliardi, P. (Eds.). *Symbols and Artifacts: Views of the Corporate Landscape*, pp. 233 - 254. NY: Aldine de Gruyter.

Schutz, A. (1967). *Collected Papers I: The Problem of Social Reality* (2nd ed.). The Netherlands: Martinus Nijhoff.

Schein, E. H. (1985). *Organizational Culture and Leadership: A Dynamic View* (1st ed.). San Francisco, CA: Jossey-Bass.

Schein, E. H. (1999). *The Corporate Culture Survival Guide: Sense and Nonsense About Culture*. San Francisco, CA: Jossey-Bass Publishers.

Schultz, M. & Hatch, M. J. (1996). Living with multiple paradigms: The case of paradigm interplay in organizational culture studies. *Academy of Management Review*, *21* (2), 529 - 557.

Scott, W. R. (2013). *Institutions and Organizations: Ideas, Interests, and Identities*. London: Sage Publications.

Shao, Z., Feng, Y. & Liu, L. (2012). The mediating effect of organizational culture and knowledge sharing on transformational leadership and enterprise resource planning systems success: An empirical study in China. *Computers in Human Behavior*, *28* (6), 2400 - 2413.

Siehl, C. & Martin, J. (1990). Organizational culture: A key to financial performance. In Schneider, B. (Eds.). *Organizational Climate and Culture*. San Fransisco: Jossey-Bass.

Small, M. L. (2009). How many cases do I need? On science and the logic of case selection in field-based research. *Ethnography*, *10* (1), 5 - 38.

Smircich, L. (1983). Concepts of culture and organizational analysis. *Administrative Science Quarterly*, *28* (3), 339 - 358.

Straub, D. W. (1994). The effect of culture on IT diffusion: E-mail and FAX in Japan and the US. *Information Systems Research*, *5* (1), 23 - 47.

Straub, D., Loch, K. D. & Hill, C. E. (2001). Transfer of information technology to the arab world: A test of cultural influence modeling. *Journal of Global Information Management (JGIM)*, *9* (4), 6 - 28.

Straub, D., Loch, K. & Evaristo, R. (2002). Toward a theory-based measurement of culture. *Journal of Global Information Management (JGIM)*, *10* (1), 13 - 23.

Stern, H. H. (1992). The cultural syllabus. *Issues and Options in Language Teaching*. Oxford: Oxford University Press.

Suchman, M. C. (1995). Managing legitimacy: Strategic and institutional approaches. *Academy of Management Review*, *20* (3), 571 - 610.

Sutherland, J. W. (1973). *A General Systems Philosophy for the Social and Behavioral Sciences*. New York: George Braziller.

Tan, B. C., Smith, H. J. & Keil, M. (2003). Reporting bad news about software projects: Impact of organizational climate and information asymmetry in an individualistic and a collectivistic culture. *IEEE Transactions on Engineering Management*, *50* (1), 64 - 77.

Tatnall, A. (2010). Innovation translation, innovation diffusion and the technology acceptance model: Comparing three different approaches to theorising technological innovation. In Tatnall, A. (Eds.). *Actor-network Theory and Technology Innovation: Advancements and New concepts*. Hershey, PA: IGI Global.

Tsui, A. S. (2007). From homogenization to pluralism: International management research in the academy and beyond. *Academy of Management Journal*, *50* (6), 1353 - 1364.

Tylor, E. B. (1920). *Primitive Culture*. NY: J. P. Putnam's Sons.

Venkatesh, V. (2000). Determinants of perceived ease of use: Integrating control, intrinsic motivation, and emotion into the technology acceptance model. *Information Systems Research*, *11* (4), 342 - 365.

Vreede, G. J. D., Jones, N. & Mgaya, R. J. (1998). Exploring the application and acceptance of group support systems in Africa. *Journal of Management Information Systems*, *15* (3), 197 - 234.

Wallach, E. J. (1983). Individuals and organizations: The cultural match. *Training Journal*, *37* (2), 29 - 36.

Walsham, G. (2002). Cross-cultural software production and use: A structurational analysis. *MIS Quarterly*, 359 - 380.

Wilkins, A. L. & Ouchi, W. G. (1983). Efficient cultures: Exploring the relationship between culture and organizational performance. *Administrative Science Quarterly*, 468 - 481.

Winner, L. (1977). *Autonomous Technology: Techniques-out-of-control as a Theme in Political Thought*. Cambridge: MIT Press.

Xiao, Z. & Tsui, A. S. (2007). When brokers may not work: The cultural contingency of social capital in Chinese high-tech firms. *Administrative Science Quarterly*, *52* (1), 1 - 31.

Xu, S., Zhu, K. & Gibbs, J. (2004). Global technology, local adoption: A cross-country investigation of internet adoption by companies in the

United States and China. *Electronic Markets*, *14* (1), 13 - 24.

Yates, J., Orlikowski, W. J. & Okamura, K. (1999). Explicit and implicit structuring of genres in electronic communication: Reinforcement and change of social interaction. *Organization Science*, *10* (1), 83 - 103.

Zammuto, R. F., Griffith, T. L. & Majchrzak, A. (2007). Information technology and the changing fabric of organization. *Organization Science*, *18* (5), 749 - 762.

Zhang, L., Lee, M. K. & Zhang, Z. (2003, January). Critical success factors of enterprise resource planning systems implementation success in China. In *Proceedings of the 36th Annual Hawaii International Conference on System Sciences* (*HICSS'03*), *Volume 8*. p. 236. IEEE Computer Society.

附录

附录一：ERP 的功能简介

从 ERP 的功能来理解，一个成熟的 ERP 系统必须具备以下 10 项功能：

1. 必须至少具备财务（FI）、采购（MM）、销售（SD）、生产（PP）和人力资源（HR）五个基本的子系统和一个信息分析平台，要能够具备或者支持专用的质量管理、设备管理、行业特殊管理、商务智能系统，要具备和其他有关应用的接口，诸如专业化的 CRM、SCM、CAD（computer aided design，计算机辅助设计）、工业控制系统等，所有这些系统能够实现无缝的、有逻辑的集成。

2. 实现物流、信息流和资金流的完整过程：物流要实现从购买到制造到销售的正向流动和反向的信息追溯；信息流要实现销售预测、采购计划和生产计划的自动生成，以及关联更改；资金流要实现和物流的在线同步核算，和信息流的在线同步计划，能够实现 ABC（营运成本）控制。

3. 实现物流、信息流和资金流的过程控制：比如在物流过程中，要具备发票、订单和出入库单的三单匹配控制；在订单过程中要具备库存、在制、信用度、财务预算等多点控制；要具备多级的工作流控制等。

4. 财务管理应当至少具备核算会计和管理会计功能，要具备资金管理和资产管理的能力，基本实现会计信息直接来源于业务本身，而非财务系统本身，也就是说财务系统中 90%以上的会计凭证是自动生成的。

5. 在人力资源管理中，核心是目标管理和绩效考核，而非简单的人事管理。

6. 在采购和销售过程中，要支持多类型多地点的存货管理和仓库管理，这里存货管理和仓库管理是两个不同的方面；要支持订货过程的多维控制，即库存检验、质量要求、信用状况等。

7. 在生产管理中，至少支持最基本的离散和流程业务模式，即根据 BOM 及能力进行计划和根据工单执行，根据工艺及配方进行计划和根据排产单进行生产，并可以将这两种模式进行混合使用，当然还应当能够将MRP和JIT（just in time，即时生产方式，又称无库存生产方式）两种模式混合使用。

8. 实现多核算组织、多工厂、多地点的应用，要能够实现集中和分布的应用模式。

9. 要具有参考的业务模型，并能够基于这个模型，按客户的实际需求进行客户化工作，具备一系列的建模手段和方法。

10. 要具备一定的客户化开发平台和工具，这样的平台和工具至少需要支持客户对输出信息的任意采集和编排。

附录二：本书所涉访谈人员编码列表及职位信息[①]

1. CZ　　股份公司财务部处长
2. CZC　　子公司多媒体产业公司 PP、CO 项目经理
3. DJH　　原集团公司信管处处长，ERP 项目主要负责人，已退休
4. GBL　　集团公司财务部处长
5. GJX　　股份公司物资部工作人员
6. GST　　子公司多媒体产业公司副总经理
7. HC　　股份公司物资部部长
8. HJL　　股份公司生产经营管理部员工
9. HLY　　股份公司财务部部长
10. HZ　　子公司鹏行信息技术有限公司项目经理
11. HZL　　股份公司企业文化部部长
12. HZW　　集团公司财务部副部长
13. JH　　股份公司财务部副部长
14. JHD　　子公司物流公司副总，原股份公司物资部副部长
15. JHL　　股份公司财务部员工
16. JGW　　子公司多媒体产业公司业务主管，负责 2000 年销售部的信息化工作
17. JL　　子公司大鹏器件科技有限公司员工
18. JLL　　子公司鹏行信息技术公司副总经理，大鹏公司信息化建设主要负责人之一
19. JW　　子公司多媒体产业公司营销部财务总监，原销售部财务

① 依据被访对象编号首字母音序排序。“原”是指 2008 年之前。“大鹏集团公司”简称“集团公司”，“大鹏股份有限公司”简称“股份公司”。

主管

20. JY　子公司民生物流公司总经理，原大鹏公司营销管理部部长
21. LW　子公司多媒体产业公司人力资源薪酬主管
22. QHL　子公司鹏行信息技术公司技术总监
23. QQ　股份公司物资部工作人员
24. QZ　原股份公司档案科科长，现退休
25. SDR　股份公司质量部副部长，原物资部部长
26. SQY　子公司多媒体产业公司员工
27. SWH　股份公司财务部员工，负责财务部信息化工作
28. XL　股份公司物资部处长
29. XL2　子公司多媒体产业公司财务部工作人员
30. XMJ　股份公司财务部员工
31. XY　集团公司财务部部长
32. XYZ　子公司多媒体产业公司员工
33. YCZ　股份公司财务部员工，业务主管

后　记：十年拔一刺

1.

时至今日，距离最初完成博士论文，已然十载。从当年的学位论文到目前的专著，二者颇为不同，撰写后记的心境，更是不可同日而语。

何以十年方才改写出来？又为何在十年后还要改写出来？诚实地说，长期受困于 Imposter Syndrome（学者冒名顶替综合征），我一直对自己的所有作品，包括这本书都心存疑虑：这有意义吗？足够好吗？值得别人阅读吗？由此延伸出一连串追问：什么是好的学术作品？谁来定义好的学术作品？甚至什么是学术作品？除了整齐的参考文献、引文出处，学术作品和非学术作品之间的区别是什么？……基于诸如此类的问题都难索答案，我也就一直不满意于眼前的这部作品。而且，我也找不到承受着这样的不满意而强行驱使自己去出版本书的意义。——但若问满意的该是怎样的，我也说不上来，许多主客观条件的不足已然产生，假设不能成立。但，我已经不可救药地长成了一种意义驱动的动物，在一件事上找不到我认可的意义，似乎谁都没法强迫我动手。——我导师不能，我老公也不能。尽管出版博士论文似乎是在此行谋生的规定动作，尽管这是国家社会科学基金的后期资助项目，前后都经过了专家们的评审也算获得认可，但我依然怀疑，一直拖延，生生地将自己拖成了我辈学者中的一辆奇葩古董拖拉机。

某天我曾问某博士同学："如果一本书作者自己不满意的话为什么要出呢?"他说："算是给自己一个交代吧。"但那不会是我的答案。对于自己，我不需要这本书来交代。这不是我的高峰，我每天都在创造，不需要它来标记我的人生。（当然，它是我人生的一个坑。）我到哪里去找到我所认可的意义？找到动力？

过去经年，我一直被一些问题缠绕着：人为什么而活着？一件事情，我为什么要去做或者不去做？为什么有的事情我做起来废寝忘食，兴致勃勃，而有的事情我只是想想就一下子蔫了？什么是社会科学研究的本质？

我从事社会科学研究的意义是什么？我做这份工作的意义是什么？这本书从“粗稿”到初稿并坚持停留在初稿，跟这些问题交织在一起，把我拖住。

2.

但历经十年，这本书的出版却因为各种缘由终究不会放过我，终于在我的内心里长成了一根刺。——身外之物（包括于个人有利益的发表）都不能驱动顽固的我，所有不会说话唱歌、不会悲欢离合的死物一般的东西我都不太在乎。于别人不是问题的，于我却成为大问题。我究竟在乎什么？——我在乎人。

我想起当初做博士论文选题的时候，我执意要选信息技术的应用与组织文化的变迁；我将组织文化定义为组织人的工作方式特征和观念特征。当时我们的团队流行研究“结构”，组织间结构、部门间结构、职位结构、形式结构、行动结构……我本可以延续传统继续研究“结构”，但我不愿意，因为里面看不见“人”。即使谈到行动结构，那里面的人也都是火柴棍似的抽象人，不鲜活。然后我被建议研究当年央视某部门决策支持系统（DSS）的应用，观察技术应用条件下的“权力”在群体间的分布演化，我也不愿意，我厌恶权力。权力有时候因为任意践踏他人而丑陋粗俗不堪，权力之地也会排斥外来观察者。先不论我不知怎样才能进入，我若去，要么看不见东西，要么看见的也不是我所喜欢的东西……很快，同门们已被安排将去东北调研老国企，我不如也看看大家都研究的 ERP 应用有什么好案例。于是我在网上搜啊搜，发现大鹏公司因为采用 ERP 而处于风口浪尖，感觉有故事！看文献折腾一年多后，我问导师可以去这里做调查吗，他说可以。于是，我就提笔给大鹏公司董事长写信，发往集团公司办公室，一个月后收到大鹏公司经营管理部部长的来电……又后来，等我收集完资料，写作了初稿，我被建议说不要用“文化”这个概念，最好出一个新的、更细致的概念，那很炫酷。可我又不愿意，出个新概念听起来在学术上蛮炫，但是谁在乎啊？为了什么？如果它妨碍了我的东西被更多人理解（比如被我的访谈对象理解），那我就不要这个“新”。——我这也不愿那也不行，终于让我导师在我毕业论文答辩会上一声叹息“这个学生不听话啊”，激发了答辩委员会的老师们由“不听话”学生造成的“内心创伤”。他们纷纷痛陈，我眼泪吧嗒……心里浮现一张张锁着眉头“哀愁”地看着导师们的同学们的脸，无限迷惑：我们究竟要听什么话啊？怎么听才叫听呢？因着这些问题，博士毕业后我才开始了真的探索与成长。

此为后话。

当初对“结构”、“权力”、学术之“新”当然存在误解，认识肤浅，很“学生腔”。——社会学里核心概念可不就是结构和权力吗？你却带着个人意识形态去排斥？马克思·韦伯说的“价值中立”呢？而且文化的变迁也必然涉及结构的变迁呢。当然“文化”也并非不重要，只是似乎因其不如结构、权力那样“硬”，而显得比较边缘。——至于为何硬的议题才被定义为高级，究竟谁能够定义研究议题的高级和低级、中心和边缘，那是另一个话题了。但我并不打算在此继续澄清，我的重点是，通过累积这些我“不愿意”，我逐渐认识了自己，我喜欢在研究中看到人——见识人、倾听人、理解人。我对不同的人为什么过着不同的生活，同样的举动为何会有不同的解释，这个人之前是这样的何以后来就变了，未来他还可能怎样变之类的问题，非常好奇，很有兴趣。我对制度、框架、经济、政治、GDP、技术发展如果有兴趣的话，那也要归结到这些对人群的生活有何影响的意义上。就个人的动机而言，我做什么事情都希望带给人一点好，我表达什么观点都希望予人一点启发。所以，一切都是关于人，其生动鲜明的生活吸引我。我的工作若能促动相关的人感觉快乐、满足、收获、成长，那我才有动力去做。而这世界那么大，什么人？哪些人？人生讲缘分，遇见即缘分。

历经十年，那些人还在我生活中。当年调查访谈过的一些人已是朋友，常常在朋友圈可见，总是提醒我，作为一个文字采写者，我见证过他们的一段奋斗史。博士论文调查之事于我是一堆资料，一个故事，但是于当年的那些被访者来说，那是他们的一段人生，是一些人为之奋斗甚至全力以赴的事业啊。

2008 年的那个夏天，我认识了那群人。8 月酷暑，推动大鹏公司采用 ERP 的元老、其时已退休的信管部老部长，心情迫切地从家里赶来公司，跟我聊了整半天，他曾“立志要为了这个事业来拼一拼，搏一搏”的那口气，“不能只留下一堆又臭又硬的石头交给党、交给国家”的信念，因为访谈中我在一个技术问题上表示不明白，他情不自禁地叹气“哎呀，你都不理解”的那种遗憾又迫切的心情，都历历在目。当年以极其开放的心态接受我一个博士生突兀的调查申请，在我整个调查期间一直帮助我做各种协调工作，没有他这个调查绝不可能完成的任宗贵部长！很多人都觉得在国企混得舒服，唯独他三十岁出头却夜不能寐，被自己的发展、企业的未来、时代的趋势等问题困扰着总寻求突破的黎清华。总是追求不断成长，不限于狭隘的技术思维，我若有不清楚的技术问题随时接受我咨询，单纯地就是愿意帮朋友达成心愿的王胜。做事踏实、待人诚恳、聪慧明白的“丽人”王利琳。理智冷静却不乏热血，曾被我在调查日志里成功预测将升迁的叶洪林等。他们不知道，我的博士论文调查虽然于 2008 年秋季结束了，但他们却自那时起进驻了我心里，迄今未出走。一为我心怀感恩，二为我觉得亏欠——记录他们一段人生历史的这本书还未出版。**这是事关这群人的传，这是它之所以成为我心头刺使我终不能放下的最重要原因，也构成我终究要出版本书的第一重意义。**

第二重意义在于，信息技术对组织文化的变革就是讲对人的改变：新技术对人提出了什么新的要求，人们怎么解读，可能如何应对？作为一个集体行动者的组织，当付出巨额代价引入大型复杂技术，又可能面临什么问题，如何管理？大鹏公司经历曲折的新技术应用过程，可能为这个领域沉淀什么经验，为同行带来什么启思？把书出版了，他们的经验才可能传播，创造多一点价值。

第三重意义在于，这个案例本身服务于我的好奇，但这个好奇也可能是别人的好奇。我是大学教师，职业的一半是学者。学者的本分就是不停探问，深入观察和思索，生产知识并呈现知识，但有时候记录、呈现历史就很好。这算是一个学者的本职工作。

3.

可是当初为什么我会觉得没有意义？准确地说，是我很怀疑它的学术意义。难道以上这些价值都跟所谓学术意义无关？所以我曾经究竟是就什么来谈学术意义并给这本书扣一顶“不够学术”的帽子的呢？

我仔细回想，可能是因为当初论文曾受到两个批评：一是看上去理论性不强，二是写作语言不够抽象。什么叫理论性强或是不强？为什么写作语言平实不好，要抽象？所谓更高阶的抽象跟写作如“云山雾罩”读之如“云里雾里”状态的边界如何把握？……我再次心塞困惑，哀愁地看着我书房的墙壁……

2013 年夏，周雪光老师在北大教育学院的暑期班上曾讲到他在思考一个问题，即究竟什么是好的研究。他说：“今人都追求建构理论模型，但是回首一下，就会发现那些经历时间考验的经典很多都是记录与对史实的呈现，比如费孝通的《江村经济》；当时间过去，当时的理论后人可能很难感兴趣，但是一个完整的记叙，当年发生了什么，那些没有经过理论剪裁的原汁原味的资料就显得珍贵了。”我理解这话的意思并不是要否定建构理论的意义，而是提倡学问当有多样性，今日的理论建构和今日的故事记录都当各有其位置。因为当加入时间变量，什么是好的学术作品之“标准”，前后可能是不一致的。

固然周老师的那段谈话对我有所冲击，但我依然理解不深，何况他自己在行为上也一直致力于训练晚辈如何从经验资料中建构理论呢。而且，究竟什么资料才是值得保留的珍贵的社会史料呢？人都说：“太阳底下无新鲜事。”早年我并不知如何在学术标准的认知框架内安置这差异的二者。其实，学术并非仅追求身后事，它当有当下和未来两个维度。我们抽象事实、建构理论是为了帮助今人发展认知工具，更好地认识这个世界。而什么样的社会史料值得保留呢？其中一种史料具有值得记录的特征，就像《江村经济》所反映的——转型社会的事件记录。在这个意义上，老师们都说我们正在经历千载难逢的大时代啊。古人云“国家不幸诗家幸”，而我们是真幸运，“国家既幸，学者亦幸”。这个被科技进步带动日新月异乃至瞬息万变的时代，都值得记录。作为当代社会发展极重要之动力源的技术如何与社会互动，如何影响人，人如何采用技术，这一切当然值得记录。

4.

以上都是后话。实际上，数年来，该书一直被搁置案头。彼时的心情，我还是不能承认出版一本曾被轻视，更无法预期将被“纷纷点赞”的书的价值。我想，这还需要打磨，至少语言都要看起来学术化、“高大上”。

然而2015年秋，我去了哈佛大学。某日，我读到哈佛大学社会学系马修·德斯蒙德（Matthew Desmond）的获奖书《驱逐》。其故事化的学术写作，读来令人心潮澎湃、泪水涔涔，又唏嘘感叹……我想看看别人的反馈，就从图书馆借来一本，看到书边书角有读者的勾勾圈圈：“叹服！”“这一句应该是文献综述。”……有一天又读到斯坦福大学心理学专业一位教授的书，同样是平易近人的风格，写作试图打动人心的意图显而易见。我在一场讲座上跟麻省理工学院的一位教授闲聊讨论这些书的写作风格，她说：“这很好理解，**我们做的是社会科学研究，所以，我们要问自己希望谁读我们的书，是吗？**”——至此，我那点关于什么是像样的学术作品的肤浅理解——单一形态，抽象乃至晦涩的行文风格也被打破了。**当我们还幼稚地追求一种有门槛的学术语言时，先行者已经将其视为僵化，试图打破以获得创新，让社会科学知识更能获得其实质性的社会意义——让公**

众理解，打动人，然后促动社会的改进。所以，曾经被我奉为金科玉律且常因自己气质不符而深感痛苦的规则，真的并非这世间做学问的唯一与最高标准。

我哑然失笑。曾经我被灌输了一些关于研究和做学问的形象，做学问要么是“十年坐得冷板凳”，要么是“昨夜西风凋碧树，独上高楼，望尽天涯路”，要么是“衣带渐宽终不悔，为伊消得人憔悴”……总之感觉是“高冷”。可是这些欢乐、有趣、感人的学术又是怎么回事？把自己架在高且冷的地方真的能生产出动人的学术吗？以前我被灌输过，西方（从前的）学术就是要追求“摇椅上的学问”。我们追求同行评议，让小圈子几个杰出同行坐在摇椅上慢慢聊，重要的是让对面几张摇椅上的人看得上，他们的标准是什么，那就是我要到达的地方，为之努力的方向；如果他们不认可，那我就继续回去坐冷板凳，面壁思过，崖下练剑，不敢上台，怕遭羞辱……总之学问是在一间小屋子（封闭圈）里进行的，里面放着冷板凳或者几张摇椅。

以上，我不是要否认特定区域学界曾经的主流学术标准。每个时代关于学术都有它的规定。**我是试图表明我们当对学问的标准保持反思，而且当看到学术的多样性可能。**

而社会科学的本质是什么？好的社会科学研究的标准是什么？此类问题当常问常思，答案常新。

5.

关于社会科学研究的追求，一直以来都有微弱的声音在申明，社会科学不同于自然科学，自然科学追求一般化的规律，社会科学因其研究对象在复杂性、稳定态上不同于自然对象，故而与其追求单一模型化，不如追求分类型知识。如果说自然科学是要揭示自然现象规律，通过促进技术进步而提高生产力，社会科学的知识生产则当促进人开阔眼界，认识、理解世界更深入、更多元，以解放生产关系。那么好的社会科学研究就不应当是关在小屋子里的，坐在摇椅上的，当具有易读性、悦读性，兼顾善传播的特性。**当然，世界那么大，学者何其多样，爱坐冷板凳的去坐，爱上摇椅的去摇，各种形态共存才是生态！**学者有不同的关注，也有不同的风格，每个人的成长都当以自己的特色为起点，以发挥自己所长为终点。虽然学术伦理和学术规范是一致的，但是风格却不必追求一个标准，从而导致对学术生态的压制。

这种多样态也当体现在对学术水平的宽容上。这是我们很多自诩对学问负责的博士绝难放过自己的原因。有多少人对自己的研究看不上，使一些研究一放经年？

2018 年 5 月，我在哈佛大学遇见系里博士生肖恩（Shawn），他说刚跟一个教授合作发表了一篇论文，我问在哪里发表的，他说了个期刊名，然后向我推荐说这发表很快的，两个月就出了。我说这不属于 SSCI 啊，你跟教授会在这上面发文章？他奇怪地说："为什么不?"我说："你为什么没有偶像包袱？不觉得自己应该要发高大上的文章吗，就像这系里有些人所做的那样？教授们不会认为你这样发表不入流吗?"他说："这是我关心的议题，我想写就写了，发表是为了分享；学习是个过程，发表要积累经验，我后面会写很好的文章。教授说写你想写，什么都行。"

我反观从前的自己以及一些博士同行的情况，对发表的敬畏之心太盛往往阻止发表；一直要求高，一直不发表，这真是糟糕透顶的体验。写不出来觉得自己简直是个骗子，写得不好觉得自己又是个骗子，写出来被人家批评不好那简直是自己是个骗子被逮了个现形……于是多少人默默地在痛苦和烦扰中挣扎。而事实上，这不仅不利于学术而且不利于身体健康，乃至于读个博士而已，归来已秃头，不复少年。**其实于多数人而言，做好学问是理想状态，那是我们学者要经过一个过程乃至一生去达到的目的，而很多人错误地把那当作了起点。**那种观念再加码"我的学问（现在）看起来很渣"的评判，我们 KO 了自己。

我们要追求学问以成就人生，而不是举高学问来压垮我们的人生。我们当有对学问的慎重之心、严肃之态，但务必保持警醒，那当在适度范围内对我们发挥引领作用，激发向上之心，而不是将"学问高要求"意识形态化，客观上对人形成压迫。

6.

我在整理发表博士论文上放过自己了，它的出版代表我终于走出了学生心态，心境更开阔了。若为那些被访者交代故，我需要发表；若为学问进步故，我要发表；若为工作交代故，我需要发表。回馈他人有意义，对得起工作有意义，促进个人的成长有意义。所以，终于，我获得了动机和心力去重启这个项目。

可能有些读者会难以理解，这些问题的探索何以需要经历十年才获得答案。其实答案的获知并不难，但是从我获知答案到经历外在的反复确认，到最后我自己内心的确信是很难的，时间停留在这上面了。至于为何我的认知需要经过外在的反复确认才能长成自己内心的确信呢？是什么导致我这么漫长的成长心路历程呢？这是一个关于年轻女性学者成长的故事，其中的逻辑可能关系到集体文化，社会转型背景，教育领域里的威权体系、世代更替，个体的阶层流动，社会范围及家庭内部的性别秩序等要素如何交织地压迫性地作用于她身，即使是写一本书来剖析也未必可尽言。俱往矣，且思且行去明日。

当然，在此书的修改中我依然试图添加抽象专业的理论框架、使用抽象的语词，并不像我前面声称的那样保持平易近人的风格。——以前博士论文的写作用词被批评太平易，但到今天，我的学生却说“老师你的文章我读得脑壳疼”……**在批判的意义上说，学术训练在一定程度上总是倾向于落后的。因为我们总是按上一代的学术标准要求来训练，但是却要面向未来去工作和生活。**而在高速变迁的社会里，在一个以“创新”立身的领域里，各种理论视角、研究方法、数据收集工具层出不穷，可能你博士毕业后不久就发现自己快落后了。所以一个可能的悖论是，历经十几年，我终于理解了曾经的学术规则，并把自己朝着那方面去训练，终将修成“大法”了，却倏然发现世道变了。**但也没关系，思行之间有堕距，新一轮的自我训练开始；这次，我将瞄准下一个时代的标准——我自己的标准，心之所在，学问所在。**借助这本书想明白的，希望我能在下一本书中充分体现。

以上试图通过剖白我个人的心路历程，来探索一些同行博士论文拖延出版的一种解释机制。这当然是个案，但个案并不必然意味着特殊，而可能具有类型学意义上的代表性。

此后记与意义贫困症患者同类共勉。

7.

感谢我的导师们！北京大学博士生导师邱泽奇教授，武汉大学硕士生导师周长城教授，以及邀我访学三年、对我行指导之实的哈佛大学弗兰克·道宾（Frank Dobbin）教授。他们都在我生命里刻下印记，且或直接或间接地促成此书呈现如此样态。学问之事我本愚钝，是他们持续地引导我走上此路，且历经时日逐渐找到乐趣与意义。学问与人生皆非坦途，幸有老师们在前，为学生树立各类楷模，或于为学之道聪明勤勉、锐意进取，或于为师之道豁达支持、开阔容纳，或于人生之道柔韧平衡、律己宽人，我将铭记于心，终身追随之！

感谢导师还因为导师带给我一大群师门兄弟姐妹。我们一些人之间彼此了解、相互支持、接纳互爱、胜似兄妹，可以说这是支撑我走在这条路上极为重要的力量！有师兄和同门，我可以在北京宽阔的大马路上，远远地看见便高兴地大声喊其名字，拔腿就奔过去；有师姐和同门，我们见过师兄后一起回家，在车上我一路唱着歌，师姐笑着说“你给我重要启发，我们除了要教给学生们学问，还应促进他们建立很好的感情”；有同门多年陪伴鼓励我，总是对我有信心，很久后冷不防发来一句“真想给你打电话啊”，我会笑出声；有师妹在最热的天里蹬上运动鞋为我的项目爬坡上坎连日奔走，或拉我去哈佛大学的健身房（Gym）里，跑步滚泡沫轴滚得我嗷嗷叫；当我消沉时也曾有师兄试图影响我更积极地面对，更不用提同门和超优秀的师弟们给我看文章提建议，被我追着叨叨“想法”问问题；我会一直记得师弟师妹说的“师姐，支持你”、师兄说的“师妹，你说”……这些都激励我，让自己做得更好。感谢遇见！可以相互依靠、相伴成长，人间还有比这更美好的事吗？

也要感谢我在武汉大学和华中科技大学的学生们，在过去十几年里我最丧的时候都是你们前赴后继地向我输送爱与力量。是你们让我感受到被珍视如许，人间值得，生命美好！感谢陈政军同学为我核对全书的参考文献条目和注释并勘误，李春燕、陈美言、韩婧怡亦为我调整格式。

谢谢本书责编，也是我的师兄龚洪训，以及他的同事徐德霞、盛杰，没有他们的艰苦劳动，本书此时出版绝难完成！师兄对他儿子的要求“成长为一个有独立想法的人”，经过师姐的转述，这么多年深刻在我脑海里，也一直影响着我对我女儿的教育——总是允许、支持她表达她自己的想法。同时我也致力于告诉她哪些话要听、如何听，而哪些话可以不听。这并不是容易的事。

特别感谢大鹏公司里为我承担、为我解决调查中的一切协调问题的任宗贵部长！感谢当年大鹏公司负责信息化的老部长黄东进，一二三代 ERP 人黎清华、王胜、刘嘉陵。

最重要的，此书献给你们，致敬你们为大鹏公司的信息化工作受委屈亦坚持的岁月！

初稿 2018 年 5 月于 Cambridge，MA，USA

修改稿 2020 年 7 月于中国湖北武汉

图书在版编目（CIP）数据

信息技术应用与组织文化变迁／任敏著．--北京：中国人民大学出版社，2020.10
国家社科基金后期资助项目
ISBN 978-7-300-28796-6

Ⅰ.①信… Ⅱ.①任… Ⅲ.①信息技术—影响—组织文化—变迁—研究
Ⅳ.①C936

中国版本图书馆 CIP 数据核字（2020）第 226159 号

国家社科基金后期资助项目
信息技术应用与组织文化变迁
任敏 著
Xinxi Jishu Yingyong yu Zuzhi Wenhua Bianqian

出版发行	中国人民大学出版社		
社　　址	北京中关村大街 31 号	**邮政编码**	100080
电　　话	010－62511242（总编室）		010－62511770（质管部）
	010－82501766（邮购部）		010－62514148（门市部）
	010－62511173（发行公司）		010－62515275（盗版举报）
网　　址	http://www.crup.com.cn		
经　　销	新华书店		
印　　刷	唐山玺诚印务有限公司		
开　　本	720 mm×1000 mm　1/16	**版　　次**	2020 年 10 月第 1 版
印　　张	18.75 插页 2	**印　　次**	2025 年 6 月第 2 次印刷
字　　数	314 000	**定　　价**	108.00 元